华大 博雅 出版基金

华中师范大学出版基金丛书

学术著作系列

U0879611

信息技术教学应用的有效性研究

蒋立兵 著

C B J J

华中师范大学出版社

图书在版编目（CIP）数据

信息技术教学应用的有效性研究/蒋立兵著. —武汉：华中师范大学出版社，2022.6

ISBN 978-7-5622-9724-6

Ⅰ.①信…　Ⅱ.①蒋…　Ⅲ.①计算机课—教学研究—中小学
Ⅳ.①G633.672

中国版本图书馆 CIP 数据核字（2022）第 062270 号

信息技术教学应用的有效性研究

©蒋立兵　著

责任编辑：谢　琴　　**责任校对：**王　胜　　**封面设计：**罗明波

编辑室：综合编辑室　　**电话：**027－67867792

出版发行：华中师范大学出版社有限责任公司

社址：湖北省武汉市洪山区珞喻路 152 号　　**邮编：**430079

电话：027－67861549（发行部）

网址：http://press.ccnu.edu.cn　　**电子信箱：**press@mail.ccnu.edu.cn

印刷：武汉市洪林印务有限公司　　**督印：**刘　敏

字数：246 千字

开本：710 mm×1000 mm　1/16　　**印张：**15.5

版次：2022 年 6 月第 1 版　　**印次：**2022 年 6 月第 1 次印刷

定价：75.00 元

欢迎上网查询、购书

敬告读者：欢迎上网查询、购书；欢迎举报盗版，电话 027－67867353

前　言

近年来，我国教育信息化蓬勃发展，无论是沿海一线发达城市还是中西部欠发达地区，信息技术已经广泛应用于中小学课堂。技术融入教学的根本宗旨就是通过变革教学方式、优化教学过程，提高教学的有效性。可见，有效教学是应用信息技术的价值追求。无论是政策层面、实践层面还是研究层面，对信息技术的教学应用都给予厚望。国家颁布系列政策强力推进教育信息化，政府推出系列项目促进技术与教学的深度融合。然而，在实践层面上，信息技术似乎并没有实质性地提升教学绩效，技术应用依然存在着诸多问题，比如浅层次应用、技术滥用、技术花瓶、伦理失范等。

国内外大量研究表明，技术对课堂教学和学校教育的影响小得惊人。在中小学课堂上，经常看到这样一个现象：一节课频繁地应用了各种技术手段，但是教学效果并不好，技术与教学的融合“貌合神离”，技术进入教学陷入了“两张皮”的尴尬境遇，有时候不仅没有解决教学问题，反而消耗了有限的时间资源，这让我们不得不关注“信息技术教学应用的有效性问题”。技术应用的有效性究竟如何？有哪些因素制约着技术的有效应用？造成这些问题的根本原因又是什么？这些问题会带来什么不良后果？如何评价信息技术应用的有效性？以上问题在学术界尚缺乏系统的研究和考证，本研究试图对上述问题给予回应。

已有研究主要沿用了“有效教学”的分析框架，考察信息化课堂教学对实现预期教学目标的“效果”“效率”和“效益”。虽然这种研究方式对提高信息技术教学应用的有效性有一定的价值，但是存在若干缺陷。第一，将信息技术应用效果与教学效果一起探讨，难以阐述技术应用的真实有效性。第二，仅从学习结果对有效性进行探讨，缺乏对学习过程、学习体验等维度的关注。第三，仅从教学效果的维度进行考察，缺乏对技术应用伦理问题的观照。其实，信息技术应用的有效性体现在两个层面上：一是信息技术发挥了自身独特的教学价值，二是信息技术提升了教学的有效性。因此，信息技术应用的有效性可以从两个方面去考察，即技术应用既符合教学环境对技术功能的要求，同时也符合课堂教学促进学生发展的诉求。

本研究将“信息技术应用的有效性”界定为：信息技术应用在符合伦理性的基础上，适合特定的教学情境和客观条件，发挥技术的独特优势与教学价值，并且能够带来较高的教学功效和学习体验，分别体现在技术改进学习过程、技术优化学习结果和技术改善学习体验三个维度上。基于此概念界定，分析信息技术教学应用的实然现状，诊断信息技术应用存在典型问题的表征、诱因、后果及其解决路径，并通过典型信息化教学案例的分析，提炼信息技术有效应用的共性特征及其基本原则，最后设计信息技术教学应用有效性的评价指标体系、数据采集方法和权重系数，且在实践中验证评价体系的科学性。本书主要分为五个部分。

绪论部分：提出研究问题并梳理已有相关研究，即第一章。首先，从信息技术广泛应用于课堂教学、信息技术教学应用存在着共性问题、信息技术应用有效性研究较为薄弱三个层面阐明信息技术应用有效性问题研究的必要性。然后，对国内外信息技术教学应用的效果、信息技术有效应用的模式与原则、信息技术有效应用的影响因素、信息技术教学应用的评价四个领域的文献进行系统梳理。经分析发现：信息技术应用模式及效果分析研究较为深入，而技术有效应用的特征与原则研究尚需加强；国外有效性评价研究主要集中在对地区或学校宏观信息化投入与整体收益的量化分析上，国内有效性评价研究主要关注技术支持教师的“教”，较少涉及技术促进学生的“学”；除此之外，现有评价体系大多适用于特定教学情境，缺少通用性较强的评价标准。

第一部分：信息技术教学应用的有效性概念界定，即第二章。从“信息技术”和“有效性”的内涵与外延出发，借鉴已有的相关研究，对“信息技术教学应用的有效性”概念进行重新界定。“信息技术教学应用的有效性”就是信息技术促进教学有效性的程度，具体是指教师在确保信息技术应用符合技术伦理、教学伦理的基础上，恰当地、合理地应用信息技术手段，发挥技术本身独特的功能和优势，以尽可能少的教学投入达到预期教学目标，更好地培养学生适应信息社会的各种素养，同时促进学生获得良好的学习体验。

第二部分：信息技术教学应用的有效性实证研究，即第三、四章。第三章通过问卷调查、课堂观察、个别访谈，对中部某地区中小学信息技术教学应用的现状进行了量化研究，考察了信息技术教学应用有效性的整体水平与总体特征，并提出促进中小学教师有效应用信息技术的策略。第四章通过对调查数据的分析，阐释信息技术教学应用的核心问题、主要表现、具体成因及后果，并针对技术应用中的共性问题提出对应的解决路径。

第三部分：信息技术有效应用的本质特征与基本原则，即第五章。要提高信息技术应用的有效性，需要为一线教师提供信息技术有效应用的指导原则。本研究选取新型 WebQuest 教学、技术支持下的混合教学、技术支持下的翻转课堂、智慧教室下的互动教学四种主要信息化教学模式，基于个案研究的视角分析每种信息化教学模式的重要优势与实施条件；并通过典型案例分析探讨了信息技术有效应用的共性特征：教学情境生动自然、内容呈现清晰易懂、学生积极主动参与、教学对话民主和谐、教学过程互动生成；最后提出信息技术有效应用的通用性指导原则：必要性原则、适宜性原则、辅助性原则、情境性原则、伦理性原则和经济性原则。

第四部分：信息技术教学应用的有效性评价，即第六章。首先，在分析信息技术教学应用有效性评价两种取向的基础上，依据“以学评教”的评价理念、“有效教学”的评价标准、信息技术的教学价值、信息化教学有效性评价标准、信息化教学经验与田野调查，运用多轮专家调查法确定“信息技术教学应用有效性的评价指标”；然后，运用层次分析法软件 Yaahp，采用层次分析法（AHP）与德尔菲法（Delphi）结合法确定各级评价指标的权重；最后，以中部地区某小学六年级数学中小数乘分数版块的信息化课堂教学为例，对“信息技术教学应用有效性的评价标准”进行实践应用，验证评价体系的科学性与可行性。

目　录

第一章　绪　论

一、研究背景

（一）信息技术应用于课堂教学被广泛关注

近年来，在信息技术快速普及和信息社会迅速发展的背景下，信息技术开始快速、全面走进课堂教学。信息技术与教学深度融合受到了政府、学校和广大教师的空前关注。具体表现在以下几个方面：

首先，国家颁布系列政策强力推进教育信息化。以教育信息化带动教育现代化，破解制约我国教育发展的难题，促进教育的创新与变革，成为我国向教育强国迈进的重大战略。教育部 2001 年颁布的《基础教育课程改革纲要（试行）》明确指出，“大力推进信息技术在教学过程中的普遍应用，促进信息技术与学科课程的整合，逐步实现教学内容的呈现方式、学生的学习方式、教师的教学方式和师生互动方式的变革”①。2010 年出台的《国家中长期教育改革和发展规划纲要（2010—2020 年）》指出：“信息技术对教育发展具有革命性影响，必须予以高度重视。把教育信息化纳入国家信息化发展整体战略。”② 2012 年教育部印发《教育信息化十年发展规划（2011—2020 年）》的通知指出：“教育信息化充分发挥现代化信息技术优势，注重信息技术与教育的全面深度融合，在促进教育公平和实现优质教育资源广泛共享、提高教育质量和建设学习型社会、推动教育理念变革和培养具有国际竞争力的创新人才等方面具有独

① 教育部. 基础教育课程改革纲要（试行）[N]. 中国教育报，2001-07-27.

② 顾明远. 学习和解读《国家中长期教育改革和发展规划纲要（2010—2020年）》[J]. 高等教育研究，2010（7）：1-6.

特的重要作用，是实现我国教育现代化宏伟目标不可或缺的动力与支撑。”①教育部自2012年开始，为了将教育信息化各项工作落到实处，加强统筹规划和工作协调，每年都印发《教育信息化工作要点》②③④，提出每个年度的工作思路和核心目标，并就年度重点工作进行了明确分工，同时划定责任单位。2014年，教育部为了提升中小学教师的信息技术应用能力，促进信息技术与教育教学深度融合，颁布了《中小学教师信息技术应用能力标准（试行）》⑤，依据教师教学工作与专业发展的主线，将教师的信息技术应用能力区分为技术素养、计划与准备、组织与管理、评估与诊断、学习与发展五个维度，并分别从这五个维度对教师应用信息技术优化课堂教学、应用信息技术转变教学方式等方面做出了具体要求。2016年6月，教育部印发的《教育信息化“十三五”规划》指出：依托数字化学习环境，促进教学模式的深入改革，推进信息技术在日常教学中的有效应用、深度应用。2018年4月，教育部印发《教育信息化2.0行动计划》提出：到2022年基本实现“三全两高一大”的发展目标，推动信息技术应用从融合应用向创新发展转变。

其次，信息技术教学应用项目促进技术融入教学。2003年《国务院关于进一步加强农村教育工作的决定》提出：实施农村中小学现代远程教育工程，促进城乡优质教育资源共享，提高农村教育质量和效益。2003—2007年实施的“加强中国西部地区基础教育能力项目”（简称“CIDA项目”），在中国西部选定的较贫困地区，充分利用远程教学，完善教师继续教育制度，促进基础教育均衡发展⑥。2006年8月，“中小学教师新课程国家远程培训项目”正式启动，依托28个省份的47个县级教

① 教育部．教育信息化十年发展规划（2011—2020年）[J]．中国教育信息化，2012（8）：3-12.

② 教育部．2013年教育信息化工作要点[J]．中国教育信息化，2013（4）：3-5.

③ 本刊．《2014年教育信息化工作要点》发布[J]．中国教育信息化，2014（7）：90.

④ 王晓明．中小学信息技术与教育教学创新应用研讨会专题报道[J]．中国教育信息化，2014（5）：3.

⑤ 祝智庭，闫寒冰．《中小学教师信息技术应用能力标准（试行）》解读[J]．电化教育研究，2015（9）：5-10.

⑥ 章雪梅．学习支持中心可持续发展初探：以“加强中国西部基础教育能力项目”为例[J]．中国电化教育，2008（8）：4.

师培训机构，以网络为主要手段，推进基础教育新课程改革，提高广大一线教师实施新课程的能力与水平①。2006 年 11 月，教育部与英特尔公司合作的“英特尔未来教育基础课程项目”在 11 个省、自治区的 352 个县（区）的 6000 多所学校实施，共培训 20 多万名教师，大力促进了“农村中小学现代远程教育工程”的实施②。2010 年在教育部师范教育司统一部署下、由中央电教馆组织实施的“国培计划”——农村义务教育学校教师远程培训项目顺利实施；培训在我国中西部 23 个省（自治区、直辖市）和新疆生产建设兵团 108 个行政县展开③。2012 年，教育部开展“教学点数字教育资源全覆盖项目”，为农村需保留和恢复的教学点配备数字教育资源接收与播放设备，配送优质数字化资源，组织教学点应用资源开展教学，利用信息技术帮助教学点开好国家课程，提高教学质量，促进义务教育均衡发展④。2019 年 4 月，教育部发布的《关于实施全国中小学教师信息技术应用能力提升工程 2.0 的意见》提出：到 2022 年，通过示范项目带动各地区开展教师信息技术应用能力培训，基本实现“三提升一全面”，促进信息技术与教育教学融合创新发展⑤。

再次，学校和教师积极尝试信息技术与学科教学整合。在政府大力开展教育信息化项目的同时，信息技术进入中小学课堂教学已经成为常态。教育信息化经过若干年的发展已经将技术引进了课堂，如何促进技术与教学深度融合，让技术成为支持有效教学的利器，成为政府、学校和教师们关注的焦点问题。《中国教育报》于 2016 年 3 月 4 日报道《中关村二小：多校区同步优质均衡》：面对多校区办学的难题，信息技术克服空间上的距离，实现不同校区间的统筹管理与同步发展⑥。《中国改革报》

① 教育部启动新课程远程培训 万名教师网上受训 [J]. 教育信息化，2006 (19)：1.

② 关于实施英特尔未来教育基础课程项目的通知 [Z]. 教基司函〔2006〕75 号，2006-12-18.

③ 李凤兰. 远程培训在线教学支持的问题及对策研究：以“国培计划”农村义务教育学校教师远程培训项目为例 [J]. 中国电化教育，2011 (7)：59-63.

④ 王保卫，梁启超. “教学点数字教育资源全覆盖项目”效益可持续发展研究 [J]. 中国教育信息化，2015 (17)：30-33.

⑤ 教育部关于实施全国中小学教师信息技术应用能力提升工程 2.0 的意见 [J]. 教育发展研究，2019 (7)：1.

⑥ 杨刚. 中关村二小：多校区同步优质均衡 [N]. 中国教育报，2016-03-04.

于2016年2月29日报道《江苏徐州：让教学改革搭上信息技术“快车”》，主要内容为：实施“学讲计划”，借力信息化的课堂教学模式改革，实现“彭城课堂”驱动泛在化的学习方式变革，依托“云教育”开辟教师专业成长新途径，开展“智能巡课”引领教育管理方式向智慧化转变①。2018年7月9日，《楚天都市报》报道：“翻转课堂”教学理念已在武汉市中小学逐步推广。在《教育信息化2.0行动计划》的助推下，自2019年开始，全国各个地区各个学校的学科教师，都在参与“中小学教师信息技术应用能力提升工程2.0培训”，在多媒体环境、混合式环境和智慧环境三种典型信息化环境中充分挖掘信息技术的教学价值。

（二）信息技术应用过程中存在着共性问题

近二十年来，我国教育信息化取得了较大程度的发展，尤其是信息技术在实现优质资源共享、促进教育公平发展、推动教育现代化、支持教学方式变革、构建终身学习体系、建设学习型社会等方面发挥着重要作用。信息技术教学价值的实现主要反映技术在课堂教学中促进学生的素质发展上。然而纵观中小学课堂教学中的信息技术应用，发现主要存在着若干共性问题。

1. 信息技术教学应用流于形式

在中小学信息技术教学应用过程中，经常呈现出技术流于形式、媒体作秀的现象。焦瑶光（2004）通过对兰州市中小学信息技术与学科教学整合的现状调查发现，不少学科教学中使用技术成为一种时尚，尤其是公开课、示范课一定会大量使用媒体技术，有时甚至仅仅把技术当做“花瓶”，常规教学中又恢复原样②。吴娟、余胜泉（2006）指出，信息技术与课程整合的过程中出现了将“整合课”理解为“公开课、评奖课、示范课”现象，信息技术应用主要是展示用的，而非应用于日常课堂开展教学改革③。有学校规定年轻教师必须使用多媒体授课，多媒体授课比

① 江苏徐州：让教学改革搭上信息技术“快车”［N］. 中国改革报，2016-02-29.

② 焦瑶光. 基础教育课程改革中的信息技术与学科课程的整合：问题与对策［J］. 电化教育研究，2004（12）：40-43.

③ 吴娟，余胜泉. 信息技术与课程有效整合的常见问题及其对策［J］. 电化教育研究，2006（10）：70-72，77.

率不少于50%。有些教师使用信息技术存在着盲目性，比如在数学或物理教学中，利用幻灯片呈现公式推导过程，难以呈现教师的思维过程；这种技术使用不仅无法调动学生的积极性，反而会影响教学效果。齐群、殷曰海（2004）研究发现，有些教师一味地追求“高大上的技术”，认为技术含量越高，其教学水平就越高，甚至把课堂教学当成技术成果展览，其实这种流于形式的信息技术应用偏离了信息技术与课程融合的初衷①。有些教师在使用信息技术的过程中，为了“技术”而“技术”。比如某教师安排了学生“上网查阅资源、作品汇报”等环节，但是相当一部分学生在互联网中盲目搜索犹如“大海捞针”，没有时间对内容进行加工整理，只是简单地复制粘贴，最后的成果汇报就草草收场。此类信息技术应用从形式上看很热闹，但是学生可能连基本的知识学习都未完成。“流于形式”的技术应用显然难以达到满意的效果。信息技术的教学应用是根据教学情境的需要，选择恰当的技术手段和教学媒体，恰到好处地发挥技术的独特优势。制约信息技术应用有效性的关键还是教师的信息化教学设计与实施能力，而非技术本身。

2. 课堂教学中存在技术滥用现象

中小学教学中存在着不少“技术滥用”现象②，这种技术滥用难以取得良好的效果。焦瑶光（2004）调查发现，不少教师尤其是青年教师喜欢不加选择地使用多媒体技术，他们认为只有使用技术手段才是现代教育，才是教学改革③。比如在七年级《济南的冬天》一节观摩课中，教师与学生交流时间不超过10分钟，其他时间基本上是由教师播放课件。这节课师生双向交流少，教学氛围不活跃。大量呈现图片、文字，学生难以在短时间内吸收这些信息，特别是最后播放费翔演唱的《冬天里的一把火》，既占用大量教学时间，又未见教学成效。齐群、殷曰海（2004）研究认为，有些教师在课堂教学中过多地依赖技术手段，也不管课堂内容是否有必要使用信息技术，更不顾信息技术使用是否恰当，而一味地追

① 齐群，殷曰海．浅谈信息技术应用于课堂教学中应注意的几个问题［J］．电化教育研究，2004（3）：78-80．

② 陈思铭，刘长凤．信息技术与学科教学整合的应用研究探析［J］．中国电化教育，2014（12）：113-116．

③ 焦瑶光．基础教育课程改革中的信息技术与学科课程的整合：问题与对策［J］．电化教育研究，2004（12）：40-43．

求技术的感官效应，教学结果必然事与愿违①。在一节《原电池原理》课上，教师直接使用技术手段模拟原电池形成电流的过程，缺乏现场感的实验教学反而限制了学生的思考，剥夺了学生体验现场实验的机会，对培养学生动手能力极其不利。实验是为了让学生通过观察培养其观察能力和操作能力，是培养学生学科思维的重要方式。动画或视频难以呈现"现场实验"的过程感和现场感，无法达到实验教学的预期目标。只有那些具有危险性、不具备条件的实验才退而求其次通过模拟或录像来代替。

3. 信息技术应用层次普遍偏低

尽管我国教育信息化经历了几十年的发展，但是中小学信息技术应用主要还处于辅助教师的"教导"阶段，不少教师只能简单使用幻灯片呈现教材中的信息，信息技术的其他教学功能被严重遮蔽。杨改学、付道明（2012）研究认为：相当一部分课堂教学虽然已经具有先进的技术环境，但是由于教师的信息化教学设计能力和信息技术应用能力有限，不能很好地借助于媒体资源开展教学，而仅仅利用 PPT 辅助教师的讲授，将多媒体当做电子黑板来使用；甚至有些幻灯片缺乏合理的设计和布局，整屏都是密密麻麻的文字，并且有些幻灯片的背景和文字还缺乏颜色对比，导致学生看不清楚屏幕上的内容。这种浅层次的技术应用不仅不能提高教学效果，而且给学生带来沉重的认知负荷，甚至让学生对信息化教学产生逆反心理②。杨莲芳、黄宇星、张雯（2014）对福建省中小学教师信息技术应用能力的调查显示，教师应用信息技术的主要功能是：呈现教学信息、活跃课堂气氛，这仅仅考虑如何方便教师的"教"，而鲜有思考如何促进学生的"学"③。显而易见，利用信息技术来呈现教学信息是最容易实现的，对教师的能力要求不高，但是处于信息呈现阶段的技术应用对提高教学效果有限。

4. 信息技术应用缺乏优质资源

信息技术的应用需要优质的资源支持，缺乏优质资源支持犹如"巧

---

① 齐群，殷曰海．浅谈信息技术应用于课堂教学中应注意的几个问题［J］．电化教育研究，2004（3）：78-80.

② 杨改学，付道明．强化信息技术的教学应用需要关注的几个问题［J］．电化教育研究，2012（11）：62-66.

③ 杨莲芳，黄宇星，张雯．福建省中小学教师信息技术应用能力现状与提升对策［J］．教育评论，2014（6）：147-149.

妇难为无米之炊”。在现实教学中，我国数字化学习资源建设水平和学习者学习需求之间的矛盾依然突出。一方面，互联网中的数字化学习资源呈爆炸式增长；另一方面，现有的学习资源内容和质量都无法满足学习者的多层次需求。20 世纪 90 年代以来，我国建立了海量的学习资源库，如 K12 教育资源云、农村中小学现代远程教育资源、国家数字化学习资源中心等。分析发现，国内学习资源建设存在着若干亟待解决的问题：重视项目评审、轻视内容建设，面向教师需求、忽视学习体验，重视知识呈现、轻视活动设计，重视资源建设、轻视推广应用，教育行政主导、缺乏共建共享①。产生上述问题主要有两个原因：①资源建设者对开发什么样的资源认识不清，即基于何种价值目标开发资源．什么样的资源才能满足学习者的需要，资源建设与资源评价依据何种标准，诸如此类问题未能引起足够的重视。②数字化学习资源建设缺乏系统考量，即资源建设、资源服务、资源管理、资源应用、资源评价等未能整体考虑、统筹规划，难以实现共建共享。第一个原因可从用户体验的视角寻找资源建设的有效路径，第二个原因需要从系统科学、统筹管理的角度寻求资源建设的有效机制。

5. 教师普遍缺乏信息技术能力

信息化教学与传统教学存在着巨大差异，教学理念、教学模式、教学方法、教学评价等都发生了巨大变化，不少教师已经习惯了传统讲授式教学，还不适应信息化教学方式。信息化教学需要教师能够搜集教学资源、加工教学资源、制作教学资源、使用信息设备，但是欠发达地区的相当一部分教师并不具备这些技能，需要在职业发展过程中不断学习。有些教师基础薄弱，学习动力不足，信息技术能力较低，这严重影响了信息技术应用的效果。叶力汉、白然（2005）研究认为，由于教师的信息技术能力有限、课件制作水平不高、硬件设备使用不熟、信息化教学设计能力不足等因素严重影响了信息技术与教学融合的有效性②。杨莲芳、黄宇星、张雯（2014）调研显示，福建省中小学教师对信息技术知

---

① 杨晓宏，贾巍．现代学习理念导向下的数字化学习资源构建研究［J］．中国电化教育，2013（3）：84-95.

② 叶力汉，白然．信息技术与课程整合实践中的问题及对策［J］．中国电化教育，2005（11）：65-68.

识的了解相对欠缺，超过半数的教师能够掌握 Excel、PPT 以及搜索引擎等工具，但是对图像处理、音视频、动画、交互课件等软件应用水平较低；教师们的教学环境设计能力和教学评价能力相对薄弱①。从笔者参与指导中小学信息化教学变革的经验来看，中小学教师的信息技能、技术应用能力还比较欠缺，绝大部分教师仅能够使用简单的技术手段，技术应用能力也较差，这些问题严重制约了信息技术应用的有效性。

（三）信息技术应用的有效性研究比较薄弱

第一，信息技术的教学应用需要扎实的理论支撑。虽然教育信息化得到了迅速发展，但是教育技术学科理论研究却一直比较薄弱。“有效教学”是近年来教学领域研究的一种重要理论，在课程与教学论界影响较大，但是还未被教育技术领域学者们吸收和接纳。信息技术教学应用缺少有力的理论支撑和理论依据，给信息技术应用有效性研究带来了一定的困难。信息技术教学应用存在着哪些关键问题，教师如何才能有效地使用信息技术，如何评价一项技术在教学中应用的有效性等需要得到教育技术界的理论回应。尽管已有不少研究在积极尝试回应上述问题，但尚未得到满意、系统、成熟的结论。

第二，缺乏适应性强的技术与教学融合策略研究。近年来，关于信息技术与教学有效融合研究，一直是基础教育改革研究的热点和焦点。这类研究试图从各个学科乃至课例，通过信息技术应用的模式、原则、策略等方面的探讨，指导教师如何在学科教学中有效地应用信息技术。但是文献分析发现，这类研究往往局限在某个学科或某个课例上，其适应性与移植性不强，难以指导一线教师真正有效地将信息技术应用于不同学段、不同学科和不同类型的课堂教学中。

第三，信息技术应用的有效性评价研究不够深入。信息技术教学应用的有效性评价是技术应用不可规避的一个重要问题，但是教育技术领域相关研究并未给予足够的重视。“有效性”本来就是一个很难说清楚的问题，要讨论清楚“信息技术教学应用的有效性”就显得更为复杂、更为困难。但是，这并不代表着无法对这个问题进行探讨。信息技术教学

---

① 杨莲芳，黄宇星，张雯．福建省中小学教师信息技术应用能力现状与提升对策［J］．教育评论，2014（6）：147-149．

应用有效性评价，不仅可以科学地鉴定、诊断教师的技术应用行为，而且可以激励、引导教师有效地使用信息技术，有必要对其进行系统考量。

二、文献综述

本研究重点关注教师在课堂教学中应用信息技术的有效性问题，是对技术如何有效融入课堂教学的探讨。国内外已有一些关于“信息技术应用的有效性”的研究，梳理近 20 年的相关文献，发现已有研究涉及的问题主要有：信息技术教学应用的效果，如何有效地应用信息技术，影响信息技术有效应用的因素，信息技术教学应用的评价，等等。

(一) 国外信息技术教学应用的相关研究综述

1. 信息技术教学应用的效果

在信息技术应用的效果方面，国外已有大量关于“技术对提高学生学习成绩”的实证研究。Fawzi Albalooshi 等（2002）所做的一项计算机辅助教学效果的实验研究表明，将媒体呈现和教师讲授结合组成数字媒体教学系统，由此系统引发教学互动，学生的学习效果比传统课堂高 40%以上[①]。Blok 等（2002）通过回顾 1990—2002 年以来的 70 个比较实验研究得出结论：计算机辅助教学在支持学习者初级阅读方面是有效的[②]。Waxman 等（2003）对 1997—2003 年关于技术应用于教学的效果研究进行元分析后发现：信息技术对教学效果的影响总体上是显著的，在认知方面和情感方面的影响是积极的。这些研究中技术的平均效果量为 0.209，即中等。Davidson-Shivers 等（2008）通过对学生成绩和学生态度的调查发现，利用信息技术手段教授硕士生在线课程整体上是有效的[③]。Liu 等（2012）研究表明，将在线互动虚拟环境应用于工程课程的

---

① Fawzi Albalooshi, Eshaa M. Alkhalifa. Multimedia as a Cognitive Tool [J]. Educational Technology & Society, 2002, 5(4): 49-55.

② Blok H, Overmaat M. Computer-Assisted Instruction in Support of Beginning Reading Instruction: A Review [J]. Review of Educational Research, 2002, 72 (1): 101-130.

③ Davidson-Shivers G V, Adkinson J E, Jackson M K. Using Technology to Teach Technology: Effects on Student Performance and Opinions [J]. International Journal of Instructional Media, 2008, 35(4): 401-412.

教学，可以提高学生操作仪器的技能、工艺规划和工艺参数的合理性；开发基于Web的语义系统能够显著改善学习者的学习动机与学习效果。文献分析发现，国外关于“信息技术教学应用的效果研究”大多从技术提高学生学习成绩方面进行实验验证，对师生地位、学习活动、学习动机等领域的研究相对较少①。

2. 如何有效地应用信息技术

国外“教学中如何有效地应用信息技术研究”主要分布在两个领域：信息技术与教学整合的模式、信息技术应用的策略与条件。何克抗教授将国外信息技术教学应用的方式大致分为三种：计算机辅助教学（CAI）、计算机辅助学习（CAL）、信息技术与课程整合（ITCI）②。其中信息技术与课程整合又可分为三个阶段：20世纪90年代至2003年的WebQuest（基于网络探究学习）、2003—2008年的TELS（运用技术加强理科学习）、2008年至今的TPACK（整合技术的学科教学法知识）。在20世纪90年代，美国信息技术与课程整合除WebQuest模式外，还有Just-in-Time Teaching（适时教学模式）、Problems-based Learning（基于问题的学习）、Project-based Learning（基于项目的学习）和Resources-based Learning（基于资源的学习）等。除此之外，国外还有一些经典的技术支持下的教学模式。比如，2007年兴起于美国科罗拉多州的“林地公园”高中的“翻转课堂”，当时主要用于解决一部分学生由于各种原因不能到校上课而落下课程的问题③。2012年之后它受到可汗学院的影响在全球范围内被广泛关注和应用。又如Caird Sally，Lane Andy（2015）介绍了英国高校广泛应用信息技术支持下的可持续发展教学模式，该模式采用面对面教学、远程教学和混合式教学等方式提高教学效果④。可见，国外

① Liu C C, Yao H H, Lee K W. Application of Semantic Approaches and Interactive Virtual Technology to Improve Teaching Effectiveness [J]. Interactive Learning Environments, 2012, 20(20): 441-449.

② 何克抗．TPACK：美国“信息技术与课程整合”途径与方法研究的新发展：上［J］．电化教育研究，2012（5）：5-10.

③ Bergmann J，Sams A．Flipping the Classroom［M］．San Bruno：Tech & Learning，2012：22-42.

④ Caird Sally，Lane Andy．Conceptualising the Role of Information and Communication Technologies in the Design of Higher Education Teaching Models Used in the UK [J]. British Journal of Educational Technology, 2015, 46(1): 58-70.

关于信息技术与课程整合的模式研究比较丰富，相当一部分经典应用模式已经被国内推广应用。

关于信息技术应用的策略与条件研究，2000 年美国教育技术论坛报告论证了数字化学习是保障美国教育质量、缩小数字鸿沟的有效办法。报告指出有效运营数字化学习资源的三个步骤：将数字化资源与教育目标联系起来，选择数字化资源将达到的学习效果和绩效标准，根据标准评测结果并适当调整①。Mcnair，Clarke（2007）通过技术设计教学的案例研究，确定了一系列教学策略和学习策略，如有效的合作策略、任务导向策略等②。Lyn M. Shulha 等（2001）提出了 5 个持续有效应用信息技术的基本条件：运用技术促进学生学习；信息技术是教学整体的有机组成部分；持续进行的专业支持；计划、预算和评价是关键活动；基本的伙伴关系③。Steven M. Brown（2003）指出确保信息技术有效性需要以下条件：培训满足教师个性化需求；为教师提供技术性支持；保证教师应用技术的时间；为教师提供长期的技术与教学有效整合的培训；教师理解技术与教学有效整合的方式；确保教师能按照计划使用技术；教师参与国家、学校和课堂的技术设计活动④。关于信息技术教学应用有效性的条件研究比较丰富，值得国内研究者借鉴；但关于信息技术在教学中有效应用的策略研究相对较少。

3. 影响信息技术有效应用的因素

从不同的视角看影响技术有效应用的因素，其分析的层次和结果不尽相同。有的研究聚焦于影响学校信息技术有效应用的因素，有的研究着眼于影响教师在课堂中应用信息技术的因素。Elizabeth Byrom（1998）指出，影响一所学校成功应用信息技术的核心因素包括：信息技术变革

---

① 汪琼，李文超，陈瑞江，等. 教育技术 CEO 论坛：借鉴和启示［J］. 开放教育研究，2004（6）：45-48.

② Mcnair V, Clarke R B. Effective Technology and Design Teaching: Getting It Right in the Classroom[J]. International Journal of Technolcgy & Design Education, 2007, 17(17): 271-290.

③ 孟琦. 课堂信息化教学有效性研究：教育技术之实用取向［D］. 上海：华东师范大学，2006：26.

④ 孟琦. 课堂信息化教学有效性研究：教育技术之实用取向［D］. 上海：华东师范大学，2006：27.

缘于教学目标；信息技术应用与课程目标、课程结构进行融合；信息技术的应用需要与教学评价标准一致；教师要能有效地使用信息技术；教师需要得到持续的教学支持和技术支持；社区和家长的积极参与会提高信息技术应用的有效性；商业在信息技术促进学校变革中发挥重要价值①。James G. Williams 等（2000）研究认为影响信息技术应用有效性的因素包括：教师态度动机、应用技术的益处与障碍、教师应用技术的能力、设备的可用性及获取性、技术的支持、行政的支持和技术培训等②。Baylor，Ritchie（2002）调研了美国不同地区的四个州 94 个教学班，采用量化的方法研究了影响信息技术有效应用于课堂教学的七个因素：详细的技术方案、学校领导、课程内容覆盖技术活动、教师的专业发展、教师的信息技术应用能力、教师的变革意愿、教师使用信息技术的情况③。田建林（2012）依据 2000 年以来英国教育传播与技术署（Becta）关于信息技术对学校影响的资料与数据，将影响教师信息技术应用的障碍分为两个方面因素：个人层面主要涉及教师的态度和教师的能力；学校层面涉及学校的软硬件设置、各种支持和技术培训④。Martínez-Caro（2011）应用结构方程模型对在线学习有效性的影响因素进行分析，研究表明：互动是在线学习成功的关键，人与技术融合的方式至关重要，还需教会学生如何进行在线学习⑤。国外关于影响技术有效应用的因素研究主要从学校宏观层面考察，也比较成熟；从课堂教学微观层面考察的相对较少，还需要深入探究。

---

① 刘美凤. 信息技术在中小学教育中应用的有效性研究［M］. 北京：教育科学出版社，2010：17.

② 刘美凤. 信息技术在中小学教育中应用的有效性研究［M］. 北京：教育科学出版社，2010：16.

③ Baylor A L, Ritchie D. What Factors Facilitate Teacher Skill, Teacher Morale, and Perceived Student Learning in Technology-Using Classrooms?［J］. Computers & Education, 2002, 39(4): 395-414.

④ 田建林. 信息技术融入课堂教学有效性的实验研究［D］. 大连：辽宁师范大学，2012：2-3.

⑤ Martínez-Caro E. Factors Affecting Effectiveness in E-learning: An Analysis in Production Management Courses［J］. Computer Applications in Engineering Education, 2011, 19(19): 572-581.

4. 信息技术教学应用的评价

国外信息技术应用的有效性评价研究已经较为深入，评价标准已经面向各个层次和各个阶段的教育，并且有针对全国性、区域性、学校性、学科性的。例如美国教育技术 CEO 论坛提出的美国教师教育 STaR 评估量表[①]（2000），是用于评估美国学校信息技术与课程整合进展的一种评价标准。量表有两份，一份量表是用于测定 K-12 学校技术准备和应用情况；另外一份量表用于学校自测教师的教育技术应用绩效水平。STaR 评估量表不仅提供了判断教师技术与教学整合状况的评价依据，而且可以用来确定教育机构的技术准备和应用水平，还可以供教育机构明确教育技术应用水平和目标，同时可作为全国学校信息化发展水平的通用评价标准。Wagner，Daniel，Bob Day 等（2005）介绍，世界银行的 InfoDev 项目就是"监测和评估技术在教育项目中的应用"。该项目从宏观决策支持的角度对技术应用的有效性评价进行研究，其评价指标包括投入指标、产出指标、教育及社会经济指标、成本与收益四个方面，其中投入指标分为教室的技术资源、教师技术培训等；产出指标分为学生的学科知识、学生的态度、学生的技能、教育的结果、教师的成果、长远的影响等[②]。联合国教科文组织的"信息技术在教育中的绩效评价指标"（2003）是针对亚太地区信息技术教育应用的评价标准[③]，评价指标可以评价技术应用、教育改革、教师能力、教学过程变化之间的复杂关系。除此之外，韩国 K12 学校信息化有效性评估、英国的 Impace 2 项目等都是从投入应用与产出效益的角度开展有效性评价。通过对"国外信息技术教学应用有效性的评价研究"梳理发现，国外对信息技术教学应用的有效性评价研究主要从国家层面、政府层面对信息化投入与教育产

---

① Fulton Kathleen. Teacher Preparation STaR Chart: A Self-Assessment Tool for Colleges of Education [EB/OL]. http://eric.ed.gov/?id=ED437382.

② Wagner, Daniel A, Bob Day, Tina James, Robert B. Kozma, Jonathan Miller, Tim Unwin. Monitoring and Evaluation of ICT in Education Projects: A Handbook for Developing Countries [C/OL]. The International Conference on Educational Technology (2005). Available at: http://www.infodev.org/en/Publication.9.html.

③ UNESCO. Performance Indicators for ICT in Education. Bangkok: UNESCO. [EB/OL]. http://www.unescobkk.org/index.php?id=1109.

出之间的关系展开讨论，对中小学课堂教学信息技术应用有效性缺少评价标准。

（二）国内信息技术教学应用的相关研究综述

1. 信息技术教学应用的效果

张莉、钟志贤（2009）通过理论分析认为：信息技术在课堂中可作为情境创设工具、信息表征工具、探索工具、互动工具和评价工具；合理地应用技术手段对促进学习者有意义学习和高阶思维能力发展具有重要价值①。辛涛（2010）选取北京市 24 所中学所有的七、八年级学生开展教学实验，发现信息技术使用的频率与学生数学学习成绩正相关②。田建林（2012）通过实验研究发现：在信息技术教学环境下，学生的认知能力、学习满意度、教学互动频率要比传统教室下的好③。鲍思达（2012）以个案研究的形式呈现了信息技术支持下的高中时政课几种模式的教学效果④。杨九民、邵明杰和黄磊（2013）以“现代教育技术”实验课为例，验证了信息技术支持下的翻转课堂教学模式的有效性⑤。季忠云（2014）通过对苏州大学附属中学高一年级生物教学的对比实验研究发现，将信息技术辅助教学与传统教学进行有机整合能够取得较好的教学效果⑥。曲丽萍（2014）通过实践的方法探讨了 Excel、动态数学软件、Moodle 平台与高中数学整合的有效性，并给出了信息技术与高中数学有效整合的若干建议⑦。邢磊、董占海（2015）以大学物理课程为例证明了

① 张莉，钟志贤．用信息技术促进有意义的学习［J］．开放教育研究，2009（2）：44-49.

② 辛涛，邹舟．中学生课堂计算机使用对其数学成绩的影响［J］．教育学报，2010（4）：65-70.

③ 田建林．信息技术融入课堂教学有效性的实验研究［D］．大连：辽宁师范大学，2012：34-36.

④ 鲍思达．信息技术支持下高中时政课的有效教学研究［D］．上海：上海师范大学，2012：25-34.

⑤ 杨九民，邵明杰，黄磊．基于微视频资源的翻转课堂在实验教学中的应用研究：以“现代教育技术”实验课程为例［J］．现代教育技术，2013，23（10）：36-40.

⑥ 季忠云．高中生物教学中现代信息技术与传统教学有效整合的研究［D］．苏州：苏州大学，2014.

⑦ 曲丽萍．信息技术与高中数学教学有效整合的实证分析研究［D］．烟台：鲁东大学，2014.

微课支持下的翻转课堂对提高学生的大学物理学习成绩有积极作用①。王永固等（2019）构建了电子书包赋能的精准教学模式，采用准实验研究法在初中数学复习课中开展教学实验，该模式能激发学习主动性和自主性，培养正向的数学学习情绪，促进学生认知领域的深度学习，显著地提高学生数学学习成绩，增加班级“学优生”比例②。分析文献得知，国内已有大量关于信息技术教学应用的效果研究，研究方法上有理论探讨、定量研究和案例分析；研究表明信息技术对优化教学效果、促进学生发展等方面具有重要价值。

2. 如何有效地应用信息技术

（1）信息技术有效应用的模式研究。1996 年开始，何克抗教授主持的教育部基教司的重点科研课题“语文四结合教学改革试验”，尝试把信息技术教学与语文教学融为一体，在小学语文教学中力求做到“识字教学、阅读理解、作文训练、计算机使用”四结合；逐步形成了“看一听一说一写一打一想”的新型识字教学模式③。乜勇、王兰兰（2011）在分析建立信息技术教育中“学与教 e 模式”的原则基础上，构建了适应信息技术环境的“学与教 e 模式”，提出了信息技术环境中“学与教 e 模式”的应用建议④。张伟平、杨世伟（2010）在“现代教育技术”公共课教学中，通过基于信息化教学实践和基于设计的研究方法的实施，归纳总结出信息化教学有效性的分析模型⑤。郭利明、杨现民等（2021）从学校视角切入，聚焦智能技术发展的时代背景，设计了数据层（三类数据支持）、技术层（三种技术支持）、方法层（一套教法支持）、管理层（四项管理支持）以及文化层（三大文化支持）的精准教学五维支持服务框架⑥。

---

① 邢磊，董占海. 大学物理翻转课堂教学效果的准实验研究［J］. 复旦教育论坛，2015（1）：24-29.

② 王永固，肖镭，莫世荣，等. 电子书包赋能的精准教学模式有效性研究：以初中数学复习课为例［J］. 中国电化教育，2019（5）：106-113，119.

③ 刘光宁，唐湘蓉. 运用现代教育技术构建语文“四结合”教学模式［J］. 电化教育研究，2001（5）：76-79.

④ 乜勇，王兰兰. 有效构建信息技术教育环境中学与教的 e 模式［J］. 中国电化教育，2011（2）：19-22.

⑤ 张伟平，杨世伟. 高校信息化教学的有效性研究：基于设计的研究［J］. 电化教育研究，2010（1）：103-106.

⑥ 郭利明，杨现民，张瑶. 数据驱动的精准教学五维支持服务框架设计与实践研究［J］. 电化教育研究，2021（4）：85-92.

（2）信息技术有效应用的方式研究。朱永海（2009）研究认为，信息技术与教学有效整合应该是“以人为本”的技术与课程的双向互动整合，体现为三个层次：课程知识层面的贯通、课程经验层面的融合和课程文化层面的创生①。何克抗教授（2012）研究认为，国内信息技术应用于教学主要分为三种方式：计算机辅助教学（CAI）、计算机辅助学习（CAL）、信息技术与课程整合（ITCI）。其中，信息技术与课程整合可大致分为两个阶段，即基于网络的探究学习阶段、信息技术与教学深度融合阶段②。TPACK 是技术与教学深度融合的新理念和新思路。TPACK 框架包含三种基础知识，即学科内容知识（CK）、教学法知识（PK）、信息技术知识（TK），以及由这三种基础性知识相互交叉形成的四种复合性知识，即学科教学法知识（PCK）、整合技术的学科内容知识（TCK）、整合技术的教学法知识（TPK）和整合技术的学科教学法知识（TPACK），其中，整合技术的学科教学法知识（TPACK）是 TPACK 框架的内核③。

（3）信息技术有效应用的原则与策略研究。钟绍春、张琢和李吉南等（2007）研究认为有效引入信息技术的策略包括：营造学生能够参与的过程、提供能够满足学生能力差异的学习内容、提供能够满足学生兴趣差异的学习内容、建立动态获得学生学习情况的渠道、建立学生合作交流的平台、建立动态管理学习过程的系统、建立学生系统运用知识的环境、提高学生接受知识及信息的效率④。杨玲（2009）在探讨课堂教学有效性缺失表现的基础上，从目标设计、情境创设、活动选用、课堂提问等方面提出了改善信息技术教学应用有效性的策略⑤。郭俊杰、王佳莹（2010）提出的信息技术有效运用的策略为：注重技术整合的教学设计、

① 朱永海．论信息技术与课程有效整合的三个层次［J］．中国远程教育，2009（3）：65-68.

② 何克抗．TPACK：美国“信息技术与课程整合”途径与方法研究的新发展：上［J］．电化教育研究，2012（5）：5-10.

③ 杨丽娜，陈玲，张雪，等．基于 TPACK 框架的精准教研资源智能推荐研究与实践［J］．中国电化教育，2021（2）：43-50.

④ 钟绍春，张琢，李吉南，等．信息技术与课程有效整合的方法与实践［J］．中国电化教育，2007（10）：74-77.

⑤ 杨玲．信息技术课堂教学有效性缺失分析与提升策略［J］．中国电化教育，2009（6）：92-94.

灵活驾驭信息化教学过程、建立最佳的反馈渠道、全方位评价、反思信息化教学过程[①]。陆永来（2013）从有效教学的效率、效果、效益三个维度出发，提出了技术支持下中小学课堂实现有效教学的三大策略：善用迁移、巧用共情、活用生活[②]。周佳伟、王祖浩（2021）受舒尔曼提出的PCK以及教学推理模型启发，以TPACK为理论基础，构建了内容表征驱动、技术应用驱动和教学改进驱动三种类型推理路径[③]。可见，国内关于如何有效应用信息技术的研究比较丰富，主要集中在信息技术在教学中有效应用的模式、信息技术在教学中有效应用的方式、信息技术在教学中有效应用的策略等领域。但是这些研究往往是基于某个学科或教学案例开展的，对技术应用实践指导迁移性不够强，尤其是关于信息技术有效应用的策略研究缺乏实证证据。

3. 影响信息技术有效应用的因素

杜泽娟（2006）基于实证调查的方法分析了影响信息技术与课程有效整合的因素，包括：教师素养、学校因素、资源因素和学生因素[④]。张译允（2008）基于调查法从政府层面、学校层面、教师层面和学生层面分析了信息技术有效应用的影响因素[⑤]。方舟（2008）研究认为，认知模式、教学模式、教育机制、教育观等因素会影响信息技术与教学的有效整合[⑥]。张伟平、杨世伟（2010）概括出影响信息化教学有效性的关键因素包括：教师的信息技术应用水平、教学方案设计、教学方法与手段等[⑦]。刘美凤（2010）研究认为，影响信息技术有效应用的宏观层面因素包括：政策因素、经济因素、文化因素和支持因素；中观层面因素包括：

---

① 郭俊杰，王佳莹．信息化教学过程的有效性策略研究［J］．中国远程教育，2010（10）：63-80.

② 陆永来．信息技术课堂实现有效教学的策略［J］．现代中小学教育，2013（2）：27-29.

③ 周佳伟，王祖浩．信息技术与学科教学如何深度融合：基于TPACK的教学推理［J］．电化教育研究，2021（09）：20-26，34.

④ 杜泽娟．中小学信息技术与课程有效整合的研究［D］．桂林：广西师范大学，2006：27-35.

⑤ 张译允．信息技术在教学中应用的影响因素研究［D］．长春：东北师范大学，2008：21-27.

⑥ 方舟．信息技术与课程有效整合的若干相关性问题［J］．远程教育杂志，2008（4）：49-52.

⑦ 张伟平，杨世伟．高校信息化教学的有效性研究：基于设计的研究［J］．电化教育研究，2010（1）：103-106.

领导因素、学校政策与管理、学校文化、学校的信息技术环境、学校提供的支持；微观层面因素包括：教师因素、学生因素、学科教学因素、课程因素等[①]。江凤娟等（2021）采用技术接受模型（TAM）建立分析框架，通过PLS结构方程分析发现：感知易用性、感知有用性和使用态度都对使用意愿产生显著影响；感知易用性和感知有用性受到使用态度的调节影响；不同外部环境对感知易用性的影响存在明显差异，但是对感知有用性、使用态度的影响并不显著；教师的个人特征对使用意愿产生了边际效应[②]。国内关于影响信息技术有效应用的因素研究比较丰富，学者们从宏观、中观到微观层面都做了深入的研究。

4. 信息技术教学应用的评价

高霄（2009）利用系统分析法构建了课堂教学使用PPT的有效性评价指标，以“教学内容、呈现形式、界面特征和制作技术”为准则层，以“知识体系性、结构逻辑性等”为指标层，并利用数据统计方法分别计算出各指标的权重[③]。王旭影（2011）基于信息技术教学功效及研究者自己的教学实践，从激发学习兴趣、体会诗歌情感、理解诗歌意义、体验诗歌音韵四个方面制定了信息技术在初中诗歌教学中有效应用的评价指标[④]。孙沛华（2011）基于扎根理论，采用文献分析法整理出有效教学的评价体系，并提出了信息化教学有效性的评价标准[⑤]。袁小红（2011）采用问卷调查、文献分析、行动研究等方法从学习时间、学习效果、学习体验和学习发展四个维度建立了基于信息化资源的课堂教学有效性标准[⑥]。魏俊杰、魏国宁和解月光（2012）通过对信息技术有效支持高阶学习的特点和数学学习中高阶思维能力的外显特征探究，建立了面向高阶

---

① 刘美凤. 信息技术在中小学教育中应用的有效性研究［M］. 北京：教育科学出版社，2010：25-38.

② 江凤娟，刘晓璇. 民族地区教师信息技术使用意愿的影响因素研究：基于TAM的分析［J］. 民族教育研究，2021（3）：78-86.

③ 高霄. 课堂教学PPT使用有效性评价指标体系构建［J］. 中国青年政治学院学报，2009（4）：129-133.

④ 王旭影. 初中诗歌课堂中教师有效应用信息技术的评价体系研究［D］. 长春：东北师范大学，2011：16-28.

⑤ 孙沛华. 基于扎根理论的信息化课堂有效教学评价体系研究［J］. 现代教育技术，2011（9）：47-51.

⑥ 袁小红. 高校信息化教学资源利用有效性研究［J］. 中国电化教育，2011（9）：90-94.

思维能力培养的信息技术有效应用的评价体系[①]。孙宏志、解月光（2013）依据活动理论和高阶思维等，构建了学习目标、活动任务、资源工具、操作交互、活动规则、学习成果6个一级指标及13个二级指标的信息技术应用有效性的评价模型[②]。国内现有的关于信息技术教学应用评价研究主要还是从教师“教”的角度出发进行评价，并且大部分评价体系仅适用于某类教学模式、教学情境或特定学科，尚缺少通用性的、业界普遍认可的评价标准。

（三）国内外信息技术教学应用相关研究评述

总体看来，国内外关于信息技术教学应用的效果研究比较丰富，且多从理论分析、实验研究或个案分析角度进行。其涉及的问题主要集中在：信息技术教学应用的效果分析、信息技术在教学中有效应用的模式研究、信息技术在教学中有效应用的方式研究、信息技术在教学中有效应用的原则与策略研究、信息技术教学应用有效性的评价研究等。其中，关于应用模式研究、应用方式研究比较丰富，对信息化教学通用的指导性原则研究有待深入。国外关于信息技术教学应用的评价研究主要集中在对地区、学校宏观信息化投入与收益上，国内研究大多从微观视角对课堂信息化教学的效果进行探讨。但国内现有的评价研究主要还是从“教”的角度进行评价，缺少对学生学习效果的观照，并且大部分评价体系仅适用于某类教学情境，而缺少通用性强、认可度高的评价标准研制。

三、研究设计

（一）研究意义

第一，建构信息技术教学应用有效性的概念模型，纠正人们片面认识信息技术应用有效性的偏差。现有相关研究对“信息技术教学应用的有效性”界定，局限在信息技术促进学生认知发展层面上，即“效果”

① 魏俊杰，魏国宁，解月光．高阶思维培养取向的信息技术有效应用评价指标体系研究：以初中数学课堂教学为例［J］．现代教育技术，2012（1）：29-33.

② 孙宏志，解月光．信息技术应用有效性的评价指标体系研究：以初中物理课堂教学为例［J］．现代教育技术，2013（2）：31-36.

"效率"上，往往对"效益"考察不够；绝大部分研究直接忽视了教育伦理和技术伦理的考量。这种对信息技术应用有效性的理解是片面的、不科学的，不仅无益于信息技术在教学中最大程度发挥教学功效，而且还可能给学生、给教学带来负面效应。本研究基于信息技术的教学价值、促进学生发展的根本目标，将"信息技术在教学中应用的有效性"界定在技术实践符合教育伦理、教育规律和技术伦理的前提下，促进学生素质发展的效果、效率和效益上。在符合伦理性的基础上，构建"技术应用有效性"的概念模型，对纠正过去人们对信息技术应用效果的片面认识具有重要的理论价值与实践意义。

第二，阐明信息技术在教学中应用有效性的现状，诊断信息技术教学应用的主要问题。了解信息技术在课堂教学中应用的有效性现状，是诊断信息技术应用问题的前提，也是提高技术应用有效性水平的基础。因此，本研究选取中部地区 W 市不同层次的中小学，采用问卷调查、课堂观察、个别访谈等方法对信息技术应用的有效性现状进行全面调查，分析信息技术在教学中有效应用的方式，诊断信息技术在教学中应用的主要问题、成因及后果，为一线教师规避信息技术应用问题提供参考借鉴，为研究者进一步研究该问题提供第一手数据资料。

第三，探求信息技术有效应用的特征和原则，促进中小学教师在课堂教学中有效地使用信息技术。如何促进教师将信息技术有效地应用于课堂教学，是本研究的主要目的之一。现有的相关研究从策略方法上进行了探索，但不少研究还停留在表层上，缺乏对问题本质的把握。本研究试图探究信息技术有效应用的本质，从深层次促进信息技术在课堂中的有效应用。信息技术在教学中的有效应用有一些共性特征，分析这些特征对指导学科教师有效地应用信息技术手段具有重要意义。同时，信息技术在教学中的应用还有一些共性原则，通过对信息技术有效应用的典型模式与教学案例的分析，提炼出信息技术有效应用的基本原则，引导一线教师在课堂教学中有效地应用信息技术。

第四，建构信息技术在教学中应用的有效性评价标准，为信息技术的教学应用提供评价依据。对信息技术的应用展开科学的评价，不仅能够诊断教师的技术应用行为，而且可以引导教师有效地将技术应用于课堂教学之中。本研究基于有效教学理论、信息技术的教学功效、信息技术有效应用的特征与原则、研究者的田野调查与信息化教学实践，构建信息技术教学应用的有效性评价标准，为信息技术教学应用的有效性提供评价工具；并在此基础上以小学六年级数学中小数乘分数版块的信息化课堂教学为例，通过比较专家评价、学生评价的数据，检验信息技术教学应用有效性评价标准的信度与效度。

（二）研究思路

本研究的基本思路如图 1-1 所示，研究主线为：概念建构—现状分析—问题诊断—问题解决—有效性评价。

（1）概念建构，把握技术应用有效性的本质内涵。通过哲学方法和文献梳理，厘清信息技术在课堂教学中应用有效性的本质内涵，把握信息技术在课堂教学中应用的本体价值。

（2）现状分析，透视信息技术应用的有效性水平。通过对中小学课堂教学中信息技术应用有效性的现状分析，弄清当前国内中小学信息技术应用的真实水平，以便准确诊断信息技术教学应用的主要问题。

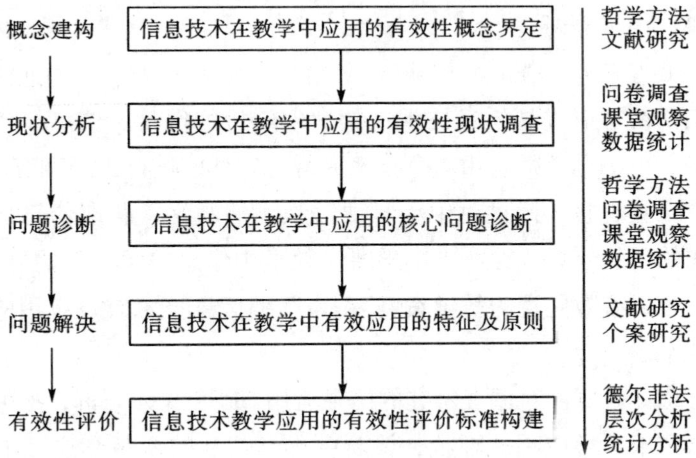

图 1-1　信息技术教学应用有效性问题的研究思路

（3）问题诊断，深度剖析信息技术应用关键问题。通过量化研究与质性研究相结合的方式，对当前中小学课堂教学中信息技术应用的主要问题进行系统分析，为后续研究奠定基础。

（4）问题解决，探究技术有效应用的特征及原则。通过文献研究、个案研究等方法，分析信息技术在课堂教学中有效应用的特征及原则，引导一线教师在课堂中有效地应用信息技术手段，为构建评价标准提供理论依据。

（5）有效性评价，构建技术有效应用的评价标准。通过文献分析、专家调查、层次分析、统计分析等方法，建立信息技术在课堂教学中有效应用的评价标准，为信息技术的教学应用提供评价依据。选取一个信息化课堂教学作为评价对象，采用量化实证的方法应用评价体系，检验评价标准的科学性。

（三）研究方法

（1）哲学方法。利用教育哲学和技术哲学相关理论辩证分析信息技术教学价值的双重属性，即积极价值和负面效应。信息技术教学应用的有效性需要在技术应用符合伦理道德的前提下，考虑技术促进学生发展的效果、效率和效益。

（2）文献分析。本研究通过查阅国内外的前沿文献，获取信息技术应用有效性问题的研究现状，吸取精华作为本研究的基础。尤其是已有的信息技术教学应用有效性界定、信息化教学有效性评价标准等研究能够为本研究提供参考。

（3）调查研究。选取中部地区 W 市三个区的若干学校，通过问卷调查和个别访谈等形式从信息技术在教学中应用的现状、信息技术教学应用的问题、中小学教师应用信息技术的行为等维度进行田野调查。

（4）课堂观察。通过对中小学课堂教学的观察，获取信息技术在教学中应用的现状信息，诊断中小学课堂教学中信息技术应用的主要问题，并通过“分析有效应用的教学案例”，为归纳信息技术有效应用的特征和原则奠定基础。

（5）统计分析。对调查研究的结果运用 SPSS 统计分析，把握当前中小学信息技术教学应用的现状，诊断中小学信息技术教学应用的共性问题。在有效性评价研究中，利用 Yaahp 实现 AHP 与 Delphi 结合法获取评价指标权重。

（6）个案研究。通过对信息技术有效应用的案例分析和质性研究，提炼总结出信息技术有效应用的本质特征和通用原则，为一线教师有效地应用信息技术提供经验借鉴和方法指导。

第二章　信息技术教学应用有效性的概念界定

一、信息技术的相关概念

（一）信息技术的内涵与外延

"技术"（Technology）一词源于希腊语 Techne（艺术、技巧）和 Logos（言辞、说话）的结合，意味着完美的技艺和演讲。技术是一个历史的、发展的概念。古希腊著名哲学家亚里士多德把技术理解为"制作的智慧"[①]。18 世纪，法国思想家狄德罗（D. Diderot）在他主编的《百科全书》中[②]，最先对技术下了一个完整的定义：技术是为某目的而共同协作组成的各种工具和规则体系。我国《辞海》[③]对技术的解释是：技术泛指根据生产实践经验和自然科学原理而发展成的各种工艺操作方法与技能。除操作技能外，广义的技术还包括相应的生产工具和其他物质设备，以及生产的工艺过程或作业程序、方法。教育技术学者们基于技术的认识将技术分为两种形态，即有形的物化技术和无形的智能技术。

人们对信息技术的定义，因其使用的目的、范围、层次不同而有不同的表述。比如："信息技术就是获取、存贮、传递、处理、分析以及让信息标准化的技术。""信息技术是指在计算机和通信技术支持下用以获取、加工、存储、变换、显示和传输文字、数值、图像以及声音等信息，

① 郭晓君. 谈现代技术观 [J]. 延边大学学报：哲学社会科学版，1996（3）：16-19.

② 狄德罗. 百科全书 [M]. 坚吉尔，英译. 梁从诫，汉译. 广州：花城出版社，2007.

③ 夏征农，陈至立. 辞海 [M]. 上海：上海辞书出版社，1999.

包括提供设备和提供信息服务两大方面的工具与方法的总称。”“信息技术是管理、开发和利用信息资源的有关方法、手段与操作程序的总称。”“信息技术是指能够扩展人类信息器官功能的一类技术总称。”从广义上讲，信息技术是指信息的获取、整理、加工、存储、传递和利用过程中所采用的一切技术和方法，并且包括物化技术和智能技术。从这个角度来讲，信息技术的发展历程可以概括为 5 个阶段：第一次信息技术革命即语言的使用，第二次信息技术革命即文字的发明，第三次信息技术革命即印刷的发明，第四次信息技术革命即电报、电话、广播、电视的发明和普及，第五次信息技术革命即电子计算机的普及应用及计算机与现代通信技术的结合。现如今所说的信息技术主要是指现代信息技术。现代信息技术是借助以微电子学为基础的计算机技术和电信技术结合而形成的技术手段，对文字、声音、图形、图像、影像和各种传感信号的信息进行获取、加工、处理、存储、传播和使用的技术。梳理信息技术的定义，可以说凡是可以扩展人的信息功能的技术都属于信息技术，通常所说的信息技术主要是指利用电子计算机和现代通信手段实现获取信息、传递信息、存储信息、处理信息、显示信息、分配信息等的相关技术。

（二）教育信息技术的内涵

教育信息技术是信息技术的下位概念，特指教育领域中的信息技术。关于教育信息技术的内涵，李祺做了比较深入的研究。李祺（2003）认为教育信息技术有如下内涵[①]：①教育信息技术是信息技术的一种类型，它具有信息技术的一切特征和教育的属性。在实践过程中，它遵循教育信息的运动规律，同时发挥技术的固有功能。②教育信息技术的理论基础是教育学、信息科学、信息论和系统科学理论，它的实践基础是信息资源、信息技术和人的智能。③教育信息技术实践以教育信息为核心，以充分开发、利用教育信息追求最佳功效为目的，以恰当运用先进科学技术为关键，在实践中求得发展，在发展中提高其地位和作用。④教育信息技术理论与实践强调教育信息及其技术的共同作用，强调教育信息化的发展；教育信息技术是实现教育信息功能的方法和手段，是解决教育中有关问题的系统方法。⑤教育信息技术跟广义的信息技术一样，是

① 李祺. 论教育信息技术［J］. 电化教育研究，2003（4）：26-37.

由多种技术组成的技术系统。其实，教育信息技术是运用教育科学、信息科学的原理与方法，获取、处理、传播、控制和使用教育信息的一切方法与手段的总称；也可以说教育信息技术是人类在教育活动中所运用的一切信息技术手段和方法的总和。

（三）教育技术之内涵演变

直观来讲，教育技术就是“教育中的技术”，是指人类在教育活动中所采取的一切技术手段和方法的总和，基本等同于教育信息技术。从狭义上来说，教育技术是指在教学过程中所应用的技术手段和技术方法。有学者将两种类型的教育技术分别称为“媒体技术”和“系统技术”，还有学者称之为“教学媒体开发技术”和“教学过程设计技术”。

1994 年，美国教育传播与技术协会（AECT）在出版的《教育技术：领域的定义和范畴》一书中给“教育技术”下了明确的定义：“Instructional Technology is the theory and practice of design, development, utilization, management and evaluation of processes and resources for learning.”翻译成中文表述为：教育技术是为了学习，关于学习过程和学习资源的设计、开发、利用、管理和评价的理论与实践①。AECT 协会于 2005 年 5 月发表了新的教育技术定义：“Educational Technology is the study and ethical practice of facilitating learning and improving performance by creating, using, and managing appropriate technological processes and resources.”翻译过来就是：教育技术是通过创造、使用和管理适当的技术性的过程和资源，以促进学习和提高绩效的研究与符合伦理道德的实践②。该教育技术定义，把原来的“for learning”改为“facilitating learning”，即从“为了学习”改为“促进学习”，这不仅强调“学”，也重视“教”；将原来的“学习过程和学习资源”改为“创造、使用和管理适当的技术性的过程和资源”，此处的过程和资源是指伴随合适技术的教育过程与教育资源；新定义增加有关“绩

---

① 何克抗，李文光．教育技术学．[M]．2 版．北京：北京师范大学出版社，2009：2-7.

② 何克抗，李文光．教育技术学．[M]．2 版．北京：北京师范大学出版社，2009：8-9.

效”的思考，表明通过培训来提高企业绩效也是教育技术的研究与应用领域，因此有些学校的教育技术学专业本科人才培养规格指向企业培训，比如华中师范大学教育技术学（非师范专业）、中国海洋大学教育技术学专业等。

笔者认为，教育技术是通过设计、开发、利用、管理和评价恰当的教育过程和教育资源，促进学习效果和提高教学绩效的理论与实践。从这个角度来看，教育技术等同于教育信息技术，教育技术界大量的学者赞成将“教育技术”改为“教育信息技术”，比如李运林教授就非常支持。当然也有不少学者认为“教育技术”不等于“教育信息技术”，何克抗教授就坚持反对将“教育技术”改名为“教育信息技术”。不管教育技术界如何争论，我们可以将“教育技术”约等于“教育信息技术”，教学中应用的信息技术是“教育技术”的一个部分。

（四）教学信息技术的含义

本研究中的信息技术主要是“教学信息技术”，即课堂教学中使用的信息技术，它包括教师教导活动中和学生学习活动中所运用的信息技术总和。也就是说，教学信息技术是指教师在教导活动和学生在学习活动中所运用的一切信息技术手段和方法的总和。理解“教学信息技术”与“教育信息技术”两个概念的关系，可以从教学和教育的关系入手，教学是践行教育宗旨、实现教育目标的重要途径之一。可见，教学是教育的下位概念，教学信息技术仅仅指教师教导与学生学习过程中所应用的信息技术手段和方法，是教育信息技术的一个重要组成部分。

要想更好地理解教学信息技术，有必要了解教学信息技术的分类和功能，这可以帮助我们进一步把握教学信息技术的内涵和外延。按照教学信息技术应用阶段可以把教学信息技术划分为：教学准备阶段的技术、教学实施阶段的技术和教学评价阶段的技术。教学准备阶段信息技术主要包括利用互联网查找教学资源、制作多媒体课件、教师利用信息资源学习教学方法、技术人员开发教学平台等。教学实施阶段信息技术主要有教师利用多媒体课件授课、课堂上利用问答系统提问、教师利用教学监控系统了解学生学习行为、学生利用学习终端进行自主学习、在线教学中学生观看教师授课视频等。教学评价阶段信息技术则主要包括教师利用学习文件夹对学生进行评价、教师利用智能系统对学生成绩或学习行为数据进行分析、学生在考试系统中进行测试等。

关于信息技术的教学功能研究，尽管不同研究者的归纳方法不同，但是总体上一致。笔者根据已有的相关研究和自身信息化教学实践经验，将信息技术的教学功能概括为七个方面：①呈现教学信息，节约教学时间；②创设教学情境，激发学习动机；③呈现复杂过程，促进自主建构；④丰富教学资源，组织探究活动；⑤促进自主学习，支持协作学习；⑥作为交互工具，促进师生交流；⑦支持即时测评，调查改进教学。另外，从信息技术的服务对象来看，可以将信息技术的教学功能概括为：信息技术作为教导工具、信息技术作为认知工具、信息技术作为学习资源。信息技术作为教师的教导工具，即技术支持教师的教导，主要表现在支持信息化教学设计、呈现课堂教学信息、支持教学评价、促进教师专业发展等。信息技术作为学生的认知工具，即信息技术促进学生的学习。李克东教授认为信息技术作为学生认知工具有下列主要作用：作为课程内容与学习资源的获取工具、作为情境探究和发现学习的工具、作为合作学习和交流讨论的工具、作为知识构建和创作实践的工具、作为自我评测和学习反馈的工具等①。信息技术作为学习资源主要表现在：提供教学资料、提供学习支持、创设学习环境等。信息技术作为交互工具主要应用于师生之间、生生之间的人际交往和学生与内容资源之间的互动等。

2021 年 9 月，全国中小学教师信息技术应用能力提升工程执行办公室印发《中小学教师信息化教育教学微能力诊断指南》。该指南以《中小学教师信息技术应用能力标准（试用)》为依据，旨在提升中小学教师包括在多媒体教学环境、混合学习环境、智慧学习环境下应用信息技术进行学情分析、教学设计、学法指导和学业评价等 30 个微能力，如表 2-1 所示。

表 2-1　教师信息技术应用能力发展框架

维度	信息化应用环境		
	多媒体教学环境	混合学习环境	智慧学习环境
学情分析	A1 技术支持的学情分析	B1 技术支持的测验与练习	

① 李克东．数字化学习：上：信息技术与课程整合的核心［J］．电化教育研究．2001（8）：46-49.

续表

<table>
<tr><td rowspan="2">维度</td><td colspan="3">信息化应用环境</td></tr>
<tr><td>多媒体教学环境</td><td>混合学习环境</td><td>智慧学习环境</td></tr>
<tr><td>教学设计</td><td>A2 数字教育资源获取与评价
A3 演示文稿设计与制作
A4 数字教育资源管理</td><td>B2 微课程设计与制作
B3 探究型学习活动设计</td><td>C1 跨学科学习活动设计
C2 创造真实学习情境</td></tr>
<tr><td>学法指导</td><td>A5 技术支持的课堂导入
A6 技术支持的课堂讲授
A7 技术支持的总结提升
A8 技术支持的方法指导
A9 学生信息道德培养
A10 学生信息安全意识培养</td><td>B4 技术支持的发现与解决问题
B5 学习小组组织与管理
B6 技术支持的展示交流
B7 家校交流与合作
B8 公平管理技术资源</td><td>C3 创新解决问题的方法
C4 支持学生创造性学习与表达
C5 基于数据的个别化指导</td></tr>
<tr><td>学业评价</td><td>A11 评价量规设计与应用
A12 评价数据的伴随性采集
A13 数据可视化呈现与解读</td><td>B9 自评与互评活动的组织
B10 档案袋评价</td><td>C6 应用数据分析模型
C7 创建数据分析微模型</td></tr>
</table>

二、有效性的相关概念

（一）“有效教学”研究中的“有效”

有效教学最初由西方学者于 20 世纪上半期率先提出，之后它在国内外引起了学术界的广泛关注。中西方不同的研究者从不同的角度，提出了各自对有效教学的理解。

陈晓端教授等（2005）将国外学者对“有效教学”的理解归纳为三种取向①：第一，目标取向，重点强调的是预期教学目标的达成，也就是判断有效教学的标准是看教学目标的达成情况。比如 Koppi 等（1997）研究认为，有效教学就是教师通过一系列的教学活动促进学生取得高水平成绩的教学。又如，Kyriacou（1997）研究表示，有效教学是指学生在教

① 陈晓端，Stephen Keith. 当代西方有效教学研究的系统考察与启示［J］. 比较教育研究，2005（8）：56-60，71.

师的指导下成功地达成预定学习目标的教学①。第二，技能取向，重点强调有效教学的前提是教师的有效性。判断有效教学的标准是：教师在应对复杂的教学情境时所表现出来的教学技能。第三，成就取向，有效教学是能够提高学生学习成绩的教学。这种取向重点强调学生学习成绩的提高和素质的发展。

陈佑清教授等又将国内“有效教学”的理解归纳为四个类别②。一是，借用经济学上效果、效率、效益等概念来解释有效教学。比如程红、张天宝（1998）将教学有效性理解为三重意蕴：有效果是指教学活动的结果与预期目标吻合的程度；有效率是指教学所取得的效果与教学过程中师生消耗一切资源成本的比值，即教学产出与教学投入之比；有效益是指教学所实现的结果与社会及个人需求的吻合程度③。二是，从“有效”和“教学”两个基本概念出发来界定“有效教学”。比如崔允漷教授（2001）认为有效教学是指教学过程符合教学规律，并且是有效果、有效益、有效率的教学，这种界定强调有效教学的前提是要符合教学过程的规律④。三是，以学生发展为取向界定有效教学。这种界定强调学生学习结果的实现。比如高慎英、刘良华（2004）研究认为，凡是能够有效地促进学生的发展，有效地实现预期的教学结果的教学都可以称为“有效教学”⑤。又如钟启泉教授（2007）研究认为“有效教学”主要是指“那种有助于学生成长的教学”，“促进学生成长”就是衡量教学有效的标准⑥。分析发现，国内外学者在有效教学理解的角度上存在差异。国外学者主要关注教学行为实现的效果问题，即比较关注目标达成，国内学者

① Kyriacou C. Effective Teaching in Schools：Theory and Practice［M］. Starley Thornes Publishers，1997：5. 转引自：陈晓端，Stephen Keith. 当代西方有效教学研究的系统考察与启示［J］. 比较教育研究，2005（8）：56-60，71.

② 陈佑清，陶涛．“以学评教”的课堂教学评价指标设计［J］. 课程·教材·教法，2016（1）：45-52.

③ 程红，张天宝．论教学的有效性及其提高策略［J］. 中国教育学刊，1998（5）：37-40.

④ 崔允漷．有效教学：理念与策略：上［J］. 人民教育，2001（6）：46-47.

⑤ 高慎英，刘良华．有效教学论［M］. 广州：广东教育出版社，2004：3.

⑥ 钟启泉．“有效教学”研究的价值［J］. 教育研究，2007（6）：31-35.

则关注教学效果、教学效率、教学效益三个要素的统一。比较而言，国内学者对有效教学的理解更为全面、透彻。

笔者非常赞成陈佑清教授关于“有效教学”的梳理。有效教学必须满足两个条件：一是教学必须符合教学规律；二是必须有效果、效率和效益，有效果即实现了预期的教学目标，有效率即教育产出与投入比率较高，有效益指实现的结果与个人及社会对教育的需求相符合。由此可以将有效教学界定为：教师在遵循教学规律的前提下，实现了预期的教学效果、效率和效益的教学。从“有效性”和“有效教学”的分析来看，“教学有效性”与“有效教学”都是强调在符合教学规律和学生发展规律的基础上，教学能够实现预期的效果、效率和效益，因此在理解上可以将二者等同起来。

（二）有效性与效果、效率、效益

经常在教学研究文献中看到效果、效率、效益等词语，并且这几个词语的含义比较接近。要科学地理解“信息技术教学应用有效性”的含义，有必要对上述词语进行区分。

1. 效果

“效果”，一般是指一项活动在一定程度上达到了预期目标。信息技术教学应用“有效果”主要是指信息技术促进学生实现了基本学习目标，包括知识目标、情感目标、基本能力目标；同时帮助学生达成了发展性目标，包括培养自学能力、发展探究能力、培养合作能力、提高信息素养等。信息技术在优化教学过程、促进教学方式变革、创设学习情境、激发学习兴趣、呈现复杂过程等方面的功用就是信息技术应用效果的显著体现。

2. 效率

“效率”源自经济学上的概念，主要是一项活动或项目的投入与产出之比①。信息技术教学应用的“效率”主要是指信息化环境下教学的效果与师生在课堂教学中投入的时间、精力等资源之间的比值。当教师开始将信息技术应用于课堂教学时，所花费的时间有可能延长，其效率不见

---

① 靳希斌. 教育经济学［M］. 北京：人民教育出版社，2001：309.

得高；但当教师熟练使用技术手段后，所花费的时间精力一般会随技术应用的熟练程度逐渐降低，其效率往往逐渐提高。

3. 效益

“效益”的含义比较广，也较为宏观。教学有效益是指教学所实现的结果与社会和个人的教育需求相吻合的程度①。刘美凤教授（2010）研究认为信息技术在教学中有效应用的效益主要体现在社会效益上，即通过教师合理地、有效地应用信息技术，让学生在信息化教育环境中成长，有利于学生将来更好地适应社会、融入社会，也更好地满足信息化社会对人才规格的需求、对合格公民的要求等②。

4. 有效性

有效性，有学者将其翻译为“效能”，即达到目标的程度，信息技术应用的有效性主要指资源应用后产生的结果。另外有学者将“有效性”理解为“过程达到所期望结果的程度”。无论哪种理解，都可以将“有效性”理解为达到预定目标的程度，它追求的是效果、效率和效益三个维度的结果。效果、效率和效益在教学情境中，不一定会同时出现。在特定的教学情境中，教师可能为了提高效果和效益，损失一些效率；反之，也可能为了追求效率，损失一些效果或效益。这需要学科教师在技术应用过程中进行合理的选择，达到三者之间的平衡。

（三）有效与无效、高效、低效

有效一般是指一种物品或一项活动达到预期结果的程度。“达到预期结果的程度”可能大或可能小，所付出的成本也有大小。当以较低的成本获得较好的预期结果时，我们称为“有效”或“高效”；相反，当以较高的成本获得不理想的结果时，我们称为“低效”或“无效”。当然，“有效”“无效”“高效”“低效”都是相对而言的，“有效”和“高效”意思相近，可以互换。有不少学者对“低效”教学和“无效”教学进行了研究。比如南京市新课程课堂教学评价表③（2002）将“无效教学”界定

① 崔允漷．有效教学：理念与策略：上［J］．人民教育，2001（6）：46-47.

② 刘美凤．信息技术在中小学教育中应用的有效性研究［M］．北京：教育科学出版社，2010：8.

③ 南京市教学研究室．南京市新课程课堂教学评价表［Z］．2002.

为：教学评价结果不及格即为“无效”，具体描述为：学生处于被动学习状态，教学无趣乏味、课堂氛围沉闷、信息呈现不合理、教学活动缺乏目标等。曾春妹（2012）将“无效教学”界定为：在教学过程中教师的“教”脱离学生的“学”，从而导致效率极其低下甚至是零的教学，其结果是学生苦学、厌学，对学生的发展毫无益处①。无效教学的现象主要包括：无效的提问、无效的技术、无效的情境、无效的训练、无效的指导、无效的合作、无效的评价等。孙亚玲（2004）还提出了“负效”教学，主要是指教学过程对学生的发展带来伤害或负面结果②。例如，在某小学四年级“电子书包”实验班的一节语文课上，学生观看平板电脑的时间超过了1/2，这很容易引发学生患上近视眼、结膜炎、干眼症等生理疾病。再如，某初中语文课上，教师试图让学生开展基于网络的探究学习，由于缺乏引导和监督，自制力较差的学生在网络世界中漫无目的地冲浪，这不仅浪费了学习时间，而且给班级学风带来了不良影响。

三、信息技术教学应用有效性的界定

信息技术的应用是为了促进有效教学的发生，二者的关系可以看作：信息技术应用的有效性是有效教学发生的条件。界定信息技术教学应用的有效性，应该着眼于教学的有效性，考量技术促进教学有效性的程度。因此，考察信息技术应用的有效性，有必要先梳理有效教学的评价标准及信息技术教学应用有效性的已有研究。

（一）关于有效教学的评价标准研究

1. 美国CREDE“有效教学”标准

美国“教育多元化与卓越化研究中心”（CREDE）在广泛实证研究的基础上，以提高所有学生学业成就为目标，提出了“有效教学”的五项标准③，并建立了有效教学的评价量表及课堂观察表等工具。研究表明，

---

① 曾春妹. 透视课堂教学中的“无效”现象［J］. 教学与管理，2012（27）：18-19.

② 孙亚玲. 课堂教学有效性标准研究［D］. 上海：华东师范大学，2004：6.

③ 游森，秦建平，王逸尘. 卓越教师教学行为评价指标研究［J］. 中国教育学刊，2021（12）：72-78.

在课堂上使用这个标准对提高学生学习绩效有明显促进作用。五项标准的具体内容是：创造性活动、语言和文化素质发展、学习情境化、复杂思维、教学对话。

标准Ⅰ：创造性活动——师生共同参与创造，以促进学生的学习；

标准Ⅱ：语言和文化素质发展——发展学生的语言能力，提高学生的文化素质；

标准Ⅲ：学习情境化——把教学与学生的真实生活建立联系，以此生成学习的内在意义；

标准Ⅳ：复杂思维——培养学生的高阶思维，通过思辨、反思发展学生的认知策略；

标准Ⅴ：教学对话——通过平等的互动会话开展教学。

孟琦[①]（2006）基于"有效教学五项标准"将有效教学定义为：在掌握基本技能的基础上，培养学生的创造性思维和复杂思维，强调教学活动的情境化，重视学习共同体之间的合作交流。

2. 五星教学标准

"五星教学"标准是美国著名教育技术领域专家和教育心理学家梅瑞尔（M. David Merrill，2002）教授倡导的教学理论，用以改进在线教学、多媒体教学中只重视信息呈现，忽略有效教学特征的问题[②]。梅瑞尔通过对多种教学设计理论与模式的分析，提出了"五星教学"模式。梅瑞尔认为最有效的学习是"以问题为中心"，并且把学生置于"激活原有知识""展示论证新知""尝试应用练习"和"融会贯通掌握"四个环节之中。"五星教学"标准是依据5个主要教学要素和15个次要教学要素进行评估的"有效教学"标准，其中5个主要教学要素为：聚焦解决问题、激活原有知识、展示论证新知、尝试应用练习、融会贯通掌握。

原理一：聚焦解决问题——教学内容在问题情境中呈现

标准1：交代学习任务——向学生呈现一个单元或一节课后需要完成

---

① 孟琦．课堂信息化教学有效性研究：教育技术之实用取向［D］．上海：华东师范大学，2006：45.

② 盛群力．五星教学过程初探［J］．课程·教材·教法，2009（1）：35-40，55.

的任务或解决的问题；

标准2：安排完整任务——学生不仅仅停留在操作水平上，而且能够解决问题或完成任务；

标准3：形成系列任务——教学涉及一系列逐渐深化的问题，而不是一个简单的问题。

原理二：激活原有知识——教学尽力激活先前的相关知识与经验

标准4：回忆原有经验——引导学生回忆、描述或应用已有的经验，使其成为新学习内容的基础；

标准5：提供新的经验——提供新知识学习所必需的相关经验；

标准6：明晰知识结构——若学生已经知道了这些内容，为他们提供展示已经掌握的知识与技能的机会。

原理三：展示论证新知——不仅呈现要学习的内容，而且进行实际举例

标准7：紧扣目标施教——展示论证与教学内容一致，尽量展示正例和反例，对过程做形象的说明，提供必要的行为示范；

标准8：提供学习指导——引导学生关注相关内容信息，采用多样化的信息呈现手段，对多种展示的结果或过程进行比较；

标准9：善用媒体促进——所采用的媒体与学习内容相关，并可促进学习。

原理四：尝试应用练习——给予学生尝试应用或练习刚学习知识或技能的机会

标准10：紧扣目标操练——应用或测验与教学目标一致；

标准11：逐渐放手操练——要求学生使用新的知识或者技能解决一系列变式问题，对学生的学业行为及时反馈；

标准12：变式问题操练——学生在遇到困难时给予帮助或指导，帮助或指导随着教学的深化而逐步减少。

原理五：融会贯通掌握——促进学生把新的知识和技能应用到日常生活中

标准13：实际表现业绩——为学生提供展示新知识与新技能的机会；

标准14：反思完善提高——为学生提供对新知识、新技能反思、讨论的机会；

标准15：灵活创造运用——为学生提供创造、发明或探索创新应用新知识和新技能的机会。

3. 促进有效教学的五种关键行为

在20世纪七八十年代，国外研究者①通过课堂观察、调查研究等方法研究了有效的教师行为，其中五种对有效教学至关重要的教学行为被称为“促进有效教学的五种关键行为”。

行为一：清晰授课——语言清晰，内容清晰，目标清晰，指令清晰。

行为二：多样化教学——情境多样，内容呈现与表达方式多样，教学内容多样，学习方法多样。

行为三：任务导向——用特定的时间学习特定的内容，完成特定的任务，达到特定的效果。

行为四：引导学生投入学习的程度——引导学生投入更多的时间，让时间变得更加有效。

行为五：确保学生的成功率——指学生理解任务可偶尔犯错。

4. 中小学高效课堂评价标准

武汉市教育科学研究院研制了中小学高效课堂教学评价标准②，如表2-2所示。该评价指标体系突破了仅从教师教导的角度设计评价指标，强调从学生学习的角度设计评价指标，学习行为和教学行为各占50%。它突出从学生学习表现的角度评价课堂教学的效果，对传统的课堂教学评价标准是一个重要的突破。但是，能否将教的行为与学的行为作为衡量教学有效性的两个平行变量，并以它们的加权平均值作为评价教学有效性高低的标准？仔细分析发现，教师行为是引起和促进学生行为的条件和间接控制变量，把教的行为与学的行为并列起来显然存在重复计算的问题。

---

① 加里·D. 鲍里奇. 有效教学方法［M］. 易东平，译. 4版. 南京：江苏教育出版社，2002：8.

② 武汉市教育科学研究院. 中小学高效课堂评价标准及说明［M］. 武汉：武汉出版社，2011：6.

表 2-2 武汉市教育科学研究院课堂教学有效评价标准

评价指标	评价项目	评价内容	分值
学习行为	参与状态	学生的参与意识、参与范围、参与效果	10
	活动状态	学生与教师的交流状态，与学习伙伴的交往状态	10
	思维状态	学生在学习过程中思维活动的状态	10
	学习效果	近期学习目标及远期发展目标达成状态	20
教学行为	教学思想	教师整体的教育理念和教育态度	10
	学习目标	教师对目标设定的科学性和实效性	10
	过程设计	教师为落实目标而设计课堂学习的状况	10
	课堂调控	教师围绕目标对课堂进程进行的调控	10
	教师素养	教师个人的知识素养和职业素养	10
鼓励创新		鼓励教师的教学要有创新、有特色、有个性	10
评价等级	优（100～85 分） 良（84～75 分） 合格（74～60 分） 不合格（60 分以下）		

5. 课堂教学有效性标准

孙亚玲（2008）在全面梳理国内外“有效教学”评价框架的基础上，结合运用课堂观察、问卷调查等方法制定了“课堂教学有效性标准”①，如表 2-3 所示。该评价标准的一级评价指标有五项：教学目标、教学活动、教学能力、教学反馈、教学组织与管理。陈佑清教授等认为，这个标准存在的一个最大问题是，它没有对有效教学的主要变量进行层次区分，而将影响教学行为的背景变量（教学目标），同教学行为本身（教学活动、教学反馈、教学组织与管理），以及反映教学行为水平的变量（教学能力）并列在一起②。理解教学目标应合理地体现在教学行为之中；教师的教学能力的高低也主要是通过教学行为来反映，我们无法脱离对教师课堂教学行为的观察去判断教师教学能力的高低。因此，不宜将这些

① 孙亚玲. 课堂教学有效性标准研究［M］. 北京：教育科学出版社，2008：150.

② 陈佑清，陶涛. “以学评教”的课堂教学评价指标设计［J］. 课程・教材・教法，2016（1）：45-52.

不同类型或层面的变量并列在一起作为有效教学的评价指标。

表 2-3　课堂教学有效性标准

一级指标	二级指标
教学目标	有价值，体现高期望
	清楚、具体、可操作
	适合学生需要
	全面、综合、深刻
	明确考核内容与方式
教学活动	设置教学情境
	活动目标明确，与内容一致
	小组活动
	师生活动
	生生活动
	活动与作业
教学能力	清晰准确地交流
	运用提问与讨论技术
	经常变换教学方法
	训练学生学习方法、思维、元认知
	运用教学资源、信息技术
教学反馈	为学生提供反馈
	与家庭的沟通和交流
	教学反思
	课堂评价
	作业、考试与测验
教学组织与管理	有明确的课堂纪律
	创建健康、有益的学习文化
	有效分配、利用课堂时间
	组织与管理教学过程
	管理学生行为
	管理物理空间

尽管以上评价标准存在着一些缺陷，但是已有的“有效教学评价标准”为本研究奠定了基础，尤其是美国 CREDE“有效教学”标准、“五星教学”标准、促进有效教学的五种关键行为等理论为本研究提供了很好的借鉴。

（二）信息技术教学应用有效性的相关研究

国内已经有一些研究者对信息技术教学应用的有效性进行了概念界定或内涵解读。孟琦（2006）将技术应用于教学的有效性界定为：在教学中恰当地运用各种数字化资源提高教学的有效性，创设有助于学习的环境，以尽可能少的教学投入达到预期的教学效果，在完成教学目标的基础上更好地培养学生适应信息化社会的各种能力，最大限度地适应每个学生的学习要求，其中有效性指既有效果、效率，又有效益①。孟琦（2008）基于对有效教学内涵的解读，又将信息化教学的有效性界定为：信息技术支持下的有效教学，即以教学目标的实现为根本目的，考察信息技术在具体教学情境中的有效性，即效果、效率和效益②。他认为可从两个方面对技术应用的有效性进行考察：①从教学过程考察信息技术应用的适宜性，信息技术是否发挥了自身优势与价值；②从整体教学考察技术应用带来了什么样的教学效果，这种效果是否符合预期的教学目的。同时孟琦从教学目的、教学情境、信息技术、教学过程、教学效果五个维度提出了信息化教学有效性的分析模型。

北京师范大学刘美凤教授（2010）将信息技术在教育中的有效应用界定为：有效果、有效率和有效益③。“有效果”是指信息技术的应用达到预期目标的程度，即如果信息技术的应用能够有效地促进学生的发展，那么信息技术的应用就是有效果的。学生成长有两个方面：一是指技术帮助学生达到基本教学目标的情况；二是指技术促进学生达到发展性目标的情况，即培养学生自我发展能力和终身学习能力，促进学生信息素

---

① 孟琦．课堂信息化教学有效性研究：教育技术之实用取向［D］．上海：华东师范大学，2006：57．

② 孟琦．信息化教学有效性的解读与对策分析［J］．全球教育展望，2008（1）：58-61．

③ 刘美凤．信息技术在中小学教育中应用的有效性研究［M］．北京：教育科学出版社，2010：8．

养的提高，适应信息化社会发展的能力等。“有效率”指在信息技术的应用达到教学效果的基础上，是否缩短了时间、节约了投入。“有效益”则主要体现在长期效益方面，即教师在课堂中通过恰当地应用信息技术手段，有利于学生的社会化成长，帮助学生更好地适应信息化社会。

袁小红（2011）借鉴余文森的有效教学的主要观点，参考美国对课堂教学有效性评估的五条标准，结合信息化教学的特定环境，从学习时间（学完规定内容所花时间）、学习效果（成绩提高情况、能力提升情况）、学习体验（学习过程中心理感受和体验）、学习发展（学生和教师获得的持久发展能力）四个维度构建了“信息化课堂教学有效性标准”①。田建林（2012）按照学生发展的基本规律，从认知、情感和行为三个方面对信息技术进入教学的有效性进行了讨论②。将信息技术教学应用的有效性定义为：教师为达到一定的教学目标，恰当地运用信息技术，创设有助于教学的学习环境，促使学生在认知、情感、行为三方面实现学习效果的最优化，进而使学生能力得到发展的有效过程与方法。其中，认知方面是指通过信息技术创设的教学情境有利于学生对知识的回忆和迁移；情感方面是指学生在信息化教学中的学习满意度得到提升；行为方面是指通过信息技术提供强大的学习支持，教学结构发生变化、师生关系融洽、课堂互动加深等。

胡晓玲（2012）基于对有效教学内涵的分析和对已有的“信息化教学有效性界定”的梳理，认为“有效的信息化教学”是信息技术环境支撑下的有效教学，即在信息化教学活动中，创设符合教学要求的信息化情境，从而在效果、效益和效率三个方面达到教学目标的要求，并能采取有效的评价方式开展教学评价③。刘斌（2013）认为，有效的信息化教学要从封闭的主体二元对立关系走向互动对话的交互主体性教学，追求人的发展是信息化教学有效性的核心价值诉求。他还提出了提升信息化教学有效性的理念和路径：生态的信息化教学观、学教并重的交互主体性教学模式、动态开放的发展性教学评价。

---

① 袁小红．高校信息化教学资源利用有效性研究［J］．中国电化教育，2011，296（9）：90-94．

② 田建林．信息技术融入课堂教学有效性的实验研究［D］．大连：辽宁师范大学，2012：12-13．

③ 胡晓玲．信息化教学有效性解读［J］．中国电化教育，2012（5）：33-37．

（三）信息技术教学应用有效性的概念界定

分析发现，除刘美凤教授的研究外，已有研究对“信息技术教学应用”的概念界定，沿用了“有效教学”的分析框架，考察信息化课堂教学对实现预期教学目标的效果、效率和效益。虽然这种研究方式对提高信息技术教学应用的有效性有一定的价值，但是有三个缺陷：第一，将信息技术应用与有效教学一起探讨，难以阐述技术应用的真实有效性。影响教学有效性的因素是多方面的，除受到信息技术应用的影响外，还受到教学观念、教学设计、教学准备、教师素养、学生能力等因素的制约。因此，笼统地考察信息化课堂教学的有效性，难以说明信息技术应用有效性与教学有效性之间的关系，即教学有效是否是由信息技术应用引起的，对信息技术应用的指导性不够强。第二，仅从学习结果对有效性进行探讨，缺乏对学习过程、学习体验等维度的考察。信息技术应用对学生的影响是多方面的，不仅会影响学习结果，还会影响课堂教学氛围、学习动机、学习体验等，这些维度也应该纳入有效性内涵之中。第三，缺乏技术应用的伦理观照。当下国内信息技术教学应用往往只重视信息技术的工具价值，忽视其理性价值，产生了一系列伦理失范现象，因此信息技术教学应用的“有效性”务必以“伦理性”为前提。

基于以上分析得知，信息技术应用的有效性体现在两个层面上：一是信息技术发挥了自身独特的教学价值，二是信息技术促进了教学的有效性。因此，信息技术应用的有效性可从两个方面去考察，即技术应用既符合教学环境对技术功能的要求，也符合教学促进学生发展的要求。笔者认为“信息技术在课堂教学中的有效性”就是指信息技术促进教学的有效性程度，具体是指教师在确保信息技术符合技术伦理、教学伦理的基础上，恰当地、合理地应用信息技术，发挥了信息技术本身的教学功能和独特优势，在以尽可能小的教学投入达到预期的教学目标的基础上，更好地培养学生适应信息社会的各种素养，同时促进学生获得良好的学习体验。

依据信息技术教学应用有效性的含义，笔者构建了信息技术教学应用有效性的概念模型，如图 2-1 所示。“信息技术的有效性”是为了促进“教学的有效性”，“信息技术的有效性”最终体现在“教学的有效性”上。依据孟琦、刘美凤、田建林等人的研究，笔者认为信息技术应用的有效性可从“适宜性”和“功效性”进行考察。另外，有实证调查研究发现①，信息技术的教学应用具有鲜明的伦理属性，在具体教学情境中应用信息技术可能存在不同类型的伦理问题，在研究信息技术教学应用的过程中需要考量技术应用的伦理性。因此，信息技术的有效性还需要考察伦理性。因而，本研究将“信息技术的有效性”界定为：信息技术应用在符合伦理性的基础上，适合特定的教学情境、客观条件，发挥了技术的独特优势与教学价值，并且能够带来较高的教学功效和学习体验。

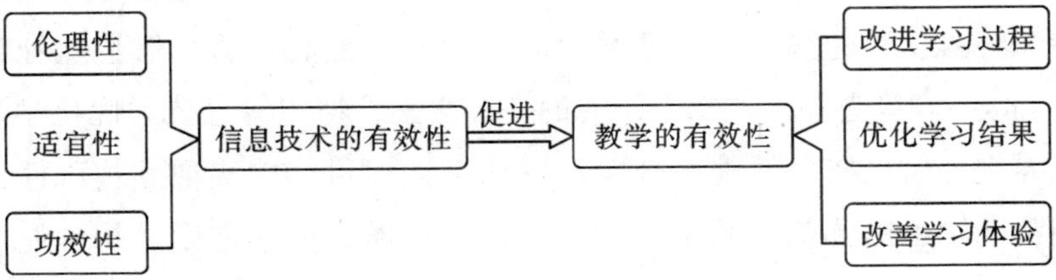

图 2-1　信息技术教学应用有效性的概念模型

如何考察信息技术促进教学的有效性？参照田建林②、袁小红③、管珏琪④等人的相关研究，笔者结合自身信息化教学的经验，从信息技术改进学习过程、信息技术优化学习效果、信息技术改善学习体验三个维度对信息技术促进教学的有效性进行考察。

第一，体现在信息技术改进学习过程上。依据田建林对“技术促进学习行为的改变”研究，即教学结构是否发生变化、师生关系是否融洽、课堂互动内容是否加深⑤，结合蒋立兵、陈佑清对翻转课堂的有效性研究，将教学的有效性分析维度确定为学习氛围、学习动机、学习行为、学习结果和学习满意度⑥，本研究将“信息技术改进学习过程”界定为信

---

① 蒋立兵，凌鹏飞，陈佑清．信息技术在教学中应用的伦理审视［J］．教育发展研究，2016（8）：38-43.

② 田建林．信息技术融入课堂教学有效性的实验研究［D］．大连：辽宁师范大学，2012：12-13.

③ 袁小红．高校信息化教学资源利用有效性研究［J］．中国电化教育，2011，296（9）：90-94.

④ 管珏琪，Peter Riezebos，苏小兵，等．电子书包对学生学习体验与学习成绩的影响［J］．中国电化教育，2015（9）：56-62.

⑤ 田建林．信息技术融入课堂教学有效性的实验研究［D］．大连：辽宁师范大学，2012：12-13.

⑥ 蒋立兵，陈佑清．高校文科课程翻转课堂有效性的准实验研究［J］．中国电化教育，2016（7）：107-113.

息技术对学习动机、学习氛围、课堂参与、学习方式、自主建构等过程变量的改善作用。

第二，体现在信息技术优化学习结果上。袁小红将学习结果分为学习效果和学习发展，学习效果即成绩提高情况和能力提升情况，学习发展即学生和教师获得的持久发展能力①；刘美凤教授对信息技术促进学生成长界定在两个维度上：一是指信息技术帮助学生达到基本教学目标的情况，二是指信息技术促进学生达到发展性目标情况，即培养学生自我发展和终身学习的能力、促进学生信息素养的提高、适应信息化社会发展的需要②。笔者在上述二人研究的基础之上，将“信息技术优化学习结果”界定为信息技术促进基础性目标和发展性目标的实现。基础性目标是指帮助学生达到基本教学目标，即知识技能、情感态度、基础能力发展的情况；发展性目标是指培养学生的探究能力、合作能力、创新能力、信息素养等，以适应信息化社会发展的需要。

第三，体现在信息技术改善学习体验上。近年来，学习体验得到了学习科学领域的广泛关注，它也是“学习产出”的重要维度，学习体验的好坏直接影响着学生的后续学习动机、学习行为和学习效果。Addis 和 Holbrook（2001）将顾客体验分为功利体验（客观价值）和享受体验（主观价值）③。张丰（2005）认为初中生积极的学习体验包括愉悦感和成功感④。胡新华等（2014）认为学习体验包括感官体验、情感体验、思考体验、知识体验和关联体验⑤。管珏琪、Peter Riezebos、苏小兵、祝智庭认为信息化教学中的学习体验包括：自我效能、学习动机、直接反馈、

---

① 袁小红. 高校信息化教学资源利用有效性研究 [J]. 中国电化教育，2011，296（9）：90-94.

② 刘美凤. 信息技术在中小学教育中应用的有效性研究 [M]. 北京：教育科学出版社，2010：8.

③ Addis M, Holbrook M B. On the Conceptual Link between Mass Customisation and Experiential Consumption: An Explosion of Subjectivity [J]. Journal of Consumer Behaviour, 2001, 1(1): 50-66.

④ 张丰. 关于初中生学习体验与学习状态的调查 [J]. 上海教育科研，2005（2）：46-48.

⑤ 胡新华，周月. MOOC 冲击下高校教师的因应策略：学习体验视角 [J]. 现代教育技术，2014（12）：19-25.

学习参与、技术体验[1]。曹培杰（2014）研究认为，学生在信息化教学中的学习体验主要包括三个部分：兴趣动机、必要性感知和自我能力认知[2]。王睿懋（2014）认为，学习体验是指学习者自身所体验到的关于学习过程与学习结果的感受、经历和认识[3]。由于信息技术对学习过程和学习结果的优化已经反映了信息技术的客观价值（功利体验），本研究中的“学习体验”只表示信息技术给教学带来的主观价值（享受体验）。参考已有的学习体验概念与分类研究，尤其是 Addis 和 Holbrook 的分类，笔者将“学习体验”界定为学生在课堂学习过程中和学习结束之后所产生的主观心理感受，主要包括：环境舒适感、学习沉浸感、学习愉悦感、学习满意度、学习自信心等。

① 管珏琪，Peter Riezebos，苏小兵，等. 电子书包对学生学习体验与学习成绩的影响［J］. 中国电化教育，2015（9）：56-62.

② 曹培杰. 中小学生信息化教学的学习体验调查［J］. 中国电化教育，2014（9）：24-28.

③ 王睿懋. 促进幼儿学习体验及其教育建议［J］. 现代中小学教育，2014（12）：77-80.

第三章　信息技术教学应用有效性的实然现状

一、信息技术教学应用有效性的调查设计

（一）调查目的

作为信息技术教学应用的研究者和实践者，笔者深深感觉到当前国内的信息化教学研究与中小学信息化教学实践存在着一定的差距。研究者们不断地推出新技术、新模式、新应用，似乎我国信息化教学已经达到一个较高的水平。然而，笔者在参与中小学信息化教学改革的过程中发现，中小学信息技术教学应用的层次不高、水平参差不齐。由于不少教师信息化教学能力缺乏、信息技术应用伦理素养缺失，信息技术应用的效果不够理想。因此，调查信息技术教学应用的有效性现状，对诊断信息技术在课堂教学中应用存在的问题、进一步探究信息技术有效应用的路径具有重要价值。本研究以华中地区 H 省 W 市的中小学课堂教学为研究对象，通过对学科教师的问卷调查和个别访谈、课堂观察，考察中小学信息技术教学应用的整体现状、教师利用信息技术的行为特点，从而为提高该地区中小学教师应用信息技术的水平提出针对性建议。

（二）调查工具

目前尚缺少信息技术应用的有效性评价标准，因此难以从教学评价的维度上考察信息技术应用的有效性水平。本研究通过对一线教师应用信息技术现状的调查、课堂教学的观察以及与教师的深度访谈，间接反映中小学教师信息技术教学应用的水平。

1. 结构化问卷的编制

本研究中的结构化问卷设计来自两个方面的依据。第一，现有的关于教师信息化教学能力的测量量表。目前关于信息技术教学应用的测量工具并不多见。2000 年，美国教育技术论坛开发了著名的 STaR 评估量表①，着眼于地区和学校层面，广泛用于评价地区和学校的教育信息化发展水平，但缺乏对课堂教学的关注。2015 年，张静、蒋立兵基于美国研究者 Schmidt 等②和 Archambault 等③的 TPACK 量表，从 TK 知识（信息技术）、CK 知识（教学内容）、PK 知识（教学法）、PCK 知识（教学方法与教学内容的结合）、TCK（技术与教学内容的结合）、TPK（技术与教学方法的结合）、TPACK（技术、教学方法、教学内容三者结合）设计了教师信息化教学能力的测量量表④。该量表基于 TPACK 框架测量一线教师的信息化教学能力，为本研究的结构化问卷设计提供了借鉴。第二，《中小学教师教育技术能力标准》。该标准从教师的技术应用意识态度、教师的信息技术知识技能、教师的技术应用能力和教师的技术应用伦理等方面对教师的信息技术应用素养提出了较为明确的要求，为本问卷的制定奠定了基础。

基于上面的分析，笔者设计了《信息技术教学应用有效性现状的结构化问卷》，该问卷从教师基本信息（任教科目、教龄、学历、性别、职称、学校阶段、学校地区）、信息技术应用态度（技术价值认同、技术应用倾向）、信息技术应用能力（搜索资源能力、制作资源能力、技术支持教的能力、技术支持学的能力、技术支持交互的能力、技术支持评价的能力）、信息技术应用方式（技术应用频率、技术应用功能、技术应用熟

---

① Fulton Kathleen. Teacher Preparation STaR Chart: A Self-assessment Tool for Colleges of Education [EB/OL]. http://eric.ed.gov/?id=ED437382.

② Schmidt D A, Baran E, Thompson A D, et al. Technological Pedagogical Content Knowledge (TPACK): The Development and Validation of an Assessment Instrument for Preservice Teachers [J]. Journal of Research on Technology in Education, 2009, 42(2): 132-149.

③ Archambault L, Crippen K. Examining TPACK amcng K-12 Online Distance Education in the United States [J]. Contemporary Issues in Technology and Teacher Education, 2009, 9(1): 71-88.

④ 张静，蒋立兵. 中小学教师融合技术的学科教学知识现状调查与对策研究 [J]. 教育学术月刊，2015 (5): 105-111.

练程度、技术应用层次)、技术应用效果(改善教学效果、提高教学效率、改进教学效益)、信息技术应用问题(技术应用障碍、技术应用倾向)、信息技术应用伦理(技术应用动机、技术伦理意识、信息技术德育、影响身心健康、增加学业负担、抑制能动活动、引发技术异化)等方面对教师应用信息技术的有效性进行调查。问卷编制出来后,先向教育技术专家、学科专家咨询,对问卷进行第一轮修正;然后选取 30 名教师进行小范围试测。针对测试结果和教师的反馈,对问卷进行第二轮修改,使问卷设计既能符合我国中小学课堂教学的实际情况,又能贴近一线教师的语境和实际研究的问题。编制的结构化问卷如附录一所示。

2. 课堂观察的维度

依据信息技术教学应用有效性的概念模型,深入中小学常规课中,观察教师应用信息技术的功能、教师应用信息技术的熟练程度、信息技术教学功效的发挥程度、信息技术改进教学效果的程度、信息技术应用的层次水平和信息技术应用的问题等维度。课堂观察记录表如附录二所示。

3. 深度访谈的问题

访谈主要从教师和学生两个对象进行。依据信息技术教学应用有效性的概念模型,访谈教师在课堂教学中应用信息技术的态度、能力、方式、效果、问题及伦理;访谈学生在信息化教学中的学习动机、学习效果、学习体验等。教师、学生访谈表如附录三、附录四所示。

(三) 样本选取

本次调查旨在了解我国中部地区中小学教师信息技术教学应用的有效性水平,诊断信息技术应用过程中的主要问题。调查从问卷调查、课堂观察和个别访谈三个维度进行。问卷调查选择中部某省 W 市小学和初中阶段的教师作为研究样本,通过对调查样本的分析来反映 W 市中小学教师信息技术教学应用有效性的整体情况。调查涉及 W 市三个区的 8 所中小学(城区 6 所、郊区 2 所,中学 3 所、小学 5 所)。在征求校长的同意后,由学校科研主任对全校教师进行动员,笔者进入学校发送问卷,并要求独立作答。共发放问卷 395 份,回收 361 份,有效回收率为 91.4%。同时,在 W 市 8 所中小学中选取 35 节课作为观察对象(教学录像 20 节、课堂现场 15 节,使用了现代信息技术手段的有 33 节,统计以

33 节为准；其中有 6 节是在机房环境或平板环境中授课）。另外选取若干名学科骨干教师进行深度访谈，以便深层次地揭示数据背后的本质。

教师的人口学统计信息包括学科、教龄、学历、性别、职称、学校阶段、学校区域等。在学科维度上，被调查教师覆盖了语文、数学、外语、政治、地理、生物、物理、历史、科学、音乐、美术、综合实践(含信息技术、劳动与技术、社会实践）等学科，基本包含了 W 市中小学的主要学科；教龄方面区分为四个维度（5 年以下、6～10 年、11～15 年、16 年以上)，并尽可能使每个教龄段的教师人数都有分布；教师学历包括中专、大专、本科和硕士四个维度；职称方面设置四个类别（三级及以下、二级、一级、高级)；学校覆盖小学和初中、城区学校和郊区学校。调查样本统计情况如表 3-1 所示。

表 3-1 调查样本的情况分析表

项目	分类	人数	比率
学科	语文	139	38.5%
	数学	74	20.5%
	外语	38	10.5%
	政治	21	5.8%
	地理	4	1.1%
	生物	6	1.7%
	物理	7	1.9%
	历史	9	2.5%
	科学	11	3.0%
	音乐	18	5.0%
	美术	16	4.4%
	综合实践	18	5.0%
教龄	0～5 年	67	18.6%
	6～10 年	37	10.2%
	11～15 年	51	14.1%
	16 年以上	206	57.1%

续表

项目	分类	人数	比率
学历	中专	3	0.8%
	大专	73	20.2%
	本科	263	72.9%
	硕士	22	6.1%
性别	男	62	17.2%
	女	299	82.8%
职称	三级及以下	39	10.8%
	二级	53	14.7%
	一级	125	34.6%
	高级	144	39.9%
学校阶段	小学	195	54%
	初中	166	46%
学校地区	城区学校	271	75.1%
	郊区学校	90	24.9%

二、信息技术教学应用有效性的调查结果

（一）信息技术教学应用有效性的整体水平

为了弄清W市中小学教师信息技术教学应用有效性的整体水平，对教师的信息技术应用态度、信息技术应用能力、信息技术与教学融合的层次和信息技术应用效果等维度开展了田野调查，均值和标准差统计结果如表3-2所示。同时选取W市中小学35节常规课作为观察对象，对课堂教学中应用信息技术的行为和效果进行统计分析。

表3-2 信息技术教学应用现状的描述性统计

维度	均值	标准差
信息技术应用态度	4.147	0.730
信息技术应用能力	3.014	0.581
信息技术应用层次	3.096	0.687
信息技术应用效果	3.345	0.522

1. 教师在教学中应用信息技术的态度积极

从均值统计可以看出，中小学教师对信息技术教学应用的认可度较高（M=4.417），介于非常支持和比较支持之间。关于信息技术对提高教学效果的价值，29.36%的教师认为信息技术的价值很大，54.57%的教师认为信息技术的价值较大，如图 3-1 所示。40%的教师非常支持将信息技术应用于课堂教学，44%的教师比较支持，另外还有 16%的教师对信息技术的教学应用认可度不大。

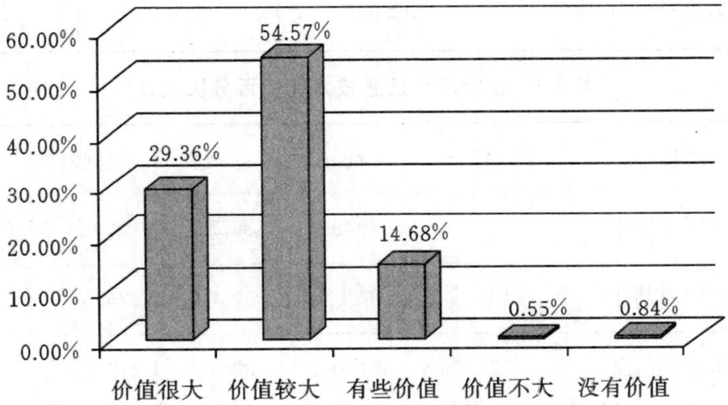

图 3-1 教师对信息技术提高教学效果的价值认同

2. 教师在教学中应用信息技术的能力不高

从均值统计可以看出，中小学教师们的信息技术能力处于一般水平（M=3.014）。在教师应用信息技术的能力方面，考察了学科教师的教学资源搜索能力、教学资源制作能力、利用技术呈现信息能力、技术作为认知工具能力、技术作为互动工具能力、技术作为评价工具能力等，描述性统计结果如表 3-3 所示，教师应用信息技术能力百分比统计如表 3-4 所示。教师使用信息技术不同维度的能力如下：资源搜索（3.48）＞呈现信息（3.40）＞认知工具（3.08）＞互动工具（2.99）＞资源制作（2.60）＞评价工具（2.54）。课堂观察统计发现，51.5%的教师使用信息技术比较熟练，30.3%的教师不太熟练，还有 18.2%的教师使用不熟练。

表 3-3 教师应用信息技术能力的描述性统计

维度	均值	标准差	方差
教学资源搜索能力	3.48	0.764	0.584
教学资源制作能力	2.60	0.746	0.557

续表

维度	均值	标准差	方差
媒体呈现信息能力	3.40	0.796	0.634
作为认知工具能力	3.08	0.781	0.611
作为互动工具能力	2.99	0.719	0.517
作为评价工具能力	2.54	0.662	0.438

表 3-4 教师应用信息技术能力百分比统计

维度	优秀	良好	一般	勉强	不能
教学资源搜索	4.4%	49.9%	36.3%	8.0%	1.4%
教学资源制作	0.0%	6.1%	57.6%	26.6%	9.7%
媒体呈现信息	2.2%	51.0%	32.7%	12.5%	1.6%
作为认知工具	1.1%	27.4%	53.5%	14.1%	3.9%
作为互动工具	1.1%	18.6%	61.8%	15.2%	3.3%
作为评价工具	0.3%	1.7%	56.8%	34.3%	6.9%

3. 教师应用信息技术主要辅助“教导活动”

从均值统计可以看出，中小学教师们认为自己应用信息技术主要辅助“教”的层次（偶尔辅助学）（$M=3.096$），如图 3-2 所示。有 15.0%的教师认为自己能够在课堂教学中灵活应用信息技术，有 59.6%的教师认为自己主要辅助“教”（偶尔辅助学），有 16.3%的教师认为自己仅能辅助“教”，另有 8.3%的教师认为自己停留在浅层次应用的水平上。但是课堂观察统计发现，仅有 24.2%的课堂能够实现信息技术深度应用，9.1%的课堂能够将信息技术主要辅助“教”（偶尔辅助学），另外 66.7%的教师只能将信息技术辅助教师的“教”，如图 3-3 所示。可见教师对信息技术应用水平的认知与实际水平存在一些偏差，实际水平略低于教师的自我认知水平。

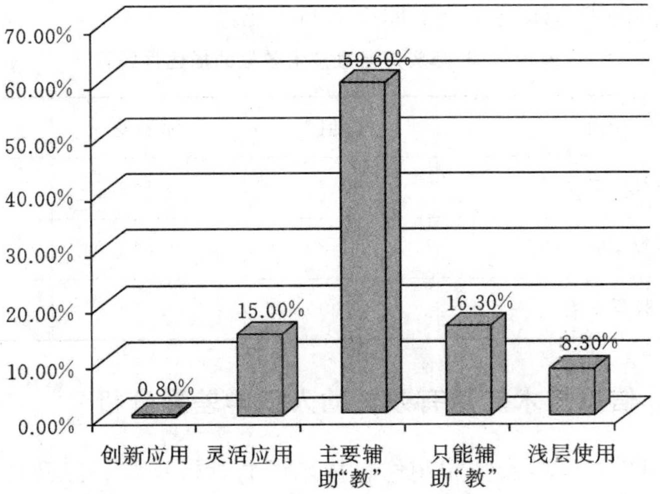

图 3-2　教师认为自己在课堂中使用信息技术的层次统计

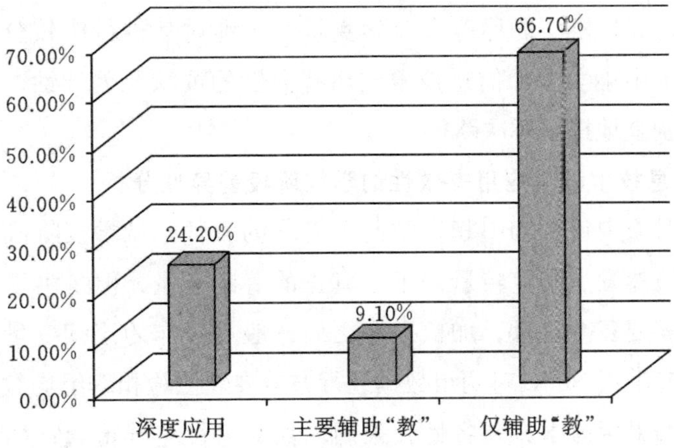

图 3-3　课堂观察中教师应用信息技术的层次统计

4. 教师在教学中应用信息技术的效果一般

从均值统计可以看出，中小学教师们对信息技术的效果介于“一般”与“较好”水平之间（$M=3.345$）。关于应用的效果即信息技术提高教学效果的程度，效率即信息技术提高教学效率的程度，效益即信息技术促进学生信息素养、创新能力、合作能力、探究能力等素质的发展，描述性统计如表 3-5 所示，均介于“一般”与“较好”之间，其中技术对改善“教学效果”“教学效率”比技术改善“教学效益”程度好。课堂观察统计发现，12.1％的课堂使用信息技术对“教学效果”改善很大，60.6％的课堂改善较大，还有 27.3％的课堂改善不大。另外，18.2％的课堂能够将信息技术的功能充分发挥，60.6％的课堂能够较好地发挥技术的功能，21.2%的课堂未能充分发挥技术的功能。

表 3-5　教师应用信息技术效果的描述性统计

维度	均值	标准差	方差
教学效果	3.47	0.619	0.383
教学效率	3.48	0.619	0.383
教学效益	3.09	0.599	0.359

（二）信息技术应用有效性的人口学差异分析

为了进一步了解教师应用信息技术的有效性现状，以及信息技术应用的有效性与教师特征的关系，笔者选取学校阶段、学校地区、学科、教龄、学历、性别、职称等人口学变量，分别对其进行比较分析，考察不同变量下中小学教师信息技术应用有效性的现状及差异性，从而探讨如何因地制宜地提出解决路径。

1. 信息技术教学应用有效性的学校阶段差异性分析

调查对象中包含初中和小学两个阶段的教师，从学校阶段进行差异性分析。虽然五点李克特量表不是真正的等距变量，但是由于测量一个潜变量时需要多个选项，加权平均之后一般可以作为连续变量处理。因此，本研究采用 SPSS 对两组数据进行方差齐性检验和双组均数差异显著性检验。如果两样本方差齐性，采用均数显著性差异检验；如果两样本方差不齐，选用均值比较的校正公式进行检验[①]。t 检验结果如表 3-6 所示：初中教师的技术应用能力（$t=-3.279$，$P=0.001<0.01$）、技术应用层次（$t=-2.735$，$P=0.007<0.01$）极显著性优于小学教师，初中教师的技术应用态度（$t=-2.349$，$0.01<P=0.019<0.05$）和技术应用效果（$t=-2.546$，$0.01<P=0.011<0.05$）显著性优于小学教师。均值比较也显示，初中教师的技术应用态度、技术应用能力、技术应用层次和技术应用效果均好于小学教师。

① 杜晓新．心理与教育研究中实验设计与 SPSS 数据处理［M］．北京：北京大学出版社，2013：15-26.

表 3-6 信息技术教学应用的学校阶段差异性分析

维度	学校阶段	均值	标准差	t	P
技术应用态度	小学	4.064	0.780	−2.349	0.019
	初中	4.244	0.655		
技术应用能力	小学	2.924	0.635	−3.279	0.001
	初中	3.119	0.492		
技术应用层次	小学	3.005	0.675	−2.735	0.007
	初中	3.202	0.688		
技术应用效果	小学	3.281	0.534	−2.546	0.011
	初中	3.420	0.499		

2. 信息技术教学应用有效性的城乡学校差异性分析

由于被调查教师包括城区学校和郊区学校，因此需要比较 W 市城郊之间的差异性。t 检验结果如表 3-7 所示：城区学校和郊区学校教师在技术应用态度（$t=-1.299$，$P=0.195>0.05$）、技术应用能力（$t=0.398$，$P=0.691>0.05$）和技术应用层次（$t=-0.906$，$P=0.366>0.05$）均不存在显著性差异；但是在信息技术应用的效果方面，城区学校教师显著性优于郊区教师（$t=2.560$，$0.01<P=0.011<0.05$）。

表 3-7 信息技术教学应用的学校地区差异性分析

维度	学校地区	均值	标准差	t	P
技术应用态度	城区学校	4.118	0.743	−1.299	0.195
	郊区学校	4.233	0.684		
技术应用能力	城区学校	3.019	0.628	0.398	0.691
	郊区学校	2.996	0.411		
技术应用层次	城区学校	3.079	0.730	−0.906	0.366
	郊区学校	3.144	0.537		
技术应用效果	城区学校	3.378	0.559	2.560	0.011
	郊区学校	3.245	0.376		

3. 信息技术教学应用有效性的学科差异性分析

不同学科的教学内容与教学情境不尽相同，教师应用信息技术的情况也会有所差异。考察不同学科信息技术应用有效性的差异，从而为不同学科教师针对性地开展培训提供参考。由于“学科”分组属于多组数据，因此选用 SPSS 20.0 开展多组样本的方差分析。方差分析结果如表 3-8 所示。不同学科教师在技术应用态度（$F=2.855$，$P=0.001$）、技术应用能力（$F=2.667$，$P=0.003$）、技术应用层次（$F=3.052$，$P=0.001$）、技术应用效果（$F=2.989$，$P=0.001$）上均呈现出极显著性差异。

表 3-8　教师信息技术应用现状的学科差异性分析

维度	平方和	*df*	均方	*F*	*P*
技术应用态度	15.830	11	1.439	2.855	0.001
技术应用能力	9.429	11	0.857	2.667	0.003
技术应用层次	14.916	11	1.356	3.052	0.001
技术应用效果	89.798	11	0.769	2.989	0.001

为了进一步了解不同学科教师在信息技术应用态度、信息技术应用能力、信息技术应用层次和信息技术应用效果上的差异特征，笔者还进行了均值比较分析，如表 3-9 所示。在信息技术应用态度维度上，历史＞物理＞科学＞综合实践＞美术＞地理＞政治＞外语＞语文＞生物＞数学＞音乐；在信息技术应用能力维度上，物理＞地理＞生物＞美术＞历史＞综合实践＞外语＞政治＞语文＞音乐＞数学＞科学；在信息技术应用层次维度上，物理＞历史＞美术＞外语＞生物、政治＞综合实践＞科学＞音乐＞语文＞数学＞地理；在信息技术应用效果维度上，物理＞地理＞历史＞综合实践＞政治＞生物＞外语＞美术＞数学＞语文＞音乐＞科学。整体来说，物理、地理、历史、综合实践的信息技术应用效果相对较好，科学、数学、音乐、语文的信息技术应用的效果相对差一些。

表 3-9　不同学科教师信息技术应用现状的均值分析

学科	技术应用态度	技术应用能力	技术应用层次	技术应用效果
语文	4.054	3.012	2.986	3.279
数学	3.987	2.812	2.980	3.284
外语	4.158	3.132	3.316	3.421
政治	4.357	3.103	3.167	3.477

续表

学科	技术应用态度	技术应用能力	技术应用层次	技术应用效果
地理	4.375	3.455	2.750	3.835
生物	4.000	3.247	3.167	3.445
物理	4.571	3.546	3.929	4.001
历史	4.722	3.184	3.722	3.741
科学	4.546	2.696	3.046	3.032
音乐	3.889	2.899	3.028	3.261
美术	4.469	3.218	3.375	3.336
综合实践	4.528	3.158	3.139	3.482

4. 信息技术教学应用有效性的教龄差异性分析

有研究表明，教龄因素对教师使用信息技术的接受程度和适应程度有一定的影响①。笔者进一步检验了教龄对教师应用信息技术有效性的影响，组间差异性分析结果如表 3-10 所示。在技术应用态度上，不同教龄教师之间不存在显著性差异（$F=2.264$，$P=0.081>0.05$）；在技术应用能力上，不同教龄教师之间存在着极显著性差异（$F=4.616$，$P=0.003<0.01$）；在技术应用层次上，不同教龄教师之间存在着显著性差异（$F=3.722$，$P=0.012<0.05$）；在技术应用效果上，不同教龄教师之间存在着显著性差异（$F=3.162$，$P=0.025<0.05$）。

表 3-10　教师信息技术应用现状的教龄差异性分析

维度	平方和	df	均方	F	P
技术应用态度	3.579	3	1.193	2.264	0.081
技术应用能力	4.540	3	1.513	4.616	0.003
技术应用层次	5.154	3	1.718	3.722	0.012
技术应用效果	2.543	3	0.848	3.162	0.025

本研究还进一步对不同教龄教师之间的技术应用态度、技术应用能力、技术应用层次和技术应用效果进行了差异特征分析，结果如表 3-11 所示。在信息技术应用态度上，组间不存在显著性差异，但可以看出教

① 张静．融合信息技术的教师知识发展研究［D］．武汉：华中师范大学，2014：74.

龄在10年以内的教师比教龄在10年以上的教师略好一些，这也符合客观事实。教龄在10年以上的教师由于知识结构、技术接受程度等方面的原因，对信息技术应用于教学的接受程度略低一点，但是整体水平依然是很高的。

表3-11 不同教龄教师信息技术应用现状的均值分析

教龄	技术应用态度	技术应用能力	技术应用层次	技术应用效果
0～5年	4.231	3.216	3.299	3.264
6～10年	4.378	3.108	3.203	3.532
11～15年	4.020	3.019	3.137	3.452
16年以上	4.109	2.930	3.000	3.312

在技术应用能力和技术应用层次上，不同教龄教师之间存在着显著性差异。其中，教龄0～5年教师最好，其次是教龄6～10年教师，再次是教龄11～15年教师，最差的是教龄16年以上教师，这也符合实际情况。教龄越长的教师一般来说年龄越长，信息技术应用能力相对会差一些；刚参加工作的年轻教师的信息技术应用能力一般会强一些。

在信息技术应用效果上，不同教龄教师之间存在着显著性差异。从均值统计可以看出，6～10年教龄的教师应用效果最好，其次是11～15年教龄教师，再次是16年以上教龄教师，效果最差的是0～5年教龄教师。因此，可以将教师的信息技术应用效果演变绘制成一条抛物线，如图3-4所示。新教师由于经验欠缺的缘故，信息技术应用效果相对较低；经过3～4年的磨合期，技术应用经验逐渐积累，信息技术与课程整合的水平逐步增强，入职5年左右以后进入迅速发展期和稳定期，此时达到

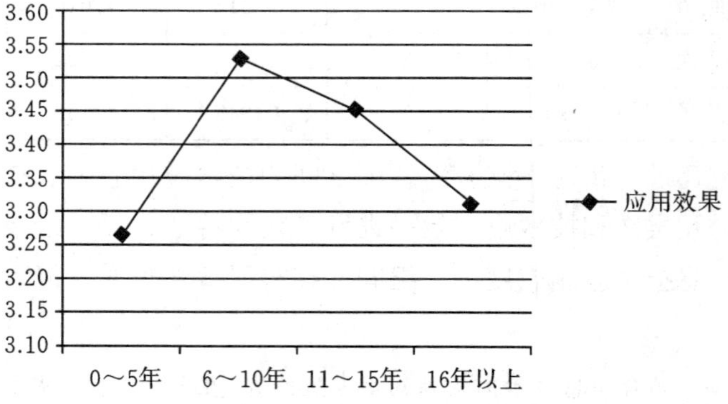

图3-4 不同教龄教师信息技术应用效果示意图

高峰；不少教师的教学能力达到一定水平后，会出现一个难以提高的“高原期”，容易出现职业倦怠，甚至是出现教学能力退缩现象①。本次调查的数据也很好地验证了这一点。

5. 信息技术教学应用有效性的学历差异性分析

学历也是教师人口学统计的重要变量之一，可以反映教师的受教育程度与信息技术教学应用有效性之间的关系。本次调查的教师中，本科学历 263 人，占 72.9%；大专学历 73 人，占 20.2%；硕士学历 22 人，占 6.1%；由于中专学历非常少，因此只比较大专、本科、硕士这三个群体。组间差异性检验结果如表 3-12 所示，不同学历的教师在信息技术应用态度上存在着显著性差异（$F=3.496$，$0.01<P=0.016<0.05$），在信息技术应用能力（$F=6.314$，$P=0.000<0.01$）和信息技术应用层次（$F=6.409$，$P=0.000<0.01$）上呈现出极显著性差异，但是在信息技术应用效果上未呈现显著性差异（$F=2.263$，$P=0.081>0.05$）。

为了进一步比较不同学历教师的信息技术应用情况，本研究对专科、本科、硕士三类学历教师的技术应用态度、技术应用能力、技术应用层次和技术应用效果进行了均值比较，如表 3-13 所示。在信息技术应用态度上，硕士学历＞大专学历＞本科学历；在信息技术应用能力、信息技术应用层次和信息技术应用效果上，硕士学历＞本科学历＞大专学历。整体来看，学历越高信息技术应用能力和信息技术应用效果越高一些。从对教师的访谈可知，高学历教师在本科或硕士学习阶段，教育技术应用课程对提高教师信息技术应用有效性发挥了重要作用。

表 3-12　教师信息技术应用现状的学历差异性分析

维度	平方和	*df*	均方	*F*	*P*
技术应用态度	5.472	3	1.824	3.496	0.016
技术应用能力	6.126	3	2.042	6.314	0.000
技术应用层次	8.685	3	2.895	6.409	0.000
技术应用效果	1.834	3	0.611	2.263	0.081

① 赵昌木. 教师专业发展［M］. 济南：山东人民出版社，2011：62-70.

表 3-13　不同学历教师信息技术应用现状的均值分析

学历	技术应用态度	技术应用能力	技术应用层次	技术应用效果
专科	4.325	2.799	2.925	3.234
本科	4.074	3.054	3.137	3.368
硕士	4.364	3.303	3.341	3.486

6. 信息技术教学应用有效性的性别差异性分析

有研究发现，不同性别的教师对信息技术的价值认同、应用意愿等方面都存在着较大差异①。因此，有必要从性别角度分析教师应用信息技术的差异，差异性分析结果见表 3-14。t 结果显示：在技术应用态度($t=2.582$，$P=0.010$）上，男性教师显著性优于女性教师；但是在信息技术应用能力（$t=-0.808$，$P=0.419>0.05$）、信息技术应用层次（$t=-0.257$,$P=0.798>0.05$）和信息技术应用效果（$t=-0.095$，$P=0.925>0.05$）方面，男教师和女教师基本相当，不存在明显差异。可见，在教师性别角度上，教师应用信息技术的有效性基本相当。

表 3-14　教师信息技术教学应用性别差异性分析

维度	性别	均值	标准差	t	P
技术应用态度	男	4.363	0.608	2.582	0.010
	女	4.102	0.746		
技术应用能力	男	2.959	0.607	−0.808	0.419
	女	3.025	0.576		
技术应用层次	男	3.073	0.794	−0.257	0.798
	女	3.100	0.664		
技术应用效果	男	3.339	0.572	−0.095	0.925
	女	3.346	0.513		

7. 信息技术教学应用有效性的职称差异性分析

教师的职称是代表教师业务水平的重要标识，因此有必要从职称的角度来分析教师信息技术应用有效性的差异。调查教师的职称主要集中在三级及以下、二级、一级和高级，差异性检验结果如表 3-15 所示，不

① 林秀钦，黄荣怀．中小学教师信息技术应用的态度与行为调查［J］．中国电化教育，2009（9）：17-22.

同职称教师信息技术应用的态度不存在显著性差异，但是在信息技术应用能力、信息技术应用层次和信息技术应用效果方面存在着显著性差异。均值分析如表 3-16 所示，二级职称教师的各个维度分值较高，反而高级教师的信息技术应用能力和效果最低。分析原因发现，职称和教师的教龄相关性很高，与教龄一样呈现出抛物线分布。

表 3-15 教师信息技术应用现状的职称差异性分析

维度	平方和	*df*	均方	*F*	*P*
技术应用态度	1.507	4	0.377	0.705	0.589
技术应用能力	3.678	4	0.920	2.776	0.027
技术应用层次	8.965	4	2.241	4.956	0.001
技术应用效果	2.956	4	0.739	2.760	0.028

表 3-16 不同职称教师信息技术应用现状的均值分析

学历	技术应用态度	技术应用能力	技术应用层次	技术应用效果
三级及以下	4.308	3.136	3.141	3.222
二级	4.142	3.196	3.340	3.416
一级	4.140	2.976	3.148	3.417
高级	4.106	2.943	2.933	3.280

（三）中小学教师应用信息技术的行为分析

除了对中小学教师信息技术应用的有效性进行自我评估和课堂观察外，本研究还针对教师日常教学中使用信息技术的行为进行了分析，从而了解教师应用信息技术的行为特征，主要包括教师应用信息技术的用途、教师应用信息技术的频率和教师应用信息技术的动机。

1. 教师应用信息技术的用途

为了考察教师在课堂中使用信息技术的主要功能，笔者梳理了信息技术的主要教学用途：呈现教学信息、节省教学时间；创设教学情境、激发学习动机；呈现复杂过程、促进自主建构；丰富教学资源、组织探究活动；促进自主学习、支持协作学习；作为交互工具、促进师生交流。问卷调查结果如图 3-5 所示。排在前三位的分别是：创设教学情境、激发学习动机（77%），呈现教学信息、节约教学时间（76.5%），丰富教学资源、组织探究活动（62.6%）。呈现复杂过程、促进自主建构，促进自主学习、支持协作学习，作为交互工具、促进师生交流等功能，教师们用得相对较少。在课堂观察中，教师使用信息技术的主要用途统计结果如图 3-6 所示。排在前三位的依然是：呈现教学信息、节约教学时间（100%），创设教学情境、激发学习动机（63.6%），丰富教学资源、组织探究活动（54.5%）。教师们使用信息技术“呈现教学信息、节约教学时间”的功能排在了首位，并且是每个课堂都使用的功能。

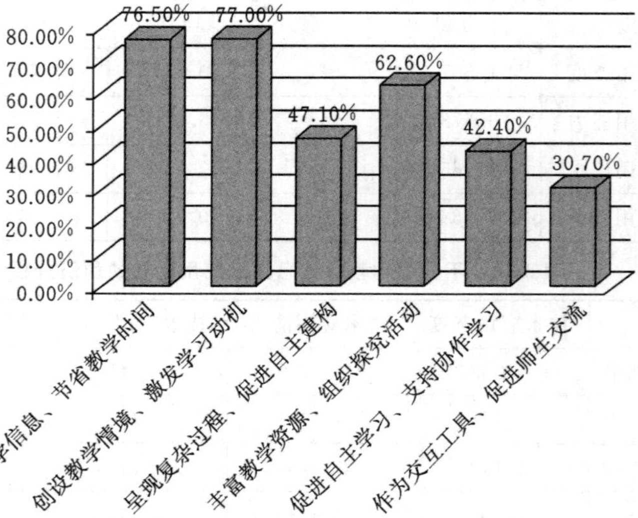

图 3-5　教师应用信息技术主要用途的问卷调查结果

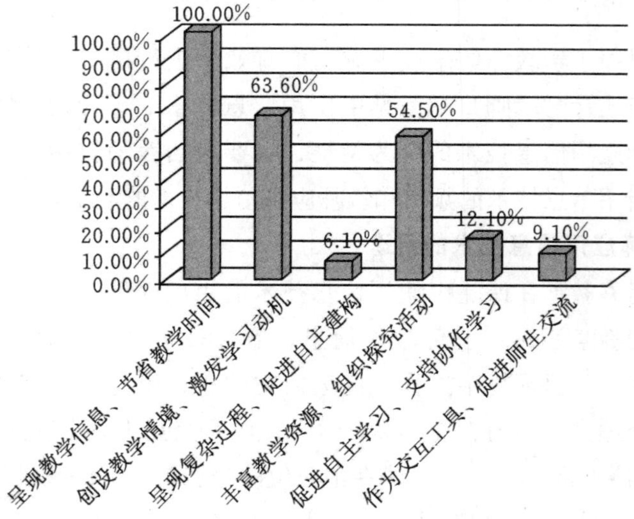

图 3-6　教师应用信息技术的主要用途的课堂观察结果

2. 教师应用信息技术的频率

为了进一步了解教师在课堂中使用信息技术的行为，本研究还通过问卷调查了教师在教学中应用信息技术的频率，统计结果如图 3-7 所示。其中在课堂中经常使用信息技术的占到 60.7%，每次都使用信息技术的占 21.3%，较少使用的仅占 1.4%，另外还有 0.3%的教师表示完全不使用信息技术。可见，一线教师在教学中使用信息技术的频率是比较高的。

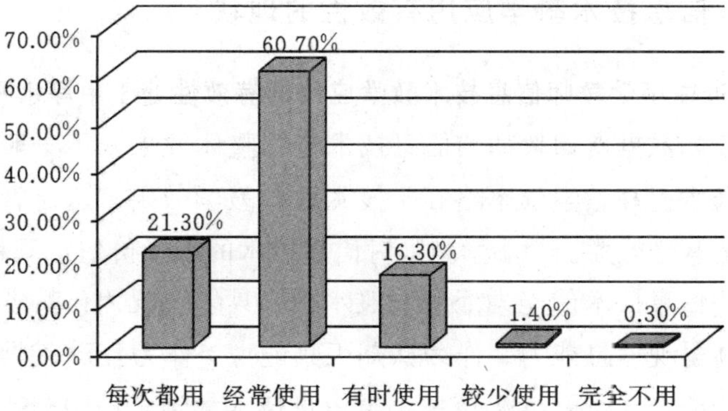

图 3-7　教师在课堂教学中使用信息技术的频率统计

3. 教师应用信息技术的动机

笔者还采用多项选择的方式收集了教师在课堂中使用信息技术的主要动机，统计结果如图 3-8 所示。84.2%的教师应用信息技术的主要动机

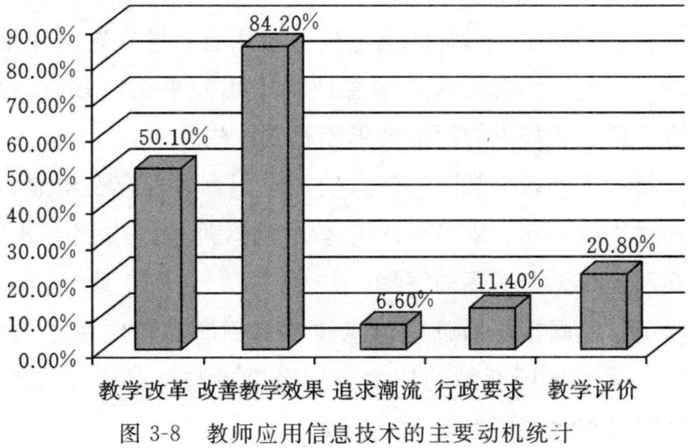

图 3-8　教师应用信息技术的主要动机统计

为改善教学效果，50.1%的教师应用信息技术的主要动机为促进教学改革，20.8%的教师应用信息技术的主要动机来自教学评价的因素，11.4%的教师认为使用信息技术有满足行政要求的目的，还有 6.6%的教师使用信息技术有追求潮流的目的。调查结果显示，一线教师使用信息

技术的主要动机是改善教学效果、促进教学改革，当然也有小部分教师使用技术手段是为了教学评价、行政要求或追求潮流。教师应用信息技术的动机比较积极，被迫使用的情况不严重。

三、信息技术教学应用有效性的调查结论

（一）信息技术教学应用有效性的现状

1. W 市中小学教师信息技术教学应用的有效性处于中等水平

从调查的数据得知教师的信息技术应用整体效果介于一般与较好之间，其中技术提高教学效率略高于技术改善教学效果，这二者明显高于信息技术的教学效益。中小学教师对信息技术的教学价值认同程度较高，但教师应用信息技术的能力处于一般水平，具体情况为：教学资源搜索能力＞媒体呈现信息能力＞作为认知工具能力＞作为互动工具能力＞教学资源制作能力。可见，W 市中小学信息技术教学应用的有效性还有待进一步提高。

2. 人口学变量对教师技术应用的有效性影响有明显差异

（1）学校阶段：初中教师的信息技术应用有效性明显优于小学教师。

（2）学校区域：城区学校教师信息技术应用的有效性好于乡村学校。

（3）学科：不同学科教师的信息技术应用有效性存在着显著性差异，物理、地理、历史、综合实践的信息技术应用效果相对较好，科学、音乐、语文等学科信息技术应用的效果相对差一些。

（4）教龄：不同教龄教师的信息技术应用有效性存在着显著性差异，并且呈现出抛物线分布，即 6～10 年教龄的教师技术应用有效性水平最高，之前逐渐上升，之后逐渐下降。

（5）学历：不同学历教师的信息技术应用能力和应用有效性也存在一定的差异，硕士学历教师的技术应用有效性整体高于本科学历教师，本科学历教师又整体高于大专学历教师。

（6）职称：信息技术应用有效性在教师职称上存在着明显差异，其中二级职称教师和一级职称教师的技术应用水平要高于三级职称与高级职称教师，这主要是因为我国教师的职称与教龄密切相关，基本与教龄一致。

（二）信息技术教学应用有效性的特征

第一，中小学教师信息技术应用主要辅助“教”。尽管在调查中约有75％的教师认为自己可以利用信息技术辅助教师的“教”，偶尔能辅助学生的“学”。但从笔者的课堂观察来看，66.7％的课堂上信息技术主要辅助教师的“教”，即通过媒体技术呈现教学信息，基本没有用到信息技术的其他教学功能，可见中小学教师信息技术教学应用的层次还比较低，能够达到深度应用的比率还很小。

第二，中小学教师应用信息技术的频率比较高。对教师的调查统计显示，每节课都用信息技术的占 21.3％，经常使用的占到 60.7％，还有16.3％的教师表示有时使用，仅有 1.7％的教师表示较少使用或完全不用。课堂观察显示，约 94.3％的课堂中使用了信息技术手段。

第三，中小学教师应用技术的动机主要是改善效果。对教师的调查显示，教师们使用信息技术的主要动机是改善教学效果和教学改革，另外仅有少部分教师表示使用信息技术的动机包括教学评价的要求、学校行政要求和追求潮流。可见，当前中小学教师使用信息技术的动机主要是来自教学本身。

第四，中小学教师应用信息技术的功能较为单一。这个结论在笔者对教师的问卷调查和课堂观察统计结果中得到了一致印证；中小学教师应用信息技术的教学功能都集中在创设教学情境、激发学习动机，呈现教学信息、节约教学时间，丰富教学资源、组织探究活动。而呈现复杂过程、促进自主建构，促进自主学习、支持协作学习，作为交互工具、促进师生交流，支持教学评价、调整改进教学等功能用得较少。从教师使用信息技术的主要功能也可以反映出教师应用信息技术的层次处于“辅助教”的阶段，技术应用层次和水平都有待提高。

（三）促进教师有效应用信息技术的策略

1. 基于 TPACK 的教师发展培训

由于不同学科教师所需要的信息技术有所差异，信息技术在不同学科中的应用方式也有所不同，教师培训应该考虑学科差异。密歇根州立大学两位学者 Mishra 和 Koehler 在 PCK 理论框架的基础上增加“技术知识”而形成的一个 TPACK 框架，为教师培训提供了很好的借鉴①。TPACK 即“整合技术的学科教学法知识”，该框架包含三种基础知识，即学科内容知识、教学法知识、信息技术知识，以及由三种基础知识组合形成的四种复合知识，即学科教学法知识、整合技术的学科内容知识、整合技术的教学法知识和整合技术的学科教学法知识，整合技术的学科教学法知识是该框架的核心。那么，教师的职前教育和职后培训应依据不同学科教师所需要的 TPACK 知识开展培训。职前教师教育主要涉及师范生的“学科教学论”“现代教育技术”等课程学习，这些课程内容设置尽量基于不同学科的特点，将信息技术与学科教学深度融合所需要的 TPACK 知识嵌入课程内容之中。职后培养也应该基于 TPACK 框架对不同学科教师分别开展面向“融入技术的学科教学知识”的培训。

2. 开展校本教研，提升技术应用层次

当前中小学教师应用信息技术的层次偏低，主要使用信息技术辅助教师的“教”，更准确地说是利用投影呈现教学信息代替传统板书、使用媒体创设教学情境激发学习兴趣。中小学教师在课堂中将技术作为认知工具、交互工具、评价工具的意识和能力还非常有限。其实，信息技术除了呈现教学信息、激发学习兴趣外，还具有呈现复杂过程、丰富学习资源、促进自主学习、支撑教学交互、支持教学评价等功能。要提高中小学教师应用信息技术的有效性水平，不能仅仅只使用信息技术的信息呈现功能，有必要不断提高教师应用信息技术的层次。从笔者参与中小学信息化教学变革的经验来看，校本教研是提高教师应用信息技术有效性的重要途径。学校可在信息化教学专家指导下，基于学校信息化教学的现状，建设校本数字化教学资源平台；构建适合本校的信息化教学模式，结合各个学科特点衍生出各个学科的信息化教学模式；采用“以点带面”的方式引领学校各年级、各学科、各课堂的教学变革，从而全面提高中小学一线教师在课堂中应用信息技术的有效性。

3. 构建信息化教学能力发展的共同体

社会文化理论认为学习者认知的最重要形式是通过社会环境的互动

① Koehler M J, Mishra P. What Happens when Teachers Design Educational Technology? The Development of Technological Pedagogical Content Knowledge [J]. Journal of Educational Computing Research, 2005, 32(2): 131-152.

而发展的，互动对话是促进学习者认知发展的最重要方式①。依据建构主义学习理论②，教师的信息技术应用能力是在特定的情境下，借助于其他人的帮助，如教师与他人之间的协作、交流，通过意义的建构而获得的。因此，构建发展教师信息化教学能力的共同体是促进教师信息化教学能力发展的重要途径。信息化教学能力学习共同体不仅有利于激发教师个体发展的主体性、提高教师的教学智慧，还有利于挖掘和共享教师群体的资源、培养教师的合作意识和团队精神。建立教师专业发展的学习共同体可从以下几个途径展开：第一，建立教师信息化教学能力发展的线下学习共同体。线下学习共同体一般以学校教师或学科教师为主，通过面对面对话和讨论，分享教学经验、共享优质资源，共同发展教师的信息化教学设计能力、信息化教学实施能力。在构建学习共同体时要注意成员的整体搭配与优化组合，如教师的性别、年龄、教龄、性格、教学经验、教学水平、知识结构等，使教师在信息技术应用上达到优势互补，发挥学习共同体的最大潜力。第二，建立信息化教学能力发展的线上学习共同体。信息技术作为认知工具、交互工具的同时，也可以作为教师信息化教学能力发展的工具。在线上学习共同体中，教师个体作为信息加工的主体和信息化教学知识的意义建构者，在虚拟环境中主动获取各种实质性的帮助③；同时又是共同体的协作者、信息资源的供给者，为其他教师的信息化教学能力发展提供学习资源和人力资源，通过对信息化教学理论知识和实践知识的交流和探索，促进教师信息化教学能力的持续发展。

4. 发挥学科教学优秀案例示范作用

由于不同学科信息技术有效应用的方式存在着差异，基于学科特征的优秀案例研讨对促进教师有效地应用信息技术具有重要价值。一方面，学科优秀案例可以为教师在各自学科教学中有效地应用信息技术提供很好的借鉴；另一方面，教师们针对优秀案例的社会性研讨可以挖掘案例

---

① 张莲，孙有中．基于社会文化理论视角的英语专业写作课程改革实践［J］．外语界，2014（5）：2-10．

② 王沛，康廷虎．建构主义学习理论述评［J］．教师教育研究，2004（5）：17-21．

③ 周速．网络环境下教师学习共同体对教师专业发展的支持［J］．电化教育研究，2007（6）：45-48．

中信息技术与学科教学有效整合的精髓，促进教师对信息技术有效应用知识的理解与建构。发挥学科优秀案例研讨示范作用需要有三个重要环节：一是收集不同学科的优秀案例。案例的收集可以在日常教学中发现，也可以在公开课、示范课、展示课中寻找，还可以使用全国其他地区、学校的优秀案例集。二是针对学科案例进行研讨。研讨主要针对信息技术在教学中发挥了哪些重要价值，技术是如何发挥价值的，信息技术与教学整合的方式是什么样的，是否还有改进的空间，对自己的信息技术应用有哪些启示，自己能否模仿案例中的技术应用方式开展教学等。三是研讨后教师对案例学习进行反思和实践，即基于学科优秀案例的学习和模仿，在自己的学科教学中灵活应用信息技术以提高信息化教学的有效性。

第四章　信息技术教学应用的典型问题诊断

通过对 W 市 8 所中小学 35 节课的课堂观察、361 名一线教师的问卷调查和 10 名骨干教师的深度访谈发现：虽然信息技术在 W 市中小学课堂教学中应用比较频繁，对改善教学效果、提高教学效率、促进学生发展等方面也发挥着较大作用；但是在信息技术教学应用过程中也存在着一些不可忽视的问题。厘清中小学课堂教学中信息技术应用的主要问题、找出产生问题的主要成因及危害并提出消解路径，对提高信息技术教学应用的有效性、促进学生素质发展具有重要价值。

一、信息技术教学应用的主要问题

着眼于促进学生素质长远发展的目标，通过课堂观察、问卷调查和教师访谈对信息技术教学应用的主要问题进行梳理，发现信息技术教学应用的主要问题包括：浅层次使用信息技术、课堂中滥用信息技术、技术应用缺乏人文关怀、部分教师排斥信息技术、技术应用流于形式等。对教师使用信息技术的主要问题统计如图 4-1 所示（多项选择）。

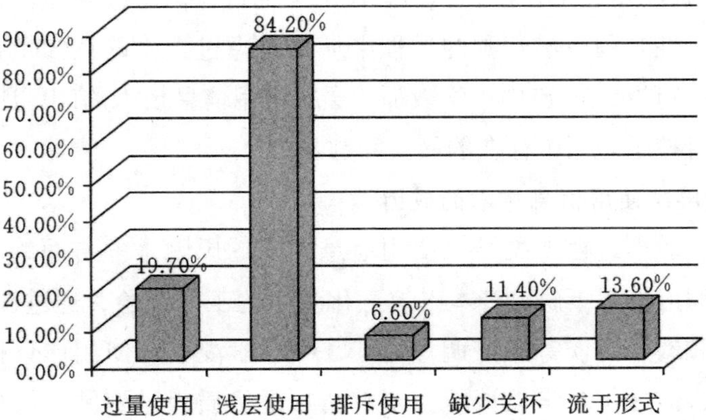

图 4-1　教师应用信息技术的主要问题统计

（一）浅层次使用信息技术

1. 浅层次使用信息技术的表现

在中小学课堂教学中，浅层次使用信息技术的情况非常普遍。绝大部分教师仅仅把信息技术作为呈现教学信息的工具，主要表现为将应用信息技术简单理解为利用幻灯片代替板书。幻灯片、电子白板、多媒体投影确实解放了教师的双手，在一定程度上节省了教学时间，但是并没有真正体现信息技术的独特优势和核心价值，也未能充分发挥信息技术的有效性。课堂观察显示：36.4%的信息化教学属于浅层次使用信息技术，仅仅把信息技术作为呈现教学内容的工具，即只是使用幻灯片呈现教学信息；12.1%的课堂存在着过量呈现教学信息的情况，这个问题主要集中在中学课堂上，究其原因在于中学具有较大的升学压力，使用幻灯片呈现大量的内容和习题可以节约不少时间；另有9.1%的课堂在使用信息技术过程中有增加学生学业负担和认知负荷的情况。比如，一位小学语文教师为二年级学生布置的家庭作业包括：预习《木兰从军》课文、观看两个微视频、上网搜索花木兰的故事。通过对学生的访谈得知，要完成这些作业大约需要一个半小时。假如其他课程也这样布置作业，学生的课外学习负担就严重超载了。问卷调查显示，81.4%的教师认为自己存在浅层次使用信息技术的问题，16.3%的教师认为自己使用信息技术主要用于辅助教师的“教”，8.3%的教师认为自己只会使用幻灯片；73.4%的教师表示在自己的课堂上曾经存在呈现过量信息的情况，其中8.3%的教师表示经常存在利用信息技术呈现过量信息的问题；有27.1%的教师表示在应用教学资源的过程中从未考虑过学生的认知负荷和学习负担问题。可见，W市中小学教师浅层次使用信息技术的问题比较严重，这也是信息技术应用中存在的最大问题。

2. 浅层次使用信息技术的成因

教师在教学过程中浅层次使用信息技术的原因是多方面的，这里只分析主要原因。基于研究者本人信息化教学的工作经验，通过课堂观察、问卷调查和教师访谈等田野调查发现，中小学浅层次使用信息技术的主要原因有：信息化教学设计能力不够、缺乏优质教学资源、信息技术使用方法不熟练。教师应用信息技术的主要障碍统计如图4-2所示。

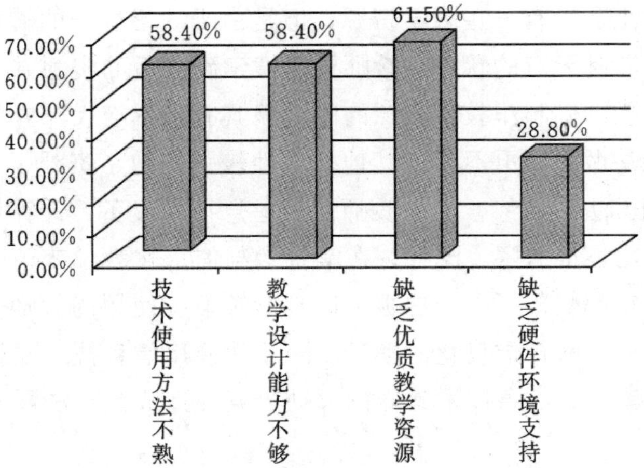

图 4-2　教师应用信息技术的主要障碍统计

第一，信息化教学设计能力较低。不少教师的教学观念还比较陈旧，习惯于传统的“传递接受式”授课方式，教学依然主要以教师的讲授为主，信息技术的主要功用就容易演变为呈现教学信息的工具，缺乏更深层次的应用。另外，访谈中还发现不少教师甚至不知晓信息技术的教学价值，只认识到信息技术能够作为教导工具，尚未认识到信息技术还可作为认知工具、交互工具和评价工具等，更不要说如何利用信息技术发挥这些功效；在教学设计过程中只把信息技术作为呈现信息的工具，一说到信息技术就仅仅想到了幻灯片。在教学观念较为落后、不能全面认识信息技术教学价值的情况下，教师的信息化教学设计能力极其有限，自然难以将信息技术深度融入学科教学之中，浅层次使用信息技术就不足为奇了。第二，缺乏优质的教学资源支撑。要深层次地使用信息技术，必须有丰富的优质教学资源供教师使用；然而在问卷调查和教师访谈中发现，教师们能够使用的优质教学资源极其有限。教师使用的教学资源主要有三种方式：一是依托政府或学校教学资源平台所提供的资源，二是教师利用互联网自主搜索满意的资源，三是教师自主制作教学所需要的资源。虽然国家层面已经建设了一些资源平台，比如 K12 教育资源云、农村中小学现代远程教育资源、国家数字化学习资源中心，但是资源建设依然是在行政化导向下进行的，存在着“重视项目评审、轻视内容建设，面向教师需求、忽视学习体验，重视知识呈现、轻视活动设计，重视资源建设、轻视推广应用，教育行政主导、缺乏共建共享”等问题，再加上不同地区的教材版本千差万异，政府建设的资源平台适应性不够好。互联网上虽然有一些教学资源，但是由于缺乏统一的管理平台，资源大多处于凌乱无章的状态，教师要想搜索到合适的资源并不是一件容易的事情。教师们制作教学资源的能力极其有限，绝大部分教师甚至连幻灯片都无法做好，更不要说其他技术性较强的教学资源了。第三，信息技术使用方法不熟练。不少教师使用信息技术设备、计算机软件、教学平台的能力还很有限。比如，在笔者参与信息化教学变革的一所学校中，所有教室都配备了电子白板，但是能够熟练使用的教师却不多，导致电子白板成了教育信息化的摆设。深层次使用信息技术需要教师具有较高的信息素养，信息技术素养的欠缺会直接造成教师浅层次使用信息技术。

3. 浅层次使用信息技术的后果

第一，追求效率至上增加学生认知负荷。在我国的基础教育中，本来就存在着“效率至上”的倾向。如果教师在使用信息技术过程中，不能意识到教学效率的背后还有教学效益，浅层次使用信息技术往往会呈现过量信息，技术进入课堂可能会加剧“效率至上”的问题，成为“教学灌输”的帮凶。在一些中学课堂上，有些教师为了实现大容量教学、高效率教学，使用课件呈现大量的教学信息，学生过于关注屏幕呈现的内容，跟不上节奏的学生会出现情感焦虑、心理上消极无助，课堂氛围往往缺乏生机与活力。大量地浅层次使用信息技术容易导致本该充满情感互动的生成性课堂又回到了“满堂灌”的状态，学习的无助感很容易导致师生关系疏远、课堂气氛紧张的局面，还会增加学生课堂教学的认知负荷，甚至严重影响学生的学习效果。

第二，过量使用信息技术容易引起教学情感缺失。教学活动是师生主体间交互作用的过程，是心灵交往与情感互动的活动，是师生共享共生、尊重理解的活动①。信息技术作为交互工具在促进师生课外互动上确实有积极价值；但是在课堂上，更需要的是师生面对面的现场交流。在技术进入教学的过程中，一些教师利用媒体技术浅层次地呈现大量的教学信息，听课的学生眼巴巴地盯着屏幕，课堂上本该充满表情交流、语言交流和肢体交流的互动行为被迫减少，这容易造成师生疏远、师生关系紧张，甚至引起学生情感交流缺失、人际交往困惑等问题。建构主义

① 王凯. 国内教学伦理研究综述［J］. 上海教育科研，2007（8）：18-21.

认为“互动”是有效学习的重要条件之一，技术使用不当造成的教学互动减少，会影响学生对知识的社会建构与深度理解。另外，当教师利用媒体呈现大量教学信息时，学生就会忙于接受信息、记录信息，消化知识的时间被压缩，思考探究的机会明显减少，这可能会引起学生情感焦虑。

第三，过量信息资源可能加重学业负担。信息技术在丰富学习资源、开阔学生视野、拓展教学内容的同时，也有增加学生学业负担的风险。前面提到过，一位小学语文教师为二年级学生布置的家庭作业包括：预习《木兰从军》课文、观看两个微视频、上网搜索花木兰的故事。学生完成这些作业大约需要一个半小时。假如其他课程也这样布置作业，学生的课外学习负担就严重超载了。近年来，翻转课堂在我国迅速兴起和发展。有研究表明，信息技术支持下的翻转课堂加重了学生的负担①。虽然微视频的时长较短，但是学生的实际“学习时长”远大于“视频时长”，前者约为后者的2～3倍；如果在线测试应用不当，容易进一步加剧题海战术。因此，翻转课堂中学生的学习时间和学习场所被延伸，有增加学生学习负担的风险。由此可见，如果教师不能恰当地使用信息技术，数字化学习方式和过量的信息资源很可能增加学生的学业负担，这违背了基础教育改革所倡导的“减负”理念。

（二）课堂教学滥用信息技术

1. 滥用信息技术的表现

在我国教育信息化快速发展的背景下，一部分课堂教学中存在着“技术滥用”倾向，主要表现为教师在教学中过度依赖信息技术，甚至忽视了教学的“主体地位”，课堂被技术所主宰，甚至离开媒体就无法上课。最为典型的就是播放视频代替操作演示、利用PPT呈现推理演算、缺失价值发挥的“媒体作秀”。课堂观察发现，约15.2%的课堂存在技术滥用现象，即在不合适的地方过多地使用了媒体；另外，课堂观察中还有12.1%的课堂由于媒体的过度使用有抑制学生能动活动的问题。例如一位教师在小学三年级上册语文课《罗马速写》教学中，过多地呈现古

① 刘永琪，胡凡刚．翻转课堂教学模式的伦理省思［J］．远程教育杂志，2015（6）：78-84．

罗马图片，整节课学生的注意力基本上都在绚丽的图片上，教学在学生连续的惊叫声中结束了，需要开展的教学活动和需要重点讲授的内容被压缩，据观察这节课的教学目标完成得并不理想。在这样的课堂上，媒体展示表面上看着热闹，但是热闹背后的教学效果并不好；教学过程缺乏应有的生机，教学氛围缺少实质互动。再如，一位中学化学教师精心制作了一个实验操作微视频，实验课前使用微视频代替现场演示，学生由于缺乏现场体验进入实验室后仍然不知道如何操作。这位教师制作资源虽然花费了不少精力，但是背离了技术促进学生建构知识的目的。问卷调查显示，约有19.7%的教师认为在自己的课堂教学中存在着过量使用媒体技术的情况；8.3%的教师认为自己经常存在由于过量使用媒体而减少学生思考探究、教学互动或亲身体验的情况，65.1%的老师表示自己有时存在这种问题。统计分析发现，"技术滥用"倾向在年轻教师身上表现得相对明显。

2. 滥用信息技术的成因

教师是技术活动的主体，是否使用信息技术、如何使用信息技术受到教师对信息技术的价值态度、教师的信息技术素养、信息技术设备和现实客观条件等因素制约。通过笔者的田野调查发现，滥用信息技术的核心原因是教师对信息技术教学价值的认知偏颇。毋庸置疑，恰当地应用信息技术手段具有创设教学情境、激发学习动机，呈现教学信息、节省教学时间，呈现复杂过程、促进自主建构，丰富教学资源、组织探究活动，促进自主学习、支持协作学习，作为交互工具、促进师生交流，支持即时评价、改进教学过程等价值。但是要让信息技术发挥这些作用，必须依据教学内容、教学目标、教学对象、教师能力、客观条件选择合适的信息技术，而不是随意滥用。也就是说，教师需要依据诸多条件进行判断是否需要使用信息技术、如何使用信息技术，切勿因"技术"而"技术"。滥用信息技术的教师认为信息技术的应用一定对提高教学效果有积极作用，殊不知不恰当地应用会给教学、给学生带来负面效应。蒋立兵、凌鹏飞、陈佑清（2016）研究认为，当前教师应用信息技术的过程更多地关注技术的"工具价值"，即信息技术在传授知识、呈现信息等方面的功用，忽视了技术应用过程对人的终极关怀，带来了诸如技术滥用抑制学生能动学习过程、缺乏人文关怀影响学生身心健康、忽视精神价值可能造就技术奴隶、过量信息资源可能加重学业负担等问题①。滥用信息技术的第二个原因是教师的信息化教学能力不够。大量使用信息技术似乎显得教师应用信息技术的水平较高，其实技术滥用正是教师信息化教学能力不够的一种表现。信息化教学能力较高的教师能够依据教学目标、教学内容、教学对象等客观条件准确地判断是否选用信息技术、选用何种信息技术、如何使用这种信息技术。只有信息化教学能力不足的教师才会不分场合、不分情境地过度使用媒体技术，这必然会给教学、给学生带来不良影响。

3. 滥用信息技术的后果

第一，技术滥用容易导致教育技术悖论。任何设备的投入、学习资源的开发都需要投入人力、物力和财力，教育信息化也需要投入大量的成本。人们都希望成本的投入能够带来较好的收益，教育信息化的收益就是提高教学效果、效率、效益，促进学生的素质发展。技术进入教学过程中存在的技术滥用现象可能会导致教育技术悖论。借用企业“信息悖论”的概念②，教育技术悖论就是在教育信息化过程中，由于经验和方法上的缺失带来的教学投入与收益上的困境，人们难以看到教育信息化投资与教学效果之间的关联，导致学校在信息化变革中产生技术投资的浪费，甚至背离促进学生身心发展的初衷，对教学产生负面价值的现象。在一些课堂上，“朗读课件”代替教师的“临场发挥”，教学活动往往被技术所控制。这种喧宾夺主的技术滥用会导致教学被技术所主宰，无法取得良好的收益，浪费了信息化资金投入，未能达到教育信息化的预期功效，甚至影响教育技术在人们心目中的地位和价值，乃至影响教育技术领域的发展和教育信息化的进程，对整个行业发展极其不利。

第二，技术滥用抑制学生能动学习过程。中小学课堂教学中充斥的技术滥用及技术至上现象，对学生学习产生主要不良影响的技术滥用表现为：以“技术呈现”抑制或代替学生能动参与、主动思考或现场体验

---

① 蒋立兵，凌鹏飞，陈佑清．信息技术在教学中应用的伦理审视［J］．教育发展研究，2016（8）：39-44．

② 赵丁力．信息悖论对我国企业信息化的警示［J］．情报杂志，2004（8）：47-48．

的过程。比如，一位数学教师在讲授“两位数加法”时，直接将演算过程用幻灯投影呈现出来。“数学演算的经过”能够反映教师数学推理的思维过程，对培养学生数学核心素养具有重要价值，用幻灯片将其快速呈现出来，至关重要的“数学思维过程”被抹灭，不少学生一脸茫然，影响了学生对重要内容的理解。通过其他课堂观察发现，中小学课堂中类似于“幻灯代替演算”“视频代替演示”的滥用技术现象较为普遍，这种技术应用严重影响了学生的能动学习活动，思考探究的过程被省略，学生丧失了可贵的提问机会、思考机会和体验机会，这会影响学生创新思维的发展。可见，信息技术的滥用对学生的发展产生了负面效果。

第三，“唯技术化”倾向致使教学异化。课堂教学存在着“唯技术化”倾向，主要表现为教师在教学过程中过度依赖技术，甚至忽视了教学的“主体地位”，课堂教学被技术主宰，甚至离开媒体就无法上课。最为典型的就是播放视频代替操作演示、利用 PPT 呈现推理演算、缺失价值发挥的“媒体作秀”。操作演示所表现出来的过程感与现场感，对学生动手能力的培养具有重要价值；推理演算过程能够体现教师的思维方法，对培养学生思维能力乃至学科素养都至关重要。如果用媒体技术去代替这些环节，不仅不利于发挥教师的创造性，而且会影响教学的互动与生成，更为严重的是会抑制学生在课堂上能动思考的机会，影响学生对学科核心知识的习得。由于学生的注意力和课堂教学时间都是有限的，缺失功效发挥的“媒体作秀”不仅会浪费教学时间，还会导致学生过多地关注媒体而忽视教学的关键内容，难以达到优化课堂教学效果的目的，甚至会妨碍学生的认知发展，致使教学异化。

（三）技术应用缺乏人文关怀

1. 缺乏人文关怀的表现

在教学场域中，教师的关怀对学生来说就是最好的教育。课堂教学不仅要注重学生的认知发展，还要从情感上关爱学生，让学生在爱的情境中陶冶情感、获得精神力量。信息技术的应用是教学活动的一部分，理所当然也要给予学生人文关怀，尤其是选用技术和应用技术一定要考量学生的身心健康。但是在课堂教学情境中，忽视学生身心健康的应用技术情况还是比较常见的。最典型的是让学生长时间、持续地使用平板电脑、电子书包或计算机进行学习。课堂观察统计显示，12.1%的课堂让学生使用电子产品达到25分钟，并且都是在机房环境或平板环境中，占机房授课或平板授课的66.7%；长时间近距离使用电子产品很容易让学生患上近视眼、干眼症、结膜炎等眼部疾病，显然这种信息技术应用会影响中小学生的视力健康。身体素质是个体发展的基础和前提，影响身体素质发展的技术应用显然是不合理的。问卷调查显示，37.7%的教师表示在使用信息技术过程中从未考虑到技术会对学生视力等身体素质产生负面影响；在与一线骨干教师的访谈中也发现，教师对这个问题几乎未有考虑。又如，某些技术活动缺乏对人心理健康的关注。一些学校为了便于教学管理在教室里安装了摄像头，“监管”的存在感容易让人精神紧张，会引起师生的反感心理，对学生的心理发展极其不利。

2. 缺乏人文关怀的成因

教师们在课堂教学使用信息技术的过程中，往往只注意到了信息技术的工具价值，即信息技术在传授知识、呈现信息等方面的功能；忽视了信息技术应用过程对人的终极关怀，甚至很多教师根本没有意识到技术使用过程中人与人之间、技术与人之间存在着伦理问题。如果教师不能意识到信息技术应用存在负面价值的可能性，又如何在教学过程中规避技术伦理失范的风险呢？教师对信息技术的教学应用缺少对学生的人文关怀，主要是因为缺乏有效的引导。关于信息技术可能带来的风险警示和对学生给予人文关怀，教师的职前课程未有涉猎，教师的职后培训从未出现，学术期刊和大众媒体也鲜有引导，教师很难有机会接触到此类信息和相关观点，自然难以认识到信息技术可能会给学生带来负面效应，需要给予学生人文关怀。技术应用的“人文关照”被“效率至上”所遮蔽，影响了信息技术应用的有效性。同时，笔者还发现不少教育技术专业领域的研究也缺乏伦理考量，对技术应用伦理失范起到了推波助澜的作用。比如在小学阶段推崇电子书包、基于平板的教学模式，同时又没有给予教师特别提醒和风险说明，这无疑会增加损害学生身心健康的可能性。有学者提出未来智能手机会成为学生的主要学习工具，并提倡手机进入中小学课堂，笔者对此持怀疑态度。即使在学生具有足够自制力的情况下，基于智能手机的课堂教学可能会在短期内让学生掌握更多的知识、习得更多的技能，但是这种基于“小屏媒介”的学习方式对尚未成年学生的视力发展极其不利，会严重损害学生的身体健康，还可能影响学生的交往能力发展；更何况中小学生的自制力还不够高，这显然存在着巨大的伦理风险。

3. 缺乏人文关怀的后果

第一，长时间使用电子产品影响学生身体健康。教学不仅仅是一种认知活动，而且还是促进人生命成长的过程，是一种至善的事业。教学行为不仅要注重知识的传授，更重要的是关注学生的人性发展和生命发展。在技术进入教学的过程中，如果技术主体缺少对人的关注，很容易出现只见技术不见人的现象。在信息技术应用过程中，呈现出一种缺乏人文关怀的不良倾向，主要表现在使用技术、选用技术缺乏对学生身心发展的考量。比如，在某小学 iPad 实验班上，一节 45 分钟的课，教学活动安排学生使用平板时间超过 25 分钟，这显然对学生的身体健康极为不利。长时间使用电子产品很容易导致学生患上眼部疾病。2014 年全国学生身体健康调研结果显示，小学生、初中生、高中生视力不良率分别为 45.71％、74.36％、83.28％，相对于 2005 年和 2010 年体质监测测试结果持续增长；专家认为导致青少年学生视力问题的重要原因之一是长时间、近距离地使用电子产品[①]。长时间使用电子产品不仅会影响学生身体健康，而且还会影响学生心理素质、交往能力与社会适应能力的发展。

第二，缺乏人文关怀可能影响学生心理健康。某些技术活动缺乏对人心理健康的关注。一些学校为了便于教学管理在教室里安装了摄像头，虽然技术未进入教学内容和教学方法，但是它进入了教学环境。摄像头对师生活动的“监控”会在一定程度上影响教学行为，乃至心理活动和情感状态。教室的摄像头作为学校管理手段的同时，也成了“窥视”师生教学活动的“眼睛”，“监管”的存在感容易让人精神紧张，会引起师生的反感心理。另外，对于义务教育阶段的学生来说，大量的数字化学习有增加学生网络迷航的可能性，对学生的心理健康发展也极为不利。在教学场域中，教师的关怀对学生来说就是最好的教育。课堂教学不仅要考虑学生的认知发展，还要从情感上关爱学生、尊重学生，让学生在爱的情境中陶冶情感、获得精神力量。信息技术的应用理所当然也要给予学生人文关怀，尤其是选用技术和应用技术一定要考量学生的身心

---

① 国家体育总局. 2014 年全国学生体质与健康调研结果 [J]. 中国学校卫生，2015 (12)：4.

健康。

（四）教师极端排斥信息技术

1. 排斥信息技术的表现

在中小学教师中存在技术滥用倾向的同时，还存在着一种极端的排斥信息技术现象。排斥信息技术的课堂主要采用传统的讲授式教学，缺乏对教学方式变革的意愿和动力，这种现象在薄弱学校的年长教师身上表现得更为突出。课堂观察显示，有5.7%的课堂未使用任何信息技术手段。据笔者观察发现，有些教学内容完全可以使用信息技术手段来创设教学情境、提供丰富的教学资源、促进学生自主学习、提高课堂教学效率，但是教师上课过程中从未打开电脑和投影，呈现出排斥信息技术的倾向。笔者也从其他教师口中了解到：有些教师上课时基本不使用信息技术手段，对信息技术持排斥态度，他们认为信息技术对提高教学效果并没有实质性帮助。在问卷调查中，约有1.7%的教师表示很少使用或从来不使用信息技术；约6.6%的教师表示自己很排斥使用信息技术开展教学；还有一部分教师偶尔使用信息技术开展教学，主要是迫于学校制度、行政要求或教学评价等外部力量，否则不会在课堂教学中使用信息技术。可见，还是有一小部分教师未认识到信息技术的教学价值，在教学过程中排斥信息技术的使用，即使偶尔有使用媒体技术也是因为外部力量的驱使，缺乏使用信息技术的内在动力。

2. 排斥信息技术的成因

排斥信息技术主要发生在年长教师身上，他们一般未系统地接受信息技术教育或教育技术培训，对信息技术教学价值的认识存在偏差，信息技术应用的能力也较低。笔者经过与个别教师的深度访谈发现，产生“技术排斥”现象主要有三个原因：对信息技术教学价值认识存在偏差、教师的信息技术水平较低、教师缺乏教学变革的动力。对信息技术持排斥态度的教师未能深刻认识到信息技术的教学功用，他们甚至认为：信息技术对提高教学效果没有明显成效，传统的教学方式也能取得较好效果，为何要使用信息技术？教学中使用信息技术不仅增加了教学负担，而且效果还不好，完全多此一举。同时，这部分教师的信息技术应用水平较低、对信息技术的操作能力有限，没有能力用好信息技术，干脆以信息化教学效果不好为由拒绝使用。另外还有一部分教师缺少教学变革的动力。年长的教师已经习惯了传统的“传递接受式”教学，“讲授＋练习”就是他们的法宝，这样的教学方式在考试过程中也能够让学生取得较好的考试成绩；而信息化教学的实施需要教师花费较大的精力搜集教学资源、进行信息化教学设计、组织多样的教学活动来支持教学变革。在学校缺乏制度激励、绩效激励的情况下，一部分年长教师缺少教学变革的动力，不愿意在教学中由于使用信息技术而花费更多的精力。

3. 排斥信息技术的后果

第一，排斥信息技术影响教育教学变革。通过信息技术促进优质资源的开发与应用，通过教育信息化带动教育现代化是我国教育发展的重要战略①。教育部前部长陈至立曾指出：现代教育技术是教育教学改革的制高点和突破口。《国家中长期教育改革和发展规划纲要（2010—2020年）》提出：技术对教育发展具有革命性影响；要提高教师应用信息技术水平，更新教学观念，改进教学方法，提高教学效果；鼓励学生充分利用技术手段自主学习，增强运用技术解决问题的能力②。《教育信息化十年发展规划（2011—2020年）》也提出：通过优质数字教育资源共建共享、信息技术与教育全面深度融合等措施，破解我国教育改革和教育发展的难题，促进教育公平，提高教育质量③。可见，信息技术与学科教学的深度融合是教学方式的重要途径。如果教师无法认识到信息技术在优化教学效果上的重要价值，对信息技术持排斥态度，在教学中拒绝使用信息技术，难以逐步从“以教为中心”转变为“以学为中心”，无疑会影响教学变革的步伐和教育现代化的进程。

第二，排斥信息技术影响学生信息素养发展。在当今的信息社会中，信息素养是一个人的基本能力，也是社会对劳动者的基本要求。在“互联网＋”背景下，任何领域、任何岗位都需要劳动者具有较强的信息意

① 祝智庭，许哲，刘名卓．数字化教育资源建设新动向与动力机制分析［J］．中国电化教育，2012（2）：1-5.

② 顾明远．学习和解读《国家中长期教育改革和发展规划纲要（2010—2020年）》［J］．高等教育研究，2010（7）：1-6.

③ 教育部．教育信息化十年发展规划（2011—2020年）［J］．中国教育信息化，2012（8）：3-12.

识、信息能力和信息道德。《美国高等教育信息素养能力标准》（2000 年 1 月发布）规定信息素养主要包括：信息意识，获取、分析、评价信息的能力，应用信息进行创新的能力，信息安全与信息道德素养等[①]。信息技术的教学应用不仅仅是为了转变教学方式，提高教学效果和效率，还要通过信息技术与教学的深度融合，改变学生的认知方式和学习方式，在学习学科知识技能的同时，提高学生的信息素养，培养学生适应现代信息化社会的能力。可见，信息技术的教学应用有助于学生在信息化教育环境中成长，有利于其将来更好地适应社会、融入社会，更好地满足信息化社会对人才的需求。2012 年教育部印发的《教育信息化十年发展规划（2011—2020 年）》明确指出：基础教育信息化是提高国民信息素养的基石，是教育信息化的重中之重。通过信息技术与课程深度融合帮助所有适龄儿童和青少年平等、有效、健康地使用信息技术[②]。如果教师在教学过程中排斥信息技术、拒绝使用信息技术，难以实现作为“数字土著”学生的认知方式与学习方式的转变，无法在教学过程中提高学生的信息能力，信息化教学的“效益”也难以实现，不能促进学生信息素养的发展，可能影响学生未来的成长。

（五）信息道德教育严重缺失

1. 信息道德教育缺失的表现

依据德国社会学家马克斯·韦伯提出的“合理性”概念，信息技术在教学中的应用存在“工具理性”和“价值理性”[③]。“工具理性”是通过实践的途径确认信息技术的有用性，从而追求教学的高效率。“价值理性”是教师注重技术应用是否实现教学的公平、正义、道德等。在教育信息化进程中，人们依然过多地关注媒体技术在传授知识等方面的功用，遮蔽技术的“价值理性”而忽视对人的道德素养、精神世界的关注。在“工具理性”的主导下，铸造个体品行的过程被简化为单纯的知识传授，

① 周小磊，袁曦临．高校学生信息素养状况调查与分析研究［J］．图书馆学研究，2008（2）：84-88．

② 教育部．教育信息化十年发展规划（2011—2020 年）［J］．中国教育信息化，2012（8）：3-12．

③ 马克斯·韦伯．社会学文集［M］．阎克文，译．北京：人民出版社，2010：119．

信息技术应用过程中本该受到重视的信息德育几乎被遗失。学生在接受技术的同时也可能被技术所异化，即人无法主宰技术，而是被技术所主宰，主要表现为“手机控”“电脑综合征”和“网瘾”等[①]。课堂观察统计显示：97.0%的课堂未涉及任何关于信息道德教育的内容，信息技术课的教师也没有引导学生合理地使用信息技术。问卷调查显示，84.8%的教师认为如果在教学过程中使用信息技术但不开展信息道德教育，可能会导致学生沦为“技术奴隶”。但是，70.6%的教师在自己的课堂上从未开展过信息道德教育。访谈的三位德育主任也都表示，这三所学校也从未系统地开展过信息道德教育。由于缺乏信息道德教育的引导，不少学生的信息道德水平不高，对网络犯罪的危害认识不足，在网络虚拟社会中容易出现诸如诚信缺失、侮辱诽谤、侵犯隐私、网络造谣、网络盗窃、传播不良信息等行为，甚至某些学生的网络活动触犯了法律、构成犯罪。

2. 信息道德教育缺失的成因

中小学教学中信息道德教育不容乐观的原因也是多方面的。但首要原因是信息道德教育尚未引起学术界、政府、中小学、教师和家长的足够重视。在 CNKI 中搜索题名包括“信息伦理教育”或“信息道德教育”的 CSSCI 来源期刊或中文核心期刊，仅有 20 篇左右相关文献，主要集中在信息伦理教育的内涵、现状、问题等方面，缺少加强信息道德教育的具体举措研究。查阅近十年教育部、省教育厅发布的“教育信息化规划”相关文件，也未发现信息道德教育的相关内容。中小学负责德育工作的校长和主任也未意识到信息道德教育的重要性，访谈的三位德育主任表示学校从未开展过信息道德教育专题活动。一线教师由于缺乏引导也很少开展信息道德教育；信息技术课程注重知识与技能的传授，课程中的信息道德教育也未受到足够的重视。家长们更是未能注意到信息道德教育的重要价值，对学生的技术行为与技术活动缺乏引导和监管。由于学术界、政府和教育领域对信息道德教育缺乏足够的重视，信息道德教育严重缺失直接影响着学生的信息道德素养发展。另外一个重要原因是信息道德教育缺乏理论研究和实践指导。由于学术界对信息道德教育的关

① 王志强. 屏性视觉媒介的自身特质及其伦理价值反思 [J]. 现代远距离教育，2013 (6)：69-73.

注主要停留在内涵研究、价值探讨、现状调查层面上，鲜有研究能够供信息伦理教育参考借鉴，学校和教师即使想开展信息道德教育也无据可依。还有一个原因是信息道德教育的结果是内隐的、非显性的。信息道德教育的结果不像学科教学那样在短时间内有显性的、可测量的教学结果，并且它也不是当下教育评价体系所考核的内容，在升学考试的压力下自然会被忽视甚至遗忘。

3. 信息道德教育缺失的后果

第一，缺失信息德育加大技术奴役风险。叶澜教授曾经指出：我国的基础教育改革在认识上放大了理性、智能、科学、技术在人和社会发展中的作用，在实践上则忽视了对人的精神力量培养①。今天，我国学校教育依然过于侧重学生的认知，这不利于学生素质的全面发展。学生在接受技术的同时，很容易被技术所异化，主要表现为“网瘾”“游戏控”“电脑控”“手机控”。这就是技术哲学所说的“技术奴役”，即在技术活动过程中人像奴隶一样地被技术控制、驱使或折磨②。据调查统计，我国的网瘾青少年比率已经接近 1/3③，依据这个比率进行估算，我国现约有5000 万网瘾青少年，还有 3000 万青少年有“网瘾倾向”。网瘾青少年不仅自己的学业成绩、身体健康受到影响，而且还容易出现心理畸形、性格扭曲等问题。因此，信息技术教学应用急需回归“价值理性”，让技术的首要功能指向学生的德行养成④。

第二，忽视信息德育容易导致学生技术犯罪。信息技术已经进入人们的生活、学习、娱乐等各个领域，技术为人类创造巨大财富的同时，也带来了诸如信息技术犯罪、侵犯知识产权、电脑病毒、电脑黑客、信息垃圾等一系列道德失范和违法行为。中小学生正处于人生观、价值观、道德观形成时期，在接受信息技术的过程中如果缺乏信息技术道德教育的引导，很容易出现信息行为道德失范的问题⑤。由于信息道德教育的缺

① 叶澜．时代精神与新教育理想的构建：关于我国基础教育改革的跨世纪思考[J]．教育研究，1994（10）：3-8.

② 王伯鲁．技术奴役问题新解［J］．河南社会科学，2016（3）：94-98，124.

③ 中国青少年网络协会．2011 年中国网络青少年网瘾调查数据报告［R］．北京：中国传媒大学调查统计研究所，2012：2-9.

④ 郑忠梅．教育技术理性：合伦理地发展：基于网络文化视角的分析［J］．电化教育研究，2010（7）：18-22.

⑤ 左明章，许雄．中小学信息道德教育的目标与内容的探讨［J］．中国电化教育，2002（5）：23-25.

失，不少学生不仅被技术主宰，而且信息道德意识淡薄，对网络犯罪的危害认识不足，在虚拟社会中容易出现诸如诚信缺失、侮辱诽谤、网络诈骗、侵犯隐私、网络造谣、网络盗窃、传播不良信息等行为，甚至触犯法律、构成犯罪。2000—2008 年，我国青少年网络犯罪案件从 2700 余起迅速蹿升至近 6 万起①。2013 年全国法院审理青少年犯罪总人数 26 万余②，其中：受网络诱发的犯罪约占 70%，初步估算 2013 年约有 18 万青少年因为网络迷失走向犯罪；网络犯罪中 18 岁以下的未成年人占 21%左右，约 3.8 万人。

二、信息技术教学应用问题的解决路径

（一）全面理解信息技术的重要教学价值

诸多实践研究表明，恰当地应用信息技术对优化教学过程、改善教学效果、促进学生发展具有重要价值。一线教师要能够全面认识信息技术的教学功能，只有这样才可能在信息技术应用过程中发挥技术的独特优势。笔者根据已有相关研究，将信息技术的教学价值归纳为以下七个方面③。

1. 创设教学情境，激发学生动机

“兴趣是最好的老师”，有了兴趣就有动机，但不是每个学生对所有的学习内容都有兴趣。大部分学生对较为枯燥、难以理解的内容缺乏兴趣，尤其是当教师完全采用传统的教学方式授课时，学生的兴趣更加难以激发。当学生缺乏学习兴趣和学习动机时，需要通过新颖、独特的外部事物来满足学生探究的心理需要。声画并茂的多媒体技术可以创设丰富的教学情境，把学生带入直观逼真的环境之中，激起学生的各种感官参与，调动学生强烈的学习欲望，激发学习兴趣。比如，在古诗词《静夜思》学习中，有趣的虚拟场景和动漫人物把学生带入丰富的诗词意境

---

① 于冲. 三网融合背景下青少年网络犯罪的现状和发展趋势探究 [J]. 青少年犯罪问题，2014 (1)：47-52.

② 柳琦，鲍韵，易军. 青少年网络法律素养的培育 [J]. 中国青年研究，2014 (12)：104-109.

③ 陈佑清. 有效教学 [M]. 北京：高等教育出版社，2016：271-288.

中，不仅可以激发学生的学习动机，而且还能够促进学生对诗词内容的深刻理解。另外，教学中如果能够利用技术手段创设学生的生活情境，就会引发学生的情感共鸣，增强教学内容和教学过程的趣味性，促进有效教学的展开。例如，在小学第一册语文《升国旗》课堂教学中，为了开展爱国教育，教师可以采用视频材料创设情境。为学生播放天安门广场前升国旗仪式的视频，让学生观察并回答：我国的国旗五角星是如何布局的？为什么是五星红旗？国旗各部分象征什么意义？通过真实的情境引导学生体会国旗所代表的含义，进一步深化爱国主义教育①。

2. 呈现复杂过程，促进自主建构

在各个学科教学过程中，总有一些学习内容难以理解或过程比较复杂，利用常规教学手段教授这种难点，往往难以达到理想的效果；而运用信息技术能把高度抽象的知识直观地呈现给学生，将复杂的内容转化为学生易于理解的信息，加深学生对学科内容的理解，促进其对知识的自主建构。比如在《看月食》一文中，有月食的变化过程和月食的形成原理这两个知识点，特别是学生对月食的形成原理这个科学性强的内容不易理解。运用了动画演示之后，不但将抽象的知识演变成了形象的画面，而且促进学生对这一自然现象和规律进行理解和建构。再如，物理是一门以观察、实验为基础的学科。实验能化抽象为具体、化枯燥为生动，能把有待研究的物理现象清楚地展现在学生面前。但是受条件限制，有些演示实验难以完成，还有难以呈现的微观物理现象，比如分子扩散、原子结构等可以充分利用信息技术展示“虚拟世界”；另外有些实验危险性比较大，比如金属钾与水的反应容易发生爆炸，部分学校不具备实验条件，如果采用虚拟实验来代替，不仅可以让学生多次观察实验现象，还可以降低危险性。

3. 丰富教学资源，活跃学生思维

传统教学方式下，教学资源较为匮乏，教材几乎成为唯一的信息来源。特别是科学、道德与法治等课程，由于教材提供的材料有限，如果教师只能让学生了解教材中的基础内容，那么将无法开阔学生视野，让学生获取更多、更新、更广的知识。在提倡素质教育的今天，教师要鼓

① 于凤香，毕团结. 信息技术实现小学语文有效教学 [J]. 中国信息技术教育，2011 (19)：112.

励学生拓展自己的思维空间，为学生实现从具体感知到抽象思维的飞跃架设桥梁。信息技术不仅可以为教学提供丰富的资源，让学生对学习内容有逼真的感知，而且可以开拓学生知识面，活跃学生思维方式，培养学生创新精神和创新意识。比如，小学语文内容极其有趣，教师可充分把握学科特点，利用信息技术提供有趣的学习资源，为学生想象提供更多的空间，让学生感受到语文学习的乐趣。例如，在教学《鲁班和橹板》时，通过向学生展示鸟巢、蜂窝图片，引导学生利用互联网收集整理相关资源；设置问题：对于一些听觉有问题的病人，他们与正常人交流起来有困难，可以发明什么产品来解决这个人群的问题？通过“开放式问题”的引导，让学生借助信息技术，查询资料、小组讨论来解决问题，这样学生探究的欲望就会被充分调动，活跃了学生的思维①。可见，信息技术提供的丰富教学资源既能进一步拓展学生的知识视野，增强学生学习的积极性，又能使他们享受到课堂学习的乐趣。

4. 实现资源共享，促进师生交互

教学资源是教学系统的一个重要组成部分，它直接关系着教学质量。目前我国存在比较严重的教育公平问题。教育资源的差异化是导致教育公平问题的重要原因，优秀的师资和先进的设备成为家长择校首要考虑的因素。在我国优质教学资源紧缺的情况下，合理地利用信息技术手段实现“优质教育资源共享”是解决教育资源公平问题的重要途径。比如，我国为了促进城乡优质教育资源共享，提高农村教育质量和效益，从2003年起在全国范围内开展“农远工程”，利用技术手段，采取三种模式将优质教育资源推送到农村，在一定程度上解决了偏远农村地区的教育公平问题，让农村孩子们也能享受城市孩子的优质教学资源。目前，有不少学者尝试利用“同步网络混合课堂”促进教育均衡发展。另外，信息技术也成为师生、生生交流的重要方式之一。在课堂上没有来得及解决的问题，学生可以通过 E-mail、BBS、学习平台和社交性软件（QQ、微信、微博、MSN 等）等方式进行讨论交流，实现师生之间和生生之间的交流互动。

---

① 于凤香，毕团结．信息技术实现小学语文有效教学［J］．中国信息技术教育，2011（19）：112．

5. 促进自主学习，支持协作学习

以传统讲授为主的课堂教学往往采用相同的进度讲授相同的内容，不仅难以兼顾“跟不上”的学生和“吃不饱”的学生，而且不利于学生自学能力、探究能力和创新能力的培养。信息技术可以帮助师生改变传统的教学方式，基于 Web 的自主学习和协作式学习能够有效解决这些问题。在网络教学环境中，常见的自主学习模式有支架式教学、抛锚式教学、随机进入教学、启发式教学、自我反馈教学和基于 Internet 的探索式教学。在这些教学模式中，引导学生利用信息技术手段开展自主学习是它们的共同特点。在网络学习环境中，也可以利用信息技术手段在课内、课外组织学生进行协作学习，让学生参与主题讨论、角色扮演、学习竞争、协同学习。比如，在小学英语“动物乐园”教学中，学生在对课文内容“Animals”基础知识学习的基础上，教师引导学生课后利用网络查阅有关动物介绍的资源，要求每个学生用所学过的语言描述自己喜爱的一种动物，然后在小组范围内交流。每个小组整合各个成员的资源，制作一个用英语介绍多个动物的幻灯片，然后在课堂上展示小组成果并进行交流评价。这个案例将信息技术与英语教学有机地结合起来，引导学生利用互联网进行自主学习和小组协作学习，充分体现了技术的教学价值。

6. 促进课程整合，提高信息素养

信息技术课程的开设和信息技术的应用极大地促进了信息技术与学科课程整合的进程。信息技术在教学中的广泛应用，不仅能够促进教育技术学科自身的发展，而且让信息技术与学科教学逐渐深度融合。一方面，信息技术应用于学科教学过程中，提高了教学效率，优化了教学效果，成为课堂教学不可或缺的一部分；另一方面，在学科教学应用信息技术的同时，让教师和学生掌握了信息技术手段和方法，逐渐提高了教师和学生的信息技术能力，成为其终身学习的一个重要工具。北京师范大学现代教育技术研究所何克抗教授主持的教育部基教司的重点科研课题“语文‘四结合’教学改革试验”，把语文教学与信息技术教学融为一体，在小学阶段要求做到“识字教学、阅读理解、作文训练、电脑运用”四结合；中学阶段则要求做到“词语教学、阅读理解、作文训练、电脑运用”四结合。信息技术与语文教学的深度整合，不仅促进了学生对语文知识的掌握，而且提高了师生的信息技术能力①。

7. 支持即时评价，改进教学过程

在信息化学习环境中，传统的教学评价方式必然发生数字化迁移。信息技术支持的教学评价与传统的评价差异较大：第一，基于信息技术的教学评价形式多样，可以激发学生参与教学评价的热情；第二，利用信息技术开展教学评价，能提高评价效率；第三，信息技术支持下的教学评价在测试后可及时得到反馈，能够真正发挥及时评价的效果；第四，信息技术支持下的教学评价能够让教师快捷地获取各种信息，及时掌握学生学习的状况，可根据即时评价结果对课堂教学进行补救。比如，朱雪梅等人完成的《“多元交互式”教学评价体系的建构与实践》，通过嵌入课堂观察量表，利用手机、iPad、电脑等终端，以行为编码方式在教学过程中采集“教的行为”与“学习行为”的关键数据，经过信息化处理与可视化处理后，为教学过程评价提供直观的量化证据，从而让教学诊断更科学、更直观。该评价平台能够准确捕捉课堂上学生质疑、小组合作、师生互动等行为，平台在课堂观察量表中设置专业表达行为、师生交往行为、课堂提问行为、学生探究行为等模块，克服了传统课堂教学评价缺乏标准和工具的问题②。

（二）辩证认识信息技术的双重价值属性

长期以来，受到国家对技术促进教育发展的重视、社会“技术崇拜”之风的盛行、媒体对技术功效的过度宣扬、学校对技术改善教学环境的热衷、教师对技术优化教学效果的过高期望、教育技术谋求学科话语权的需要等因素影响，人们似乎已经认为技术进入教学必然会显现积极态度，有些区域教育部门或学校严格规定了教师应用信息技术授课的比率，甚至将教师是否应用技术作为课堂教学质量评价的指标。因此，有必要纠正人们对信息技术教学价值的认知误区。笔者试图从技术哲学、教育哲学和教育技术三个视角来说明：技术进入教学存在积极价值的同时，

---

① 刘光宁，唐湘蓉，伍玲，等. 运用现代教育技术构建语文“四结合”教学模式［J］. 电化教育研究，2001（5）：76-79.

② 康丽. 它代表着未来的方向：大数据时代的教学评价变革［N］. 中国教师报，2016-04-27.

也可能出现消极作用，从而帮助教师认识信息技术的双重价值属性。

1. 从技术哲学视角看技术的双重价值属性

技术哲学讨论的最主要问题是技术的本质、技术的社会价值、技术与人的关系等。桑新民教授通过对多种技术观的梳理，认为技术哲学大体分为三种观点①。第一种观点是从自然科学、经济学和工程学视角，把技术看作人类改造自然的工具和手段，对技术发展持乐观态度；这种声音在近半个世纪的技术负面效应显现中逐渐消退。第二种观点是从生态学、社会学角度对“技术”和“技术社会”进行批判，随着技术负面效应的凸显，这种技术悲观派思想对人们心理的震撼越来越强。第三种观点是从哲学人类学、文化哲学视角把技术看作既可造福人类又可危害人类的“双刃剑”，既反对盲目乐观，又反对一味悲观，三张利用辩证唯物主义把握人与技术的关系。马克思是第三种技术观的创始人，其技术价值观在一百多年来得到了实践检验和丰富发展，成为我们研究和驾驭教育技术的哲学立场。因此从技术哲学角度看，技术在进入教学的过程中，教师要把握人的发展与信息技术之间的矛盾，应用信息技术的同时要服从教学规律，在不断解决矛盾的过程中发挥技术的积极价值并规避其负面效应。

2. 从教育哲学视角看技术的双重价值属性

教育哲学作为教育科学的基础理论，是关于教育世界观和方法论的学科，有广泛的适用性，因而对教育技术应用实践具有强有力的指导作用。人们的教育观复杂多样，但对技术有明显价值倾向的教育观可主要分为：人文主义教育观、科学主义教育观和科学人文主义教育观。人文主义教育观的基本观点是以人为中心、以人自身的完善与发展为出发点和归宿；主张以学生自身的发展为目的，强调发展学生的天性、发展学生的德性②；主要对技术持批判态度。科学主义教育观是以社会性需要为出发点和归宿、以科学为中心的功利性教育观；它重视教育的社会适应性和教育的社会功利性③；在科学主义影响下，教育技术不能辩证地看待

---

① 桑新民. 技术—教育—人的发展：现代教育技术学的哲学基础初探：上 [J]. 电化教育研究，1999 (2)：3-7.

② 王坤庆. 新世纪人文主义教育价值观思考 [J]. 教育研究，2000 (8)：19-22.

③ 钟柏昌. 论现代系统科学对科学主义教育思潮的超越 [J]. 电化教育研究，2010 (7)：12-17.

人与技术的角色地位，在处理技术和教育之间的关系上表现出“技术至上”，认为技术手段是推动社会进步和教育发展的根本动力。科学人文主义教育观既信奉科学，又崇尚人道；它以科学为基础和手段，以人文为方向和目的；以科学精神为基础、以人文精神为导向①。可见，人文主义教育观和科学主义教育观都有优势与缺陷，但科学人文主义教育观将二者之优势有机结合，对教育技术应用实践具有重要指导意义。在技术进入教学的过程中，既要相信技术在优化教学过程与教学效果方面的积极价值，但是也要关注到可能出现的技术对人的发展的不良影响和技术活动违背伦理道德的现象。

3. 从教育技术视角看技术的双重价值属性

关于教育技术的内涵认识，业界目前普遍认可美国教育传播与技术协会（简称 AECT）于 2005 年发布的定义，即教育技术是通过创造、使用和管理适当的技术性过程和资源，以促进学习和提高绩效的研究与符合伦理道德的实践②。AECT 2005 定义强调了“适当的技术性过程和资源”及“符合伦理道德的实践”。这说明有些“技术性过程和资源”是“不适当的”，有些“技术实践”是“不符合伦理道德的”。AECT 道德规范委员会建立了美国教育技术行业的道德规范标准，除对行业内的知识产权和版权意识进行规范外，还非常重视社会责任感③。AECT 道德准则包括“旨在帮助其个体成员和集体保持一种高水平的专业行为”原则。行业道德准则分为三个部分：第一，对个体的承诺，如保护从业人员免于遭受健康与安全方面的侵害；第二，对社会的承诺，如推动教育技术对社会产生正面影响，并把负面效应降到最低程度；第三，对行业的承诺，如要毫不犹豫地向 AECT 道德委员会报告本行业成员的违法行为或缺乏职业道德的行为④。从教育技术的内涵和 AECT 道德规范标准可以看出，技术进入教学的实践活动可能存在着“不恰当”和“不符合伦理道德”的问题，其教学价值具有双重属性。

---

① 扈中平．论科学人文主义教育观［J］．教育研究与实验，1998（4）：19-23．

② 何克抗，李文光．教育技术学［M］．2 版．北京：北京师范大学出版社，2009：11．

③ 梁林梅，郑旭东．对教育技术专业人员职业道德规范建设的思考：美国 AECT 的工作及启示［J］．开放教育研究，2007（4）：23-26．

④ 梁林梅，郑旭东．对教育技术专业人员职业道德规范建设的思考：美国 AECT 的工作及启示［J］．开放教育研究，2007（4）：23-26．

（三）多维路径提升教师的教育技术素养

教育技术素养是指教师对教育技术理论与方法的掌握、运用和评价水平的总体体现。从学习分类的角度可将教育技术素养分为：教育技术理论素养、教育技术技能素养、教育技术情意素养①。理论素养是指教师掌握的教育技术基础知识和基本理论的总和；技能素养是指教师掌握的教学技能和使用媒体技能的总和；情意素养是指教师应用教育技术的兴趣、情感等态度取向，以及使用信息技术的伦理道德水平。教师的教育技术素养水平直接影响着技术应用的有效性。通过调查和访谈发现，教师的教育技术素养整体水平不高，具体表现在信息技术应用层次偏低、信息技术应用效果不高、技术应用伦理水平低下等方面。理论素养是教育技术素养发展的条件，技能素养是教育技术素养发展的关键，情意素养是教育技术素养发展的前提。

如何提高教师的教育技术素养？第一，加强教育技术应用有效性研究为发展教师教育技术素养奠定基础。当前国内教育技术应用的有效性研究还不够深入，如对教育技术应用的有效性本质是什么，教育技术应用主要存在哪些典型问题，教育技术应用有哪些基本原则，教师如何规避教育技术应用的负面效应等核心问题都很少涉猎。学者们需要基于有效教学的视角去研究教育技术应用的有效性问题，指导教育技术合理地应用，为一线教师发展教育技术素养提供理论借鉴和实践指导。第二，教师职前课程要涉猎教育技术应用的有效性问题。高校师范生的教育技术能力培养主要依赖现代教育技术通识课，翻阅国内该课程的经典教材，均未找到关于教育技术应用的有效性内容。因此，笔者认为有必要将教育技术应用的有效性纳入现代教育技术教学内容之中，从教师职前教育的角度提升未来准教师的教育技术应用素养。第三，教师职后培训要关注教育技术应用的有效性问题。教师培训是教师专业化成长的重要途径，查阅不同层次教师教育技术能力培训教程和培训材料均难以找到信息技术应用有效性内容。信息技术应用的有效性作为现实教学中的一个重要问题，有必要把它纳入教师培训之中。第四，教学研讨要关照教育技术

① 蒋立兵，徐雪霞．体育师范生应该具备的教育技术素养［J］．山西广播电视大学学报，2009（1）：20-21．

应用有效性问题。教学研讨也是教师提高业务水平的重要方式，学校在教学研讨过程中可以针对具体的教育技术应用问题进行讨论，在教师学习共同体中提升教师的教育技术素养。

（四）家校联动加强学生的信息道德教育

教师的信息技术应用行为会潜移默化地影响着学生，为了规避信息技术应用可能给学生带来的“技术迷失”，信息道德教育发挥着重要作用。课堂观察和问卷调查发现，教师们在教学中都在使用信息技术，但是至关重要的信息道德教育严重缺失，这很可能会造成学生的信息道德水平低下，在自制力不高的情况下学生容易偏离“发展航线”、陷入“技术漩涡”、掉入“网瘾沼泽”。分析我国基础教育课程内容发现，仅信息技术课程中有少量信息道德教育，其他课程几乎没有涉猎；并且信息技术课程的相关内容也比较少，课程实施环节对其重视程度不高。卢蓓蓉、赵琳、任友群（2016）通过比较我国与美国、英国、日本等国的信息技术课程教材发现，国内现行信息技术教材中涉及的信息伦理知识点较少，编排比较集中，案例讨论稀缺[①]。其他学科教师在使用信息技术过程中，几乎没有开展过信息道德教育。学校的校本德育活动也从未关注信息道德教育。试想学生每天接受着各种各样的信息技术，但是学校、家庭又很少对其进行教育引导，势必会给学生带来不良影响。

如何加强信息道德教育？第一，信息技术课程强化信息道德教育。针对国内信息技术课程中信息道德教育的不足，信息技术教师要深入理解信息道德教育的内涵，混合编排信息道德教育内容，组织学生开展案例讨论、体验学习、主题辩论等，实现课程教学的全程育人，提升信息道德教育的针对性与有效性。第二，学科课程教学中渗透信息道德教育。其他学科教师在教书的同时还要育人。在使用现代信息技术过程中，应将信息道德教育穿插于课程学习之中，教师要经常引导、启发学生恰当合理地使用信息技术，尤其是在上网过程中规范网络行为、主宰网络技术，防止“网络沉溺”的发生。第三，学校德育活动开展信息道德教育。中小学都会开展学校层面的德育活动，可以将“信息德育”作为一个重

① 卢蓓蓉，赵琳，任友群．高中信息伦理教育现状探析：国际视野下我国《信息技术基础》课程教材的比较研究［J］．电化教育研究，2016（2）：88-93．

要板块。比如建设“信息道德教育”系列微视频课程，举办学生信息伦理知识竞猜活动，开展信息伦理主题辩论赛等。第四，联合家庭开展信息道德教育。家庭教育是育人的重要方式，尤其是在规范学生的技术使用方面，家长负有不可推卸的引导责任。基于不少家长还不具备信息道德教育意识的现状，学校可通过家长会、家长培训等方式，引起家长对信息伦理问题的高度重视，激励家长开展信息道德教育的动机。作为家长，首先要以身作则践行信息伦理行为规范，适度地使用平板、手机等电子产品，为孩子做好表率；其次要对孩子的信息技术应用行为进行疏导，帮助孩子树立正确的技术观，养成良好的技术使用习惯。

（五）教学评价关照信息技术应用的成效

教学评价具有诊断、导向、激励、调节等功能。如果将信息技术应用的有效性纳入课堂教学评价的范畴，可以对教师的信息技术应用活动进行价值评判。价值评判不仅可以诊断信息技术应用是否符合伦理，而且可以引导、激励教师合理地应用信息技术，还能够帮助教师调节自己的信息技术应用行为。笔者近几年参与过不少中小学课堂教学评课活动，尽管有些课堂存在着信息技术应用问题，但评课的专家、学校领导、评课教师很少对信息技术应用的有效性进行点评。为了考察教学评价对信息技术应用有效性的关注，笔者从不同地区教育部门或中小学官方网站上搜索了一些课堂教学评价标准，大部分评价标准涉猎了是否使用信息技术，而对信息技术应用的有效性与合理性很少关注。从教学评价忽视信息技术应用的有效性问题这一现象，也间接反映出信息技术应用的有效性还没有引起校长们和教师们的重视。

信息技术应用的有效性如何纳入教学评价范畴？第一，将信息技术应用的有效性作为教学评价的指标之一。从对国内教学评价标准的分析可以看出，当前人们已经开始重视现代信息技术的应用，但仅仅把是否应用信息技术作为评价维度，对信息技术应用的有效性和合理性缺乏关注。基于教学领域忽视信息技术应用有效性评价的问题，有必要将信息技术应用的有效性纳入教学评价指标体系。第二，将伦理性作为有效性评价的前提指标。有学者将伦理性与有效性进行并列，伦理与有效分别是从两个不同维度对教学进行考察，将其并列也未尝不可。但仔细分析伦理性与有效性的关系发现，伦理性是有效性的前提条件。试问缺乏了伦理性的有效性，会是真的有效吗？在教学评价过程中，如果确实存在严重的信息技术伦理失范问题，即使信息技术的应用很大程度上促进了学生的认知发展，从长远来看这种信息技术应用也应被评定低效、无效甚至负效。

第五章　信息技术有效应用的特征及原则——基于典型案例的分析

自1959年美国研制出第一个计算机辅助教学系统以来，信息技术的教学应用大致经历了三个阶段：计算机辅助教学（CAI）、计算机辅助学习（CAL）、信息技术与教学整合（ITCI）。CAI阶段主要是利用信息技术辅助教师解决教学的重难点，以课件演示为主，对应的主要是以教师的"教"为主的教学模式，这种应用方式到现在仍然很普遍。计算机辅助学习逐渐从辅助教师的"教"转向辅助学生的"学"，利用信息技术作为辅助学生"学"的学习工具，对应的是以学生学习为主的教学模式。由于我国学校教育长期受"传递—接受式"教学的影响，从计算机辅助"教"到计算机辅助"学"的转变在国内表现得并不明显，一直到现在信息技术依然主要是辅助教师的"教"。ITCI是信息技术应用于教学最有效的方式，信息技术与教学整合强调通过信息技术与学科课程的恰当融合，创设适合学生认知的数字化学习环境，提高教学质量的同时培养学生适应信息化社会所需要的能力素养。何克抗教授将美国的"信息技术与教学整合"概括为三个发展阶段①：第一阶段为基于网络的探究学习阶段（WebQuest，20世纪90年代中期—2003年左右），第二阶段为运用技术加强理科学习阶段（TELS，2003—2008年），第三阶段为整合技术的学科教学知识阶段（TPACK，2008年至今）。本研究中所选择的典型案例均属于信息技术与课程整合阶段的经典教学模式，希望通过经典教学案例的分析，提炼出信息技术有效应用的共性特征和信息技术应用的基本原则，为一线教师在课堂中有效地应用信息技术提供参考借鉴。

① 何克抗．TPACK：美国"信息技术与课程整合"途径与方法研究的新发展：上［J］．电化教育研究，2012（5）：5-10.

一、信息技术在教学中有效应用的典型案例分析

信息技术在教学中有效应用的模式和案例有很多，在不同的教学模式和教学案例中信息技术发挥的功能和价值可能存在差异。本研究选取国内外信息技术有效应用的经典教学模式及其案例，通过对教学模式和教学案例的深度分析，探讨信息技术有效应用的本质特征与基本原则，为一线教师有效地应用信息技术提供参考。

（一）新型 WebQuest 探究式教学

1995 年，美国圣地亚哥州立大学教育技术系伯尼·道奇（Bernie Dodge）和汤姆·马奇（Tom March）提出了基于网络的主题探究式教学[①]。近二十年来，全球数以万计的教师制作了 WebQuest 网站，依托这种模式开展教学改革，为推动信息技术的教学应用发挥了重要作用。伯尼·道奇对提出 WebQuest 的缘由做了说明：人们的学习往往剥离于实际情境，学生在单纯的符号情境中发现问题能力、解决问题能力和创新思维能力都难以得到较好的发展；学生的学习过程需要在充满开放性、不确定性的环境中展开，实现问题求解能力和探究创造能力的发展。基于网络的探究性学习能够为学生的这种学习需求提供便利条件。另外，WebQuest 还能给教师们提供固定的规则和指导，教师们在这个框架下很容易开展探究性教学，利用信息技术让学生在探究、互动活动中获得发展。

1. 新型 WebQuest 教学模式

伯尼·道奇将 WebQuest 定义为：一种以探究为取向、利用 Web 资源来开展主题课程的教学活动；在这种教学活动中，学习者在学习过程中所使用的资源主要从 Web 上获取[②]。在 WebQuest 中，通常要给学生呈现一个需要完成的任务或需要解决的问题；课程实施过程中，需要为

---

① 翟小铭，项华，穆明．基于 S-WebQuest 的主题探究模式教学实践研究：例谈信息技术与物理学科教学深度融合［J］．中国电化教育，2015（5）：130-134．

② Dodge B. WebQuests: A Technique for Internet-based Learning [J]. Distance Educator, 1995, 1(2): 10-13.

学生提供一些来自 Web 上的资源，要求学生通过对资源的分析，设计出“创造性完成任务或解决问题”的方案。可见，WebQuest 具有几个鲜明的特征：主题是 WebQuest 的核心，即一个需要完成的任务或需要解决的问题，它一般是现实生活中的真实任务；来自互联网的信息资源是 WebQuest 的有力支撑；WebQuest 为教师提供的明确教学设计流程和教学指导信息，可帮助教师顺利地开展基于网络的探究性教学。伯尼·道奇认为实施 WebQuest 一般包括 7 个步骤：

(1) 设计一个恰当的主题（主题需要与课程目标基本一致、WebQuest 可以替代原来的课程、适合基于网络的学习、可以促进学习者开展深度学习）；

(2) 提出促进学生高阶思维发展的任务或问题（主题是 WebQuest 的核心，它具有促进学生的分析、应用、评价、创新等高阶思维能力发展的潜力）；

(3) 设计网页（教师可根据 WebQuest 模板，针对主题设计学习网页）；

(4) 设计评价方法（根据主题设计适合 WebQuest 的评价指标）；

(5) 设计学习活动与学习过程（根据探究主题、学习者特征和 WebQuest 模板，设计具体的教学活动，指导教学的开展）；

(6) 记录活动内容供他人参考；

(7) 检查改进教学。

值得说明的是，在 WebQuest 实践过程中，逐渐形成了一些被业界公认的 WebQuest 模式，典型的模式包括“情境、任务、过程、资源、评价、总结”六个环节。其中：“情境”环节是教师创设一个问题情境，通过多种途径激发学生的探究兴趣；“任务”环节是在教师的指导下学生了解要完成的任务或要解决的问题；“过程”环节是教师对学生进行分组，学生在任务引导下、在教师的指导下自主探究、组内协作；“资源”环节是防止学生出现“网络迷航”，教师需要设计制作与主题密切相关的网络学习资源；“评价”环节即对学生的学习过程和学习结果开展过程性评价、发展性评价和总结性评价。

人们很快发现，虽然 WebQuest 围绕自然界或社会生活中的具体问题展开自主探究学习，对培养学生的自学能力、探究能力、创新能力具有重要价值，但是 WebQuest 往往具有综合性、跨学科特点，主要在课外开展，周期较长，花费时间较多①；并且基于网络的自主学习很容易给学习者带来“信息迷航”和“信息过载”②。一些研究者发现：WebQuest模式下学生对中小学基础内容的掌握远不如传统教学。如果在课堂教学中大量使用 WebQuest，学科教学的质量和进度难以保障。若能把传统课堂教学与 WebQuest 有机结合，在课堂教学中发挥 WebQuest 的优势，将基础知识学习与创新能力培养有机融合，既能提升教学质量又能培养学生的问题求解能力，就“堪称完美了”！因此，人们对 WebQuest 做了大量不同方式的改进和完善。美国学者 Jo Allan 和 Mark Street 为了防止学生“网络迷航”，对 WebQuest 的基本步骤进行创新，增加了“知识聚合”活动，即让学习者对主题进行讨论、对已有知识应用与融合、激发学习者批判性反思，形成“情境—知识聚合—团队—任务—资源—总结—分享评价”的新型 WebQuest 教学模式③。为了能够让 WebQuest 很好地应用于课堂教学，美国国家科学基金会于 2003 年秋启动了“运用技术加强理科学习项目”(Technology Enhanced Learning in Science，简称 TESL)，希望通过课程设计、教师培训、评估和技术支持四个环节，提高中学生的理科学习成绩④。国内学者们也纷纷针对 WebQuest 的缺陷进行改进，希望将其应用于课堂信息化教学之中。张攀峰、樊旭（2008）在对原有 WebQuest 模式不足分析的基础上，构建了改进的 WebQuest 模式，该模式主要包括三个阶段：自主探究阶段、合作探究阶段、评价总结阶段，如图 5-1 所示⑤。其中自主探究阶段包括：情境创设、呈现资源、探究发现三个部分；合作探究阶段包括：阶段展示、合作任务、小组探究、小组资源；评价总结阶段包括：学习评价、学习总结。

---

① 何克抗. TPACK：美国“信息技术与课程整合”途径与方法研究的新发展：上 [J]. 电化教育研究，2012，229（5）：5-10.

② 张静，杨文正. 面向深度学习的信息化教学案例评析与策略研究 [J]. 教学与管理，2014（15）：147-149.

③ Schrire S. Interaction and Cognition in Asynchronous Computer Conferencing [J]. Instructional Science, 2004, 32(6): 475-502.

④ 胡立如，张宝辉. 混合学习：走向技术强化的教学结构设计 [J]. 现代远程教育研究，2016（4）：21-31.

⑤ 张攀峰，樊旭. 网络探究学习模式（WebQuest）的改进研究 [J]. 电化教育研究，2008（9）：65-69.

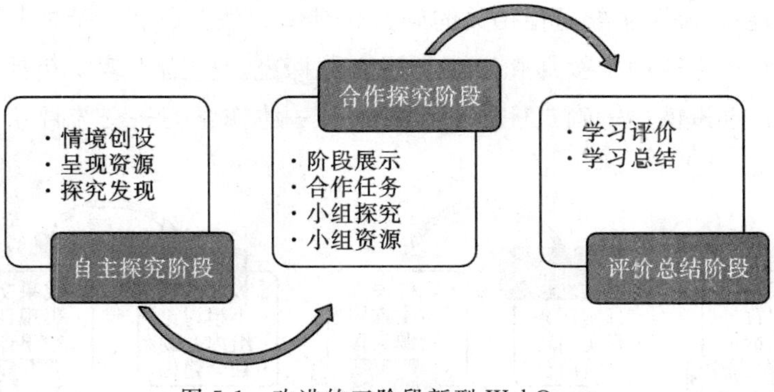

图 5-1　改进的三阶段新型 WebQuest

我国学者们基于 WebQuest 原型还开发出了一系列“以学为主”的自主—探究—合作教学模式，比如支架式教学、抛锚式教学和随机进入教学等，尤其是支架式教学、抛锚式教学在中小学课堂中应用比较广泛①。

（1）支架式教学。支架式教学就是为学生学习新内容提供一个帮助学生从现有发展水平提高到潜在发展水平的“脚手架”。“脚手架”可能包括操作演示、提示线索、指出思路、提问引导、问题举例、激发动机等。支架式教学的理论依据来源于维果斯基的“最近发展区”理论，教师希望通过提供的“脚手架”帮助学生到达潜在发展区域，在教学过程中尽量创造最近发展区。支架式教学的主要学习流程包括：搭“脚手架”—创设情境—独立探索—协作学习—交流评价，如图 5-2 所示。

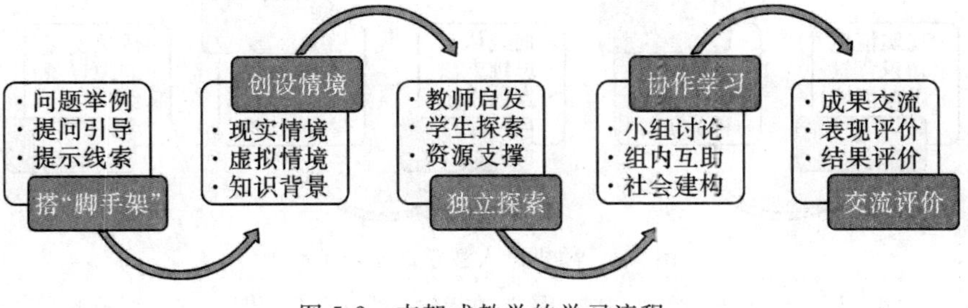

图 5-2　支架式教学的学习流程

（2）抛锚式教学。抛锚式教学也叫“案例教学”或“基于问题的教学”。抛锚式教学是建立在鲜活的真实事件或真实问题的基础上，帮助学生深度理解学科内容。抛锚就是确定与学习内容密切相关的真实任务或

---

① 何克抗，郑永柏，谢幼如. 教学系统设计［M］. 北京：北京师范大学出版社，2001：164-172.

真实问题；“锚”主要是指相关的问题、具体的任务、有情节的故事或相关的事件，它有助于教师和学生开展主题探究。抛锚式教学包括以下几个环节：创设情境—确定任务—自主学习—协作学习—交流评价，如图5-3所示。

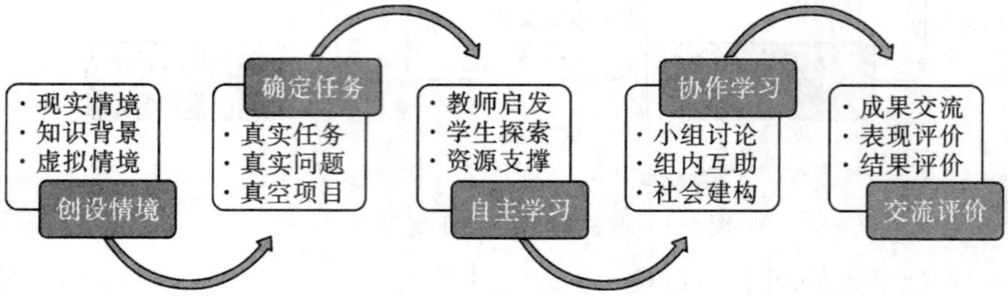

图 5-3　抛锚式教学的学习流程

（3）随机进入教学。为了避免知识的过于简单化，保持知识的真实性和复杂性，让知识具有一定的弹性，能够迁移并应用到不同情境中，学者们提出了随机进入教学。随机进入教学就是以随意的不同途径、方法进入同样的教学内容，从而获取同一事物或问题的多方面认识。随机进入教学的理论基础是认知弹性理论，通过随机进入增强学习者对问题的多维度感知，提高学习者的知识迁移应用能力。随机进入教学的基本流程是：创设情境—随机进入教学—思维拓展训练—小组合作学习—学习交流评价，如图5-4所示。

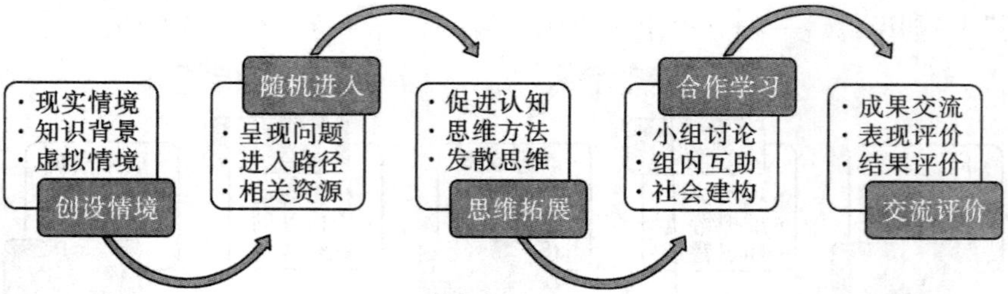

图 5-4　随机进入教学的学习流程

尽管这三种教学模式的流程存在着一些差异，但是有共同的特征：真实情境、任务问题、自主探究、小组合作、资源支撑等，符合WebQuest的基本特征，因此笔者认为这些教学模式可称作新型WebQuest，是WebQuest模式在课堂教学中的发展。在支架式教学、抛锚式教学、随机进入教学中，信息技术不仅应用于教学的每一个环节，发挥信息技术的独特优势和功能，还深入融合到学习任务、教学内容之中，在提高教学质量的同时促进学生的信息素养、创新能力和协作能力的共同发展。

2. 新型 WebQuest 教学案例

分析发现，原型 WebQuest 探究教学所花费时间较多，并且主要在课外开展，不利于学生学习学科基础知识。因此，随着 WebQuest 探究教学的应用，有很多改进的 WebQuest 模式在实践中产生。这里节选江苏省镇江市谏壁中学郭宝海老师的"宇宙航行"WebQuest 教学设计，该教学设计虽然沿用了 WebQuest 的"情境—任务—过程—资源—评价"框架，但是非常注重学生基础知识的学习，是 WebQuest 应用于课堂教学的一个优秀案例，2006 年曾获江苏省教学论文评比二等奖，以下是《〈宇宙航行〉新型 WebQuest 教学设计》的详细内容。

《宇宙航行》新型 WebQuest 教学设计

郭宝海　江苏省镇江市谏壁中学

以高中物理第七章第五节"宇宙航行"为教学内容，设计一个基于新型 WebQuest 的学习活动案例。

一、情境设计

情境页面的基本结构如卡片 1 所示：

照片 1	照片 2	照片 3	照片 4	照片 5	照片 6

从这些信息中你能提出什么问题？我要提问

如果你想解决这些问题，请进入！任务模块

卡片 1：情境页面结构

网页中分别是杨利伟、费俊龙、聂海胜的照片和美国"发现号"航天飞机平安回家的新闻图片以及"勇气号""机遇号"火星探测器的照片及相关信息，并将这些图片分别与相关事件的具体内容建立链接，学生只要点击照片就可了解相关的内容信息。网页模块通过生动形象的图片和万众瞩目的重大科技事件来创设教学情境，很容易激起学生对宇宙航行探究的兴趣，从而产生解决问题的求知欲。学生在此情境中会产生强烈的问题意识，这时只要点击"我要提问题"便可把自己的问题提交到交流区进行讨论。当学生对航天飞行产生浓厚兴趣时，渴望解决问题的欲望也就产生了，学生点击"任务模块"继续进行探究。

二、任务设计

在任务网页中要明确本节课的教学目标，包括学生要掌握的知识要求、能力要求以及情感体验。任务明确具体，使学生清楚地知道通过本节课达到什么样的目标。本节课的学习任务有：

探究 1：一个物体不再落回地面而绕地球运动，成为人造地球卫星，它的速度至少应该达到多少？

探究 2：不断增加卫星的发射速度，卫星的高度将怎样变化？卫星绕地球运动的速度将怎样变化？卫星运行的轨道将怎样变化？

探究 3：火星探测器的发射、运行、着陆的过程分别是怎样的？请查阅相关的资料，课后写一份 600 字左右的科技说明文。

三、过程设计

过程模块要为学生探究问题提供“脚手架”，把复杂的问题分解成若干相对容易研究的小问题，并设计好步骤，引导学生循序渐进地逐个击破。在本课堂教学中，教师把“宇宙航行”问题设计为“三级九步”进行探究，第一级为：航天器的发射过程；第二级为：航天器的环绕过程；第三级为：航天器的逃逸过程。每一个过程又分为三个步骤：知识篇、方法篇和应用篇。具体结构如卡片 2 所示：

宇宙航行	发射过程	知识篇	方法篇	应用篇	看一看
	环绕过程	知识篇	方法篇	应用篇	读一读 想一想
	逃逸过程	知识篇	方法篇	应用篇	议一议

卡片 2：过程网页结构

学生进入过程网页，点击某个步骤，便可打开相应的网页，进行这一步骤的学习。在这里，“知识篇”网页主要将该过程所需要用到的概念、规律、理论及公式等通过不同的形式展现出来，并将概念与相关概念建立关联，概念与相关情景建立关联，让学生从多侧面、多角度、全方位理解知识。

“方法篇”网页主要介绍这一过程中用到的研究方法。例如，在发射过程的研究中，我们用到了演绎推理法（由牛顿炮射程的不断增加到物体绕地运行)、理想化方法（不计阻力的纯圆周运动)、数学推理（由万有引力与圆周运动的规律推算速度的大小）等方法。

“应用篇”网页强调实际情境的创设，让学生把所学的知识和掌握的方法迁移到不同问题的解决上。例如，探究了地球卫星的环绕过程，我们可以让学生计算登月舱绕月运动的速度、周期；研究了发射过程，可以让学生讨论火星探测器的着陆方法。

在过程网页中，教师还搭建了四个互动平台，看一看：动画虚拟的情境和实验；读一读：相关知识的内容；想一想：研究中还存在哪些问题；议一议：都有哪些创新的思路和方法。学生在学习过程中随时可以通过这四个平台把握自己的学习进度和学习效果，反馈学习情况，了解其他同学学习的过程，协作解决学习中的问题，也可以个性化地自主拓展知识领域。

四、资源设计

为了帮助学生顺利完成探究任务，集中精力，节省时间，提高学习效率，事先对网上资源进行了筛选，把相关网站做成资源网页，如卡片3所示。

在探究过程中，学生点击有关网址，可直接进入该网站查找所需要的资料或观看视频动画、录像。如果想发表自己的观点，点击“我要发言”即进入讨论区相互交流。点击“我要写信”可直接与教师进行交流。

1. 中国航天网：www.spacechina.com/
2. 中国科普网：www.cpus.gov.cn/
3. 中国载人航天：www.cmse.gov.cn/
4. 国家航天局：http://www.cnsa.gov.cn/

航天网和科普网等平台提供了包括空间科学、空间应用、政策公告、国际航天、航天科普、航天动态、科技活动、科普视频、科普资讯、科普教育等内容，为我们拓展视野提供了丰富的立体化资源。

我要发言

我要写信

卡片3：资源模块结构

五、评价设计

为了巩固和检查学习效果，本堂课设计了两种评价方式：实战演练和在线测试。实战演练主要以例题形式呈现，如卡片4的例题页面。

例题：在勇气号火星探测器着陆的最后阶段，着陆器降落到火星表面上，再经过多次弹跳才停下来，假设着陆器第一次落到火星表面弹起后，到达最高点时高度为h，速度方向是水平的，速度大小为v_0，求它第二次落到火星表面时速度的大小，计算时不计火星大气阻力。已知火星的一个卫星的圆轨道的半径为r，周期为T。火星可视为半径为r_0的均匀球体。

（2004·福建、浙江高考理科综合题）

考查知识：本题所包含的主要知识点有天体表面的重力加速度、圆周运动、万有引力定律、牛顿第二定律、机械能守恒定律。

方法指南：本题主要运用类比法，把火星表面与地球表面进行类比。

参考解答　　还想试试，请点击 更多。

卡片4：评价模块结构

页面中显示的主要知识点都采用了超级链接，学习者只需要点击想要学习的主要知识点，就可以方便地打开相应的知识点网页，进行详细的学习。另外，页面中设置了本题的“方法指南”，学习者若想全面了解和掌握这一方法，可点击“方法指南”的超级链接，打开这一方法的详细信息和应用案例网页。

例题网页还给学习者留下了独立思考分析的空间，在自己解答完成后，可点击“参考解答”链接到解题网页。为了提高学生举一反三的能力，我们把与例题同类型的习题放在一个网页中，然后与本道例题之间建立起超级链接，学生只要点击“更多”便可进入同类题型的网页，进行知识拓展和迁移训练。

3. 新型WebQuest模式分析

“原生态WebQuest”尽管在推进信息技术与课程整合、提高学生信息素养和创新能力等方面具有重要价值，但是由于它综合性强、跨学科，并且花费较多时间，主要用于课外研究性学习，不利于中小学生系统学习基础知识，对信息技术与课堂教学整合的价值不大。但是经过改进后的“新型 WebQuest”主要应用于课堂教学，既吸收了传统教学中的便于学生掌握知识的优势，又体现出网络探究学习的“重过程、重能力”的特点，对提高信息技术在课堂教学中应用的有效性具有重要实践价值。

(1) 新型 WebQuest 模式的优势。

第一，实现了接受式学习和探究性学习的有机统一。在改进后 WebQuest 模式中，既克服了单一的“传统讲授式”教学模式的弊端，又克服了原生态 WebQuest 模式不利于学生高效系统学习学科知识、花费过多时间的问题，让学生在探究活动中系统学习基础知识，使自主探究、因材施教、高效学习、系统学习成为可能。首先，新型 WebQuest 有一个明确的问题或任务。问题或任务是教师提前设计好的，以便于在课堂上开展教学活动。值得说明的是新型 WebQuest 教学活动和教学结果依然是开放的、探究性的，属于研究性学习范畴。其次，新型 WebQuest 为学生搭建了“脚手架”，它引导学生对问题进行思考探究。“脚手架”的作用是将那些学生感到无从下手的问题逐步分解成多个小任务，具体的小任务让目标更加清晰明确，学生就能够方便地知道自己要解决的问题是什么，并且能按照问题指引的方向开展探究活动，形成探究思维和创新思维。再次，新型 WebQuest 的资源是质量高、针对性强的数字化资源。如果让学生在互联网中盲目地搜索信息需要大量的时间，教师提前加工过的资源为学生分析问题、形成结论提供了便利，可避免学生陷入“网络迷航”。新型 WebQuest 是有意义的接受学习和研究性学习的有机结合体，它在课堂中能帮助学生自主探究、自由创造、系统学习。

第二，有利于“以学为中心”教学理念的全面实施。在改进后的 WebQuest 模式中，尽管主题是由教师确定，教学过程也由教师设计，但是整个教学活动都以学生的“学习活动”为主，即整个课堂围绕学生的“学”为中心，而非教学的“教”。教师的主要作用是为学生创设教学情境、激发学习动机、搭建“脚手架”、引导学生开展探究、指导学生合作讨论、帮助学生理解建构、提供教学评价反馈。在新型 WebQuest 教学中，教师引导和促进学生能动地开展自主探究、讨论交流、成果展示、自我评价等实践活动，学生通过能动活动实现素质发展。另外，由于新型 WebQuest 也可制作成较为稳定的、成熟的模板，由优秀教师设计的优质 WebQuest 课例有助于探究式教学资源的优化和共享，有利于新课程改革工作的推进，有利于“以学为中心”教学理念的实施。

第三，有助于促进教师的专业化发展。在传统的教学中，教师往往抓住教材、参考书、习题，就拿到了制胜的法宝，在这个过程中教师专业化成长的空间和机会比较小。但是在设计 WebQuest 教学活动时，教师必须熟悉学科领域的优质 Web 资源，以便对 Web 资源进行整理。虽然这个过程比较辛苦，但可以促进教师接触新技术、新事物、新方法、新思路，这为教师的专业化成长提供了条件和机会。同时，教师要想用好 WebQuest 教学模式，在熟练使用互联网、多媒体技术等信息技术手段的同时，还要具有较高的信息化教学设计能力、信息化教学实施能力、信息化教学评价能力。教师在实施 WebQuest 模式过程中，自然发展了自己的教育技术素养、信息化教学设计能力、信息化教学实施能力等。

第四，有助于让课堂教学回归学生生活。传统教学中存在着剥离生活情境、脱离现实生活的严重问题，然而现实的问题求解是复杂的、非线性的。学生长期在简单的符号学习与符号训练中，对现实问题解决往往摸不着头脑。"主体教育理论"倡导教育应努力把学生培养成为具有独立意识、自主能力的学习主体和生活主体，其逻辑起点就是现实人的现实生活，并且认为教育的根本目的和宗旨是从现实生活出发，引导人的发展，启发人的生活觉醒，面对生活，审视生活，创造生活，成为社会历史发展的主体①。联合国教科文组织发表的《学会生活》，确定了未来教育的宗旨是："学会认知""学会做事""学会共同生活""学会生存"，鲜明地体现了教育要回归生活世界的发展取向。可见，课堂教学也要尽量回归生活，这是教育目标所决定的。WebQuest 中的"主题"一般是来源于现实生活的真实问题、真实任务、真实案例、真实情境，学生在探究贴近生活的"主题"过程中回归了现实生活，学生自主解决生活中各种问题的能力自然能够得到提升。

（2）新型 WebQuest 实施的条件。

第一，WebQuest 需要教师较强的信息化教学能力。首先需要教师转变教学观念。WebQuest 教学与传统教学存在着巨大差异，它属于"学习中心课堂"②，需要教师具备"以学为中心"的教学理念，即整个课堂以学生的学习活动为中心，教学围绕着学生的"学习活动"展开。这就需

① 王道俊．主体教育论的若干构想［J］．教育学报，2005（5）：3-17．

② 陈佑清．建构学习中心课堂：我国中小学课堂教学转型的取向探析［J］．教育研究，2014（3）：96-105．

要教师转变教学观念、教学习惯，把教师的角色定位在引导者、促进者位置上。其次，需要教师具备一定的信息技术能力。WebQuest 的实施需要教师在课前收集、制作学生自主学习所需要的数字化学习资源，资源的质量直接影响着自主学习的效果，乃至整个教学质量。再次，教师还需要具有信息化教学能力。WebQuest 是一种典型的信息化教学模式，并且在各个环节都需要深度融合信息技术，这就需要教师具有较强的信息化教学设计能力、教学实施能力，以确保 WebQuest 的高质量、高效率。

第二，WebQuest 需要足够的教学时间资源。尽管改进的 WebQuest 主题更加明确，指向性更强，对中小学生掌握基础知识更加有利，所花费的时间比原生态 WebQuest 少很多，但是它仍然是一种探究性学习方式，还是需要较多的时间资源；也就是说要想成功地开展新型 WebQuest 教学需要足够的教学时间保证。我们在教学实践中，经常看到 WebQuest 教学由于课内时间不足，自主探究、小组协作、交流评价等活动草草收场，这样的 WebQuest 的效果可能还不如传统教学。课内教学时间是有限的，这就需要教师根据实际情况权衡利弊，选择性地开展 WebQuest，即根据内容的需要、教学时间的情况，将信息化环境下的传递接受式教学、WebQuest 教学等多种教学方式搭配使用，以保证既能让学生系统学习基础知识，又能培养学生的创新思维、探究能力和信息能力。

第三，WebQuest 需要设计科学合理的评价方案。教学评价是 WebQuest 教学的重要组成部分，它对改进教学、激发学生课堂参与具有重要价值。传统的教学评价往往强调总结性评价，以纸笔测试为主，重点考察学生的认知能力发展；但是 WebQuest 的教学特点决定了评价要纵观教学全过程，重点评价学生的学习过程和阶段性学业表现，尤其需要开展过程性评价和表现性评价。尽管已经有一些 WebQuest 评价体系，但是在 WebQuest 模式实践过程中，依然缺乏成熟的、操作性强的评价工具；再加上不同的 WebQuest 存在着明显差异，需要教师依据已有的评价标准和具体教学情境，设计出适合自己 WebQuest 教学的评价指标，真正实现教学评价的诊断、激励、导向功能。

（二）技术支持下的混合式教学

混合教学就是要把传统教学方式的优势和在线教学的优势结合起来；既要发挥教师引导、启发、监控教学过程的教导作用，又要体现学生作为学习过程主体的主动性、积极性与创造性①。混合式教学包含内容上的混合和形式上的混合，混合方式主要包含：传统课堂教学与课后在线教学的混合，结构化学习与非结构化学习的混合，传递接受式、自主探究式、小组合作式、研究性教学等教学方式的混合，各种不同教学媒体的混合等。

1. 混合课堂教学模式

混合教学是在混合式学习基础上发展起来的，它具有多个层面的含义。混合教学是多种学习方式的有机混合，而不是简单相加，是将教学内容、教学方式、学习理论和教学媒体进行科学的融合。混合方式可以是面对面教学和在线教学的混合，也可以是传递接受式与自主合作探究式的融合。由于混合教学模式复杂多样，不同形式的混合会产生多种多样的教学模式。业界对混合教学的一般理解是传统的面对面教学方式和在线教学方式的结合，即教师把传统课堂教学的优势和在线教学的优势结合起来的教学方式②。混合式教学综合运用行为主义、认知主义、建构主义三大学习理论的优势，试图发挥面对面集体授课、远程在线学习的优势，综合采用以教师讲授为主的集体授课、以自主学习为主的在线教学、以小组合作为主的协作式教学的一种新型教学形式。混合教学最大的特点是充分利用在线学习平台，为学生自主学习、个别化学习、泛在学习提供丰富优质的学习资源。在传统教学与在线教学混合模式中，还可分为两种类型：异步网络混合教学、同步网络混合教学。

(1) 异步网络混合教学。

异步网络混合教学就是将异步在线学习平台和传统课堂教学融合在一起，形成混合式教学。异步主要是指在线学习平台的资源和内容是资源建设者提前制作好放置于互联网上，学习者可以随时随地，利用任何终端、自定步调地进行自主学习。异步网络平台可能是在线学习网站、公开课、微课程、MOOC 资源等开放教育资源。尤其是 2011 年微课、

① 何克抗. 从 Blending Learning 看教育技术理论的新发展 [J]. 电化教育研究，2004 (3)：5-10.

② 赵磊，朱泓，马红亮. 高校混合教学的新机遇：MOOC 视角 [J]. 教育发展研究，2015 (17)：50-55.

MOOC 两种学习资源的发展为异步网络混合教学提供了大力支撑，异步网络混合教学一时成为国内外课堂教学改革非常流行的模式。异步网络混合教学就是利用优质的在线学习资源，经过精心的混合式教学设计，形成新的教学结构，以改善教学过程，提高教学效果。余胜泉教授等认为网络环境下混合式教学主要由建构性学习环境设计、课堂教学、在线教学、发展性教学评价四个主要环节构成①；黄荣怀教授等认为混合式教学是由课程导入、活动组织、学习支持和教学评价四个关键环节组成的②。笔者依据以上观点，对章木林设计的整合式混合教学模式进行了改进③，形成了异步网络平台下混合教学模式（如图 5-5 所示）。在异步网络混合教学模式中，不仅教学方式、学习方式是混合的，教学环境、教学策略、教学评价、教学方法也是混合性的。异步网络混合教学在日常课堂教学中应用较为广泛，实现起来也比较容易，本节中呈现的混合教学案例就属于“异步网络混合教学”。

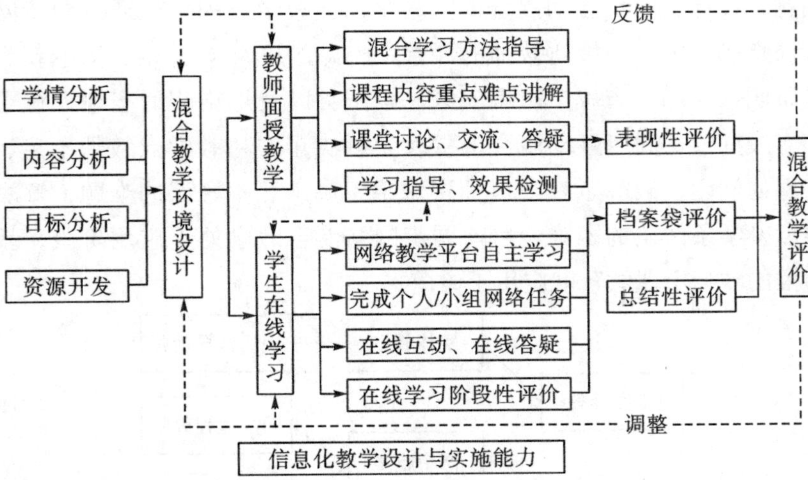

图 5-5　异步网络混合教学模式

---

① 余胜泉，路秋丽，陈声健．网络环境下的混合式教学：一种新的教学模式[J]．中国大学教育，2005（10）：50-56．

② 黄荣怀，马丁，郑兰琴．基于混合式学习的课程设计理论［J］．电化教育研究，2009（1）：9-14．

③ 章木林．信息技术环境下的 ESP＋EGP 混合教学模式探讨［J］．西安外国语大学学报，2013（1）：78-81．

(2) 同步网络混合教学。

同步网络混合教学就是将同步网络课堂和传统课堂教学融合在一起，形成混合式教学。同步主要是指在线学习平台的资源和内容是处于远程的教师开展的实时课堂教学，学生处于现实课堂与远程实时网络课堂共同组成的教学环境之中。在同步网络混合教学中，有两位教师在为学生授课：远程实时网络课堂中的教师在为本地课堂学生授课的同时，还为远程实时网络课堂的学生授课；现实课堂中的教师主要起辅导、指导、引导作用。在同步网络课堂中，处于异地的教师可以与学生实现文本互动、视频互动、音频互动、小组讨论等；在现实课堂中，教师与学生进行现场互动，如图 5-6 所示。杨俊锋（2015）提出了混合同步网络课堂的概念[①]：混合同步网络课堂是指学生在传统的物理教室内，教师则处于另外一个地点，教师和学生之间、学生和学生之间可以通过网络进行及时互动的课堂；并通过混合同步网络课堂实现中美两国学生的跨文化交往。华中师范大学王继新教授等针对农村教学点师资薄弱、教育发展不均衡的问题，设计了同步互动混合课堂教学，让教学点的学生通过同步网络混合课堂参与中心校优质教师的课堂[②]。从 2014 年初开始，王继新教授的科研团队在湖北省咸宁市咸安区、崇阳县以及恩施州的多地进行了长期的实践探索，同步互动混合课堂教学解决了农村教学点教师不足、开不齐课的问题，破解了教学点师资水平不高、开不好课的难题，解决了教学点办学条件差的困难。目前同步网络混合教学处于应用阶段，教育部力推的“三个课堂”就应用了该模式。

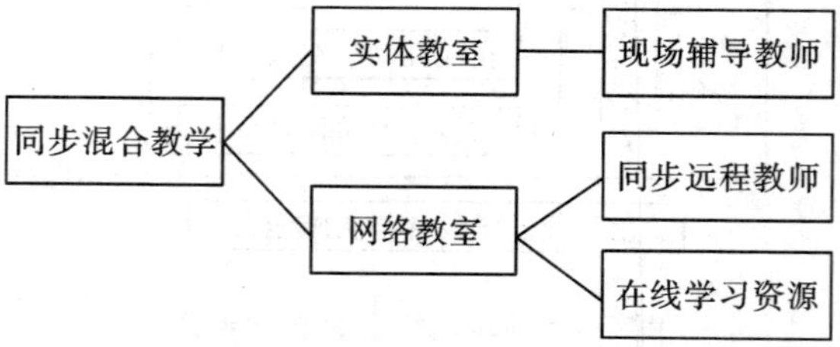

图 5-6 同步网络混合教学模式

① 杨俊锋．创新课堂教学模式 培养学生国际视野：跨文化混合同步网络课堂的实证研究［J］．中国电化教育，2015（10）：33-38.

② 王继新，施枫，吴秀圆．“互联网＋”教学点：新城镇化进程中的义务教育均衡发展实践［J］．中国电化教育，2016（1）：86-94.

2. 混合课堂教学案例

《观潮》混合式教学设计[①]

——观钱塘大潮　感天下奇观

【创新整合点】

本课教学秉承“信息技术与语文课程深度融合”的要求，积极倡导“自主、合作、探究的学习方式，全面提高学生语文素养”的新课标理念。教学过程中，体现了整体把握、突出重点、紧扣关键、落实训练的教学思想，充分运用微课、电子教室教学系统、教育云以及实时通信软件等现代信息技术手段延伸、拓展语文课堂的深度与广度，落实教学目标，实现高效课堂，课堂中师生、生生通过信息技术交流达成知识和能力的共生共长，有效地提高课堂学习效率，使课堂教学时间用于对学生进行“听、说、读、写、思”的完整训练，使课堂的每一个环节做到有效，从而体现语文课堂的高效。教学过程中学生的学习处在积极主动状态，学习方式彰显自主合作探究。最终，教师教得轻松，学生学得开心。

【学情分析】

根据以上对教材的分析，结合本研究描写对象——钱塘江大潮离学生生活实际较远，学生抓住景物的特点，运用多种表现手法，有顺序地进行描写的写作能力尚显不足的实情，以及新的教学理念，以学定教、先学后教，顺学而导的教学思想，制定了本课时的教学目标和教学重、难点。

【教学目标】

1. 知识与技能目标

(1) 学会12个生字，认识6个字，注意多音字“号”的读音。理解“观潮、笼罩、水天相接、人声鼎沸、横贯、犹如、浩浩荡荡、山崩地裂、霎时、余波、漫天卷地、风号浪吼、恢复”等词语。

(2) 能正确、流利、有感情地朗读课文，能用自己或文中的话复述课文三、四自然段内容。

(3) 初步学习运用网络搜索、实时通信软件等现代信息技术手段开展语文自主探究活动。

2. 过程与方法目标

---

① 案例引自武汉市硚口区教学竞赛参赛教师的《〈观潮〉混合式教学设计》.

(1) 学习作者按照观潮顺序记叙景物的写作方法。

(2) 教学中引导学生体味作者如何抓住景物的特点，运用多种表现手法，有顺序地进行描写的。

3. 情感、态度与价值观目标

(1) 感受钱塘江大潮的雄伟、壮观。

(2) 激发学生热爱祖国大好河山的思想感情。

【教学环境与准备】

网络计算机教室、在线学习平台，微课、PPT、交互式电子白板、教育云以及实时通信软件等现代教育技术设备和数字化学习资源。

【在线学习任务】

1. 学生自主学习本课的微课视频；

2. 将自学所遇到的问题记录下来，通过网络提交；

3. 通过 QQ 群等社交性软件与同学、教师讨论所遇到的问题。

【教学过程】

1. 释题激趣，创设语境

(1) 教师板书：天下奇观。

有哪位同学先来为我们读一读这个词？

(2) 教师评价，问：这个词从字面如何解释呢？生答：世界上最奇特的景象。

(3)（出示课件 PPT）教师根据播放的课件内容进行解说：

是呀，相比人造建筑的巧夺天工，大自然锻造出的地貌美景显得更加大气磅礴。（出示天下奇观的图片）大家看，从我国的赤水丹霞地貌到美国的波纹岩，再到至今形成机理仍然是迷的撒哈拉之眼，无不让我们感叹自然造物主的鬼斧神工。这就是“天下奇观”。

(4) 但是今天，我要向同学们介绍的这个天下奇观在我国的浙江省，它就是钱塘江大潮（教师板书：潮，出示课题图片），让我们先随着一段介绍来观看这钱塘江大潮吧！（播放视频）教师板书：观。

(5) 观看钱塘江大潮后，你们有什么感受吗？教师板书：感。（学生谈对钱塘江大潮是天下奇观的感受）

2. 顺学指导，直奔重点

(1) 教师提要求：是呀，看来大家和我一样，都被这钱塘潮水的奇景所震撼，但是刚才咱们只用了简单的词语描述了钱塘江大潮，老师希

望同学们能像视频的解说一样具体、生动地向大家介绍。行吗？（学生回答）

（2）回忆课前微课的学习任务。

微课三分钟，内容为：①学习课文生字、词语，流利地朗读课文；②要求围绕最能表现钱塘江大潮是天下奇观的内容进行资料的收集整理；③进行个人学习文本的制作，上传到班级中的师生交流平台。

（3）教师布置课外探究任务

我已经在我们班的师生交流平台中将你们经过微课学习后收集上交的最能表现钱塘江大潮是天下奇观的作业，根据你们的选题分好了讨论组，希望同学们经过合作、交流、讨论后，形成小组的介绍材料，并派代表进行汇报。

（4）学生通过 QQ 在小组内合作探究。（学生可在班级交流平台中字面交流，也可在 QQ 群中语音交流）教师巡视辅导。

（5）学生代表汇报。（学生分一线潮、回头潮、交叉潮进行特色潮的汇报，系统切换并演示学生汇报内容。）

3. 解读文本，感悟奇观

（1）师生结合学生的汇报进行评价。

（2）提出下一步学习的要求：作者是如何把潮水写得具体、生动、形象的？学生按学习资源包内容有顺序地自学。

①听课文学习朗读。

②勾画文中描写钱塘江潮水的重点句，体会语句是怎样表现潮水的。（从修辞手法和写作顺序等方面进行体会）

③带着感受有感情地朗读。（录音）

④在讨论组中谈体会，相互评读。

（3）师生交流讨论：谁来说一说你们找到了什么方法？（学生发言）

教师小结方法：有顺序、抓特点、运用恰当的修辞手法。（相机板书）

4. 回归整体，读中学写

（1）我们通过对文章最能表现“钱塘江大潮是天下奇观”的语句学习，找到了能使潮水的描写更加具体、生动、形象的写作方法。能按这种方法再次修改介绍内容吗？试一试吧！

（2）学生在讨论组内合作修改。小组内选出代表介绍。

（3）教师巡视，选一名学生汇报表演。

5. 总结学法，课外拓展

这节课，同学们通过微课学习后，两次不断完善课后作业，通过讨论组内共同的学习研究，将我们研讨出的写作方法运用到了钱塘江大潮是天下奇观的内容中。最重要的，是我们尝试了微课课前预习、网络搜集资料、课中QQ交流体会这样的学习方式，希望同学们在今后的学习中用这种方式自主学习、开拓视野，写出更多像钱塘江大潮这样优秀的篇章！

【板书设计】

观潮 观钱塘大潮　感天下奇观 有顺序、抓特点、运用恰当的修辞手法

3. 混合式教学模式分析

(1) 混合式教学模式的优势。

第一，混合式教学模式实现了高效课堂。通过信息技术与学科课程深度融合实现高效课堂，是当前教学发展的迫切要求。①混合式教学既继承了传统教学高效传授知识的优势，又能够体现新课程改革所倡导的“自主、合作、探究”的能动学习过程，这样的教学能够让学生高效地获得知识学习与能力发展的有机统一。②关注全体学生任务的落实，使每个学生得到发展，这是实现高效课堂的重要诉求。混合教学为这一要求的落实提供了可能，混合式教学为学生提供的层次多样、类型丰富的资源能够很好地支持个性化学习，有利于促进每个学生得到个性化发展。在《观潮》混合教学中：课前，结合教学内容制作一个3分钟的微课，将课文中的生字、词语的学习集中在课前进行，充分运用微课资源，有效地提升了学生课前学习效率；教学过程中，以钱塘江大潮视频开课，声像同步、视听结合、创设情境，充分激发学生的学习兴趣；还向学生提供三种自主探究的方式，即网络搜索、QQ帮助和学习资源包，学生可选择自己最喜欢的方式进行探究，之后充分利用电子教室教学系统展示学生汇报的学习成果，这样学生就可在有限的时间内开展自主学习、探究学习、合作学习，呈现出高效的语文课堂。

第二，混合式教学模式创新了教学流程。《观潮》写的是作者耳闻目睹钱塘江大潮潮来前、潮来时、潮头过后的景象，写出了大潮的奇特、雄伟、壮观。根据对教材的分析，结合钱塘江大潮远离学生生活实际的现状，考虑到学生对“抓住景物的特点、运用多种表现手法、有顺序地进行描写”能力不足的实情，以及先学后教、顺学而导的教学思想，设计了五个环节：释题激趣、创设语境；顺学指导、直奔重点；解读文本、感悟奇观；回归整体、读中学写；总结学法、课外拓展。这种教学流程的创新能够进一步激发学生的兴趣，促进学生能动参与，提高课堂教学质量。

第三，混合式教学模式破解了传统教学的弊端。由于我国中小学课堂教学长期采用“传递接受”教学方式，虽然充分发挥了教师在教学中的主导和监控作用，但是不能很好地发挥学生的主动性，不利于学生创新精神、探究能力的培养。混合式教学既保留了传递式教学的优势，又发挥了自主合作探究学习的特长，避免了传统课堂教学的“满堂灌”弊端。《观潮》混合式教学导入新课后，教师紧紧抓住“为什么说钱塘江大潮是天下奇观?”这一主线引导学生通过 QQ 交流、网络搜索等途径开展自主学习，激发学生的学习兴趣，让学生通过自己的努力了解钱塘江大潮是天下奇观的原因。在第三个环节中，教师在学生通过外部资源对钱塘江大潮有所感受的基础上，回到文本，紧扣中心问题，利用现代技术手段，在三、四自然段学习中给学生准备了充分的学习资源，引导学生自主、合作、探究，体会作者如何抓住景物的特点，运用多种表现手法，有顺序地进行描写。这与常规的语文教学程序是颠倒的，但能更好地在课堂教学时间培养学生描写景物的能力。第四个环节“回归整体、读中学写”中，学生结合潮水的视频配解说词，既让学生能够将“按顺序抓特点的写作手法”运用于实践，又当堂完成了课后复述三、四自然段的练习。综观整个课堂，信息技术与语文学科整合给语文教学带来了巨大的变化，它实现了教学过程的互动化、个性化、生成性，使课堂活起来，有利于培养学生的创新精神和实践能力。

(2) 混合式教学模式的挑战。

尽管混合式教学是信息技术与教学深度融合的教学形态，对提高教学质量、促进学生能力发展具有重要价值，但是有效地开展混合式教学需要多方面的条件支持。混合式教学需要教师在有效实施课堂教学的前提下，让学生能动地完成线上自主学习，这无疑增加了教学的复杂性和难度系数。依据混合式教学的特点，笔者认为有效地实施混合式教学面临诸多挑战，尤其是需要优质资源平台的支撑、教师较高的信息化教学能力、学生较好的自主协作学习能力。

第一，优质学习资源平台支撑是混合式教学的前提。混合式教学包括课堂教学和在线教学，有效的在线教学是课堂教学有效实施的基础，其中优质学习资源平台是学生有效开展在线学习的前提条件。因此，混合式教学的实施必须有一个优质的学习资源平台。首先，平台本身具有良好的功能。在在线学习过程中，需要为学生提供良好学习体验的情境创设、知识学习、互动交流、疑难解答、行为记录、学习评价、学习反馈等基本功能。其次，需要优质、系统、丰富的学习资源。仅仅具有良好的学习平台是不够的，学生在线学习所使用的主要还是课程资源。优质的学习资源是激发学习动机、促进深度学习的重要条件。系统的学习资源不仅仅是针对一个知识点、一节课，而是针对课程系统而言的，学生和教师能够在学习平台上找到所需要的任意内容的配套资源。丰富的资源是指资源形态、媒体呈现是多样的，而非单一的，比如资源形态包括教学视频、案例分析、教学课件等；媒体呈现是富媒体的，而非单一媒体。值得说明的是，虽然资源类型是丰富的，但是资源的类型和媒体表征是根据情境、学情而设定的。

第二，教师的信息化教学能力是混合式教学的基础。教学的有效实施离不开教学中的人，而教师是整个教学的关键促进者、引导者，一名优秀的教师能够引导整个班级学生的学业成绩、精神面貌、综合能力发生质的变化。混合式教学的有效实施离不开教师的信息化教学能力。通过对优秀混合式教学案例的分析发现，教师要有效地实施混合式教学至少具备两项关键能力。一是信息化教学设计与实施能力。混合式课堂教学需要教师精心地设计丰富多样的、激发动机的、具有发展价值的学习活动，引导学生在自主学习、探究学习、协作学习中习得知识、获得技能、得到发展。二是班级小组文化建设的能力。混合式教学离不开小组合作、自主探究，而这些学习方式和学习习惯并不是每个学生都具备的，甚至绝大多数学生不具有，这就需要教师通过小组文化建设，让每个学生具有小组荣誉感，为小组的荣耀而努力，真正让“课堂”变成“学堂”，确保每个学生都能够参与到课堂中来，实现由“讲授中心课堂”向“学习中心课堂”转型。

第三，学生较强的学习能力是混合式教学的条件。从混合式教学的流程和特征可以看出，混合式教学需要学生的高度参与，比如课前在线学习，课堂上的自主学习、小组协作、讨论交流、成果展示、问题辩论等，都需要学生具有较强的自主学习能力和口头表达能力。如果整个班级学生的自学能力和表达意愿不强，那么教师务必要通过小组文化建设、班级文化建设，改变学生的学习习惯和学习方式，否则混合式教学难以有效地实施。除学生的学习能力、表达意愿外，混合式教学还需要学生具有一定的课外学习时间，否则学生课外的在线学习难以完成，课内丰富的学习活动也很难开展，混合式教学的效果就难以保证了。因此，学生较强的学习能力、良好的表达意愿、较强的合作能力、一定的课外学习时间都是有效开展混合式教学的重要条件，甚至缺一不可。

（三）技术支持下的翻转课堂

“翻转课堂”是近年来产生的、在技术支持下的一种新型教学模式。在翻转课堂中，学生在课外自学微课代替教师的课内讲授，课堂上与教师、同学进行讨论、交流、合作、答疑[①]。翻转课堂的知识传授借助信息技术手段完成，知识内化则通过课堂上的协作互助来实现[②]。它彻底颠覆了传统教学中“课内接受知识、课后内化知识”的教学模式，改变了单一的传递式教学方式，为课堂教学带来了新的生机。

1. 翻转课堂教学模式

2007 年，美国的两位化学教师乔纳森・伯尔曼（Jonathan Bergmann）和亚伦・萨姆斯（Aaron Sams）利用翻转教学解决学生由于生病、请假等各种原因不能到校上课而落下课程的问题[③]。两位教师首先使用录屏软件录制 PPT 和教师的授课音频，然后再把这种带有讲解的幻灯视频上传到网络上供学生观看，帮助落下课程的学生在家学习，当然这些视频也可被其他学生使用。实践一段时间后，伯尔曼和萨姆斯两位教师开始让

---

① 郭绍青，杨滨．高校微课“趋同进化”教学设计促进翻转课堂教学策略研究[J]．中国电化教育，2014（4）：98-103.

② 何克抗．从“翻转课堂”的本质看“翻转课堂”在我国的未来发展［J］．电化教育研究，2014（7）：5-16.

③ Bergmann J, Sams A. Flipping the Classroom [M]. San Bruno: Tech & Learning, 2012: 22-42.

学生在家看视频，课堂上完成作业或实验，取得了良好的效果。就这样“课堂讲课+课后作业”的教学模式“颠倒”为“课前在家看视频+课堂完成作业及实验”[1]。伯尔曼和萨姆斯所创造的信息技术支持下的翻转教学逐渐得到了科罗拉多州中小学的广泛认可。2007 年之后，受到可汗学院发展的影响，翻转课堂被国外教育工作者广泛关注和应用。2012 年，乔纳森·伯尔曼与亚伦·萨姆斯成立了一个非营利性组织，帮助教师提升有效实施翻转课堂的技能。在国内，2011 年重庆市聚奎中学率先开始探讨适合本校的翻转课堂模式[2]；2013 年，山东省潍坊昌乐一中全面试点翻转课堂，备受关注，成为全国实验规模最大、实施科目最全的翻转课堂实验学校[3]。目前，全国的大学、中学、小学在各个学科也开始尝试应用翻转课堂，一定程度上推动了我国课堂教学模式与教学方式的改革，成为教育信息化发展的热点。

国内已有不少翻转课堂教学模式的实证研究，虽然教学活动和教学流程都存在着差异，但是整体流程大同小异。翻转课堂主要包括三个阶段：课前自学阶段、课堂内化阶段和课后升华阶段。卢强（2013）构建的翻转课堂教学模式中，课前主要目标是学生通过自学教师录制好的教学视频初步完成知识的接受与理解，遇到问题可通过面对面或利用社交性软件向教师请教或与同学讨论，同时记录尚未解决的问题呈现给教师，便于在课堂上由教师讲解或组织讨论[4]。课中教师对学生遇到的问题进行讲解或演示，接着由学生自主探究或协作学习，教师给予辅导；探究结束后通过有指导的任务探究、成果展示、交流与自评，让学生深化对知识的理解、熟练掌握操作技能；对有争议的问题开展讨论，讨论结束后由教师对讨论进行梳理总结，深化学生对问题的理解。课后让学生完成

---

① 何克抗．从“翻转课堂”的本质看“翻转课堂”在我国的未来发展［J］．电化教育研究，2014，255（7）：5-16.

② 祝智庭，管珏琪，邱慧娴．翻转课堂国内应用实践与反思［J］．电化教育研究，2015（6）：66-71.

③ 张福涛．基于学生自主发展的“翻转课堂”探索与实践［J］．中国教育信息化，2014（14）：12-14.

④ 卢强．翻转课堂的冷思考：实证与反思［J］．电化教育研究，2013（8）：91-97.

实践任务，同时辅以反思活动，促进学生对知识、技能的进一步理解。

(1) 翻转课堂教学过程模式。

笔者针对传统教学的弊端：单纯的讲授让学习缺乏思考的过程，教学交互的匮乏造成师生关系紧张，集体授课未能关注到学生的个性差异，结果评价不能有效地反映学业水平、超大容量与有限学时之间的矛盾突出，基于翻转课堂的实践检验，设计了融入合作学习的翻转课堂教学模式，师生的教学过程如图 5-7 所示①。该翻转课堂教学设计尽量体现：教学充满探究和生成、教学洋溢互动与和谐、实现个别化教学、侧重过程性评价。

第一，课前教学活动。引导学生通过查看学习指导、阅读教材、观看“微课”、阅读重要材料和小组学习等方式学习基础知识。在学习平台上，教师将导学视频、重要问题、微课资源、测试系统、学科知识检索系统呈现给学生；学生在自学基础内容后，利用在线测试系统自主在线测试；最后以小组集体学习的方式在小组内解答疑难问题，同时完成小组课堂展示的汇报成果。

第二，课堂教学活动。围绕学生在自学中遇到的疑难问题、单元中的关键问题，通过集中研讨、案例分析/体验学习、疑难解答和提升讲解等方式，引导学生理解知识和内化知识。课堂内的教学活动主要有五个环节。

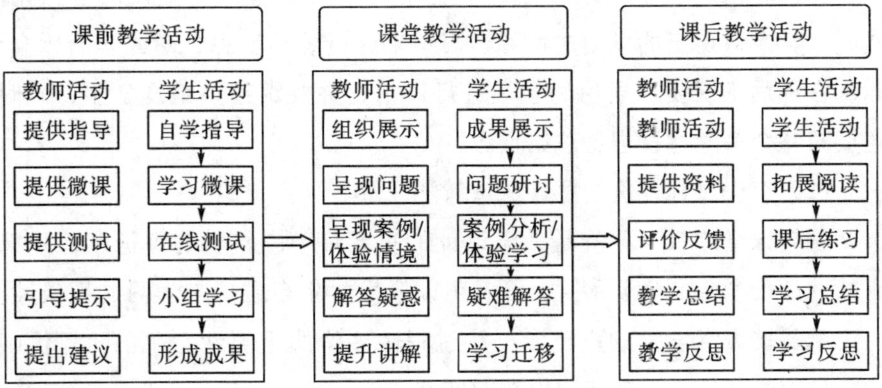

图 5-7　翻转课堂的教学过程示意图

① 蒋立兵，陈佑清. 教师教育课程开放资源建设与翻转课堂实践研究：以教师教育国家级精品资源共享课“有效教学”的建设为例 [J]. 黑龙江高教研究，2016 (8)：46-49.

成果展示。以小组为单位汇报以下内容：知识结构、知识地图、内容理解、学习体会、遇到的问题等。每次以一个小组汇报为主，其他小组可以适当补充。小组汇报轮流进行，要求每个成员作为主讲人汇报一次。

问题研讨。围绕学生遇到的共性问题或重点问题进行讨论。其中学生学习中遇到的共性问题，由教师在课前通过网络收集或由学习委员收集。一般问题先在小组内讨论，然后进行全班研讨；一些思维空间比较大的问题组织全班学生进行辩论。

案例分析/体验学习。对于涉及应用的知识点，教师呈现案例引起分析讨论。对于需要学生操作的技能点，让学生在课堂现场进行体验学习。

疑难解答。除开“问题研讨”中已经解决的共性问题和关键问题外，如果学生还有一些其他问题，此时可以提出来由其他学生或教师进行现场解答。

提升讲解。对一些重要问题，在学生课前自学和课堂讨论的基础上，教师可适当进行讲授。讲授还可以对知识的结构进行总结，也可以对后续学习进行指导。提升讲解的时间是根据学生学习的实际情况而定的，可渗透在上述各个环节中，也可以放在最后。

第三，课后教学活动。指导学生学习拓展资源，并完成课后练习。同时，学生对自己的学习过程和学习结果进行总结反思，形成学习体会。教师在课后不仅要对学生的学习进行评价，并反馈给小组及学生，同时还要对整个教学过程进行总结反思。

（2）突出过程评价的翻转课堂教学评价。

翻转课堂的教学评价是教学设计的重要环节。科学的评价不仅可以有效地评价学生的学业水平，而且可以激发学生自主参与学习的积极性。考虑到翻转课堂学生的广泛参与和过程性评价的重要性，在学习评价中注重过程性评价、表现性评价和发展性评价。

第一，确定翻转课堂教学评价的方式原则。翻转课堂重构教学结构的宗旨就是改变“传递—接受”式教学方式，通过学生能动的自主学习、协作学习、交往学习和反思学习，实现学生素质的全面发展和个性化发展。因此，翻转课堂的教学评价自然要指向学生的素质发展、突出教学评价的发展价值、注重评价的诊断功能、强调评价主体的多元化。因此，翻转课堂教学评价应该突出发展性评价、强调过程性评价、体现表现性评价。相对于传统课堂，翻转课堂的教学过程更复杂、学习活动更丰富、学习结果更多样；要科学地评定翻转课堂的学习绩效，不仅要评价学习结果，而且还要重点评价学习过程。多样的学习方式和复杂的学习活动必然会生成丰富的学习结果，要全面地评价翻转课堂的教学绩效，不仅要评价学生对知识的掌握情况，而且要考察学生能力素质的变化。翻转课堂的教学环节主要包括课前、课中和课后三个部分，要科学地评价翻转课堂的教学效果就需要全面地评价学生在三个环节中的态度倾向、学习行为和学习成效。另外，翻转课堂的有效实施离不开学生、教师、小组等多元主体的共同参与，翻转课堂教学评价的主体必然是多元的。因此，在评价过程中力求做到：过程与结果并重、知识与发展并重、评价贯穿全过程、评价主体多元化。

第二，构建翻转课堂教学质量评价指标体系。评价教学质量的优劣程度不应该直接去评价教师的“教”，而应该评价学生的“学”，即“以学评教”。翻转课堂颠覆了传统的教学方式，教学活动均以学生的“学”为中心，教学评价指标更应该从学生的“学”进行设计。根据翻转课堂教学评价“强调过程性评价”的取向和“过程与结果并重”的特征，评价体系不仅要重视学习结果，而且要关注学习过程。因此，翻转课堂的教学质量评价可从过程评价和结果评价两个维度进行。依据翻转课堂教学的特征和翻转课堂教学评价应然取向，设计了翻转课堂教学质量评价指标，如表 5-1 所示[①]。请从事翻转课堂教学实践的专家逐级给出权重后再均值得到各指标的权重，即先由专家们给出“评价维度”权重，再依次获得一级指标、二级指标的权重。值得说明的是：翻转课堂教学质量评价体系呈现出开放性特点，翻转课堂教学质量教学评价方案应依据具体教学而调整，翻转课堂教学质量评价体系既可评价学习质量又可评价教学质量。

---

① 蒋立兵，陈佑清．翻转课堂教学质量评价体系的构建［J］．现代教育技术，2016（11）：60-66.

表 5-1　翻转课堂教学质量评价指标体系

评价维度	一级指标	二级指标	三级指标	备注
过程评价（55%）	课前学习（15%）	课前学习行为（5%）	完成课前自学内容	必选指标
			标记重点提出疑问	可选指标
			课前交流寻求帮助	可选指标
		课前学习成效（10%）	基础内容测试结果	必选指标
			基础知识梳理质量	可选指标
	课堂学习（35%）	课堂主动参与（10%）	课堂出勤统计情况	必选指标
			课堂参与讨论情况	必选指标
			课堂提问发言情况	必选指标
		合作学习表现（10%）	小组成员分工明确	必选指标
			小组成员相互协作	必选指标
			小组成员互动频繁	必选指标
		课堂学习成效（15%）	课堂提问答疑水平	必选指标
			小组合作学习质量	必选指标
			课堂成果展示质量	必选指标
	课后学习（5%）	课后学习状况（5%）	完成课后作业质量	必选指标
			课后进行总结反思	可选指标
			课后拓展内容学习	可选指标
结果评价（45%）	学习结果（45%）	认知与操作结果（40%）	作业训练综合状况	必选指标
			完成作品质量表现	可选指标
			操作的准确熟练度	可选指标
		情感与态度结果（5%）	实现课程情感目标	必选指标
			对内容的价值判断	可选指标
			学生的学习满意度	可选指标

（3）合作学习全面融入翻转课堂的方式。

合作学习从学习活动和教学评价两方面深度融入翻转课堂。在课前学习活动中，学生自学基础内容实现个体建构后，均以小组集体学习的方式进行疑难问题解答，同时完成小组汇报的成果，属于典型的小组合作学习。在课堂学习活动中，成果展示以小组为单位；问题研讨既包含小组讨论也包括全班辩论，无不体现合作学习；这里的“体验学习”主要是角色扮演，也是协作学习的一种重要形式；疑难解答中，学生可以自由提出自己的疑问，任何学生都可进行解答，甚至引发问题讨论，这也属于合作学习。学习活动以合作学习为主，那么教学评价也应该将小组作为主要评价对象。从翻转课堂教学评价方案可以看出，过程性评价主要以小组为评价对象，小组成员的表现又会影响到整个小组的评价结果。

从学习活动维度来看，将合作学习融入翻转课堂可进一步凸显学生的主体地位，激发学生主动参与的积极性；学生通过小组讨论合作、完成成果汇报、角色扮演体验等交往活动实现知识的社会建构，在促进学生对内容深度理解的同时培养学生的合作交流能力；小组协作又可以强化学生的自我学习责任感，乃至个体责任感；还可以营造轻松的学习氛围与师生关系，让教学走向民主、和谐。从教学评价维度来看，过程性评价以小组为评价对象，小组共同体的成绩和荣誉激励着每个成员主动地投入小组合作学习活动之中，成为激发小组成员共同努力与协同发展的重要动力。

2. 翻转课堂教学案例

《我站在铁索桥上》翻转课堂教学设计

武汉市硚口区东方红小学　王芳

【教材分析】

《我站在铁索桥上》是鄂教版第八册的第十课，描写的是诗人站在铁索桥上，回忆红军当年飞夺泸定桥激烈战斗的场面，展示如今和平美好的生活，高歌英雄的土地，英雄的人民！全诗共四节，感情强烈，借景抒情，节奏鲜明，朗朗上口。诗歌的难点是让学生了解红军北上抗日飞夺泸定桥的事迹，体会红军英勇顽强、勇往直前的革命精神。但是历史很遥远，学生对此理解有难度。

【学习目标】

1. 在观看微课、分享云空间资源的基础上，理解诗歌内容，了解红军北上抗日飞夺泸定桥的事迹，体会作者对红军的赞颂。

2. 在解决问题的过程中，品读探究，练习有感情地朗读课文，体会红军英雄的事迹与英勇无畏的革命精神，缅怀革命先烈，珍惜今天的幸福生活。

【教学重点】

1. 体会诗歌的第二小节，了解红军北上抗日飞夺泸定桥的事迹，体会红军英勇顽强、勇往直前的革命精神。

2. 练习有感情地朗读。

【教学难点】了解红军时期的时代背景，体会作者对红军的赞颂。

【教学时间】1课时

【教学过程】

［课前：微课导学，提出问题］

一、教师活动：

1. 教师录制微课，云空间上传资源。

2. 查阅学生自学练习，跟帖评价。

二、学生活动：

1. 观看微课，完成自学任务，提出问题。

［课中：讨论交流、问题解决、拓展提升］

一、交流汇报，梳理问题：

（一）云端互动交流，展现学习成果：

1. 在昨天的预习过程中，同学们在云空间观看了微课，分享了视频、文字、图片等许多资源，并在此基础上完成了自学练习。今天我们首先请大家汇报一下自己的学习成果。

2. 云空间展示学生的自学练习，学生充分表达，教师适时帮助：

（1）自学生词，读准字音，了解不懂的词语意思，认读生词，理解词语意思：强渡，攀着，弹雨，火网，心潮汹涌激荡。

（2）这首诗讲了＿＿＿＿＿＿＿＿＿＿＿＿＿＿＿＿＿＿，我的感受是＿＿＿＿＿＿＿＿＿＿＿＿＿＿＿＿＿＿＿＿＿＿＿＿＿＿＿＿＿＿＿＿＿＿。

（3）我印象最深的句子是＿＿＿＿＿＿＿＿＿＿＿＿＿＿＿＿＿＿＿＿，我觉得应该用＿＿＿＿＿＿＿＿＿＿＿＿语气读，因为＿＿＿＿＿＿＿＿＿＿＿＿＿＿＿＿＿＿＿＿＿＿＿＿＿＿＿＿＿＿＿＿。

（二）聚焦“自学提问”，教师梳理问题：

1. 问题聚焦：在云空间的“自学提问”这个板块中，老师看到了大家提出的疑问。老师梳理了一下，觉得你们的疑问其实主要集中在这两个方面。展示问题：

人民捧着美丽的鲜花，轻轻地、轻轻地撒在这英雄的土地上。作者为什么这样写？

这首诗的开头和结尾两个小节非常相似，作者为什么要这样写？

接下来，我们再次走入诗歌体会感受，解决这两个问题的同时，相信你们心中的其他疑惑就能够迎刃而解了。

2. 梳理主要问题：

我发现很多同学关注了这个句子，我想了解一下：你们究竟想问什么？(学生针对这个句子自由提问)

教师确定主要问题：为什么说这片土地是“英雄的”？

二、平台互动，解决问题：

(一) 解决主要问题：“为什么说这片土地是英雄的？”

1. 回到诗中，看看哪个部分你看到了英雄？读一读这个部分，勾画你认为最关键、重要的词语。

2. 学生自学。

3. 全班交流，教师点拨：

出示句子：

英雄的红军，
曾在这里强渡，
高举着红旗，迎着火光。
勇士们哪，
攀着一根根铁索，
冒着密密的弹雨，
冲破了敌人的火网！

(1) 抓住“强渡”“高举着”“迎着”“攀着”“冒着”“冲破”“弹雨”“火网”等词语来感受红军的英勇顽强。

(2) 回顾当年“飞夺泸定桥”的战斗。(播放《飞夺泸定桥》视频)

(3) 指导学生有感情地朗读。

4. 回扣问题，解决次要问题：为什么人民要捧着美丽的鲜花？为什么作者连用两个“轻轻地”？人们撒鲜花时心情如何？

出示句子：

当年激烈战斗的楼房，如今成了孩子们的课堂；
勇士们洒过鲜血的地方，满树的梨花正在开放。
人民捧着美丽的鲜花，
轻轻地，轻轻地撒在这英雄的土地上。

（1）指名读句子。

（2）回扣“孩子们的课堂”“满树的梨花正在开放”等句子，理解今天的生活是多么安宁、幸福、充满希望。

（3）指导学生有感情地朗读。

（4）学生读后谈感想：读到这里，你们有什么想说的呢？

（5）教师总结问题，师生齐读第二、三小节。

（二）解决问题——“诗歌开头和结尾两个小节非常相似，为什么这样写？”

1. 教师过渡语：开头和结尾两个小节非常相似，再现了同样的情景，它们有什么不同吗？

2. 学生找不同。

3. 教师解问：这两个小节虽然再现了同样的场景，但是后面诗人的情绪已经不再平静，眼前的一切，想到的一切，让他心潮汹涌激荡，所以这些词句就是在表达诗人激动的心情。像这种写法相似、反复出现的语句在诗歌中叫复唱，反复咏唱，它可以渲染气氛，使诗人的情感在诗歌中得到尽情抒发。

4. 齐读最后一个小节：让我们和诗人一起高声歌唱！

三、应用拓展，提升能力

（一）回头来看看大家提出的问题，是否都解决了。

（二）总结：今天这篇课文的学习，因为我们在课前观看了微课、视频，阅读了文字材料，所以在这节课上我们的交流、解疑都非常顺畅高效。那么同学们课后请再次登录云空间，回答你们课前提出的问题。

（三）布置课后应用拓展活动

播放《漫漫长征路》视频，教师简要介绍长征路途中的艰难险阻。

课后大家可以继续去搜索长征的故事和诗歌，还可以将它上传到云空间中，大家共同分享。了解英雄的故事，珍惜我们今天的幸福生活！

板书设计：

我站在铁索桥上
英雄的红军
缅怀

[课后：综合运用，自主交流]

一、学生活动

搜索长征的故事、有关长征的诗歌，并上传到云空间中分享，跟帖交流。

二、教师活动

分享，跟帖评价。

3. 翻转课堂模式分析

(1) 翻转课堂教学模式的优势。

第一，构建良好的课堂氛围与师生关系。和谐的课堂氛围和师生关系是有效学习环境的重要特征，也是维持学习动机、开展教学活动的重要条件。翻转课堂中频繁的生生互动和师生交流打破了传统教学沉闷的课堂氛围，构建了活跃的课堂气氛和良好的师生关系。我们开展的实证研究表明：翻转课堂的活跃程度和师生关系状况均极显著优于传统教学。关于翻转课堂的课堂氛围和师生关系，学生表示："课堂氛围好""课堂气氛活跃""师生关系融洽""老师和蔼可亲""学习氛围浓厚""互动增加了，距离拉近了"等。

第二，诱发学习动机，提高学习满意度。学习动机是学生学习的动力之源，较高的学习满足感又能激发和维持学习动机。翻转课堂中激烈的争论、即兴的发挥、有趣的体验、碰撞的火花、动态的生成大大地调动了学生的学习兴趣，提高了学生的学习满意度。我们开展的实证研究表明：翻转课堂中学生的学习兴趣、学习满意度显著优于传统教学。学生这样描述翻转课堂："翻转课堂比老师讲授更有趣""翻转课堂更有吸引力""最爱体验学习""翻转课堂充分调动了学习积极性""翻转课堂让我更有兴趣、更愿意去学""很喜欢翻转课堂""希望其他课程也用翻转课堂""我喜欢这种授课方式"等。

第三，激发学生学习的自主性与主动性。翻转课堂中，多样的学习活动、科学的过程评价、小组学习共同体都激励着学生主动地、自主地参与到学习过程之中。我们开展的实证研究表明：翻转课堂中学生的课前自主学习、课前寻求帮助、课堂参与讨论、学生主动提问、学生主动思考、课后寻求帮助、课后拓展学习等学习行为均显著或极显著优于传统教学。学生们表示："翻转课堂促进学生主动学习，养成了自主学习习惯""教学互动调动了学习积极性""翻转课堂提高了学习主动性""翻转课堂让我主动地参与到课堂活动中""大量的学习资源有利于自主学习""学生参与性和积极性都很高""每个人都在学"等。

第四，促进知识的深度理解和迁移应用。翻转课堂中的协作、互动、会话、体验正是建构主义强调的有效学习环境，也是深度学习所追求的学习方式。我们开展的实证研究表明：翻转课堂中学生的整体学习收获，以及他们掌握的内容框架、基本知识更丰富，且深度理解知识、应用理论知识的能力均显著或极显著优于传统教学。关于翻转课堂的认知学习效果，学生表示："经过自主学习和课堂讨论，知识学习更加深刻""学习方式多样，知识掌握更牢""课堂展示的过程让人难忘""加深了对知识的理解""交流过程解决了疑惑，有助于深入思考问题""对内容把握更清晰，拓展了知识面""学习目标更明确，讲解更有针对性""课堂上解决疑问提高了学习效率"等。

第五，发展自主学习能力和交流合作能力。在翻转课堂中，能动学习活动培养了学生的自主学习能力、合作学习能力、自我展示能力和语言表达能力。我们开展的实证研究表明：在两种教学模式对学生能力发展各个维度的数据统计中，翻转课堂均显著优于传统教学。关于翻转课堂对促进学生能力发展方面，学生这样描述翻转课堂："小组学习提高了个体责任感""翻转课堂培养了自学能力、交流能力、合作能力""翻转课堂能帮助学生养成自学习惯""翻转课堂以学生的学习活动为主，强调自主学习，培养了自学能力""小组展示锻炼了学生的表达能力""小组学习提高了合作能力""翻转课堂让学生更愿意表现自己"等。

（2）有效实施翻转课堂的必要条件。

第一，以学生的自学能力与自学习惯为基础。翻转课堂的整个过程都需要学生的高度参与，否则翻转课堂难以进行。如果学生"课前不自学、课中不思辨、课后不反思"，整个课程结束后很难实现深度学习。当前国内大部分学生习惯了"接受式教学"，其学习的自主性和主动性不够高。如果不能有效地激发学生学习的自主性和能动性，帮助学生养成良好的自学习惯，翻转课堂的教学效果可能还不如传统教学。翻转课堂中的学生表示："翻转课堂对学习的自主性和自学能力要求很高。"可见，教师在实施翻转课堂过程中一定要充分调动学生自主学习的积极性。比如在导学环节进行有效的引导，告知翻转课堂的价值，设计科学的过程性评价等，以激发学生主动参与到翻转课堂的各种学习活动之中。

第二，以学生投入足够多的自学时间为前提。在翻转课堂中，学生在课前利用"微课""慕课"等资源进行自主学习需要花费大量的课外时间，假如几门课程都采用翻转课堂教学模式，学生就很难在上课之前完成课前学习任务，不仅翻转课堂的优势难以发挥，还可能导致低效教学甚至无效教学。翻转课堂中的学生表示："翻转课堂会带来更大的学习压力""如果所有课程都用翻转课堂，课前可没有那么多时间自学""翻转课堂的课前学习负担重""翻转课堂需要大量的课外时间"等。教师在课堂教学之前一定要通过在线测试、课堂抽查、学生展示等方式检验学生的课前自主学习及阶段性结果，激励学生完成课前基础内容的学习。

第三，以教师实施翻转课堂的教学素养为关键。翻转课堂看似知识讲授减少了，事实上翻转课堂对教师的教学素养提出了更高的要求，教师在翻转课堂中的付出也远多于传统教学。对于习惯于传统讲授式教学的教师来说，有效地开展翻转课堂并不是一件轻松的事。翻转课堂以学生的学习活动为中心，学习资源设计、教学流程设计、学习活动设计、课堂活动组织、学习过程评价等环节都是重点，任何一个环节的疏漏都可能造成全局的失败。翻转课堂中的学生表示："翻转课堂对教师的素质要求极高，教师的指导和反馈也很重要。"教师要有效地实施翻转课堂，除了为学生提供优质的学习资源外，更重要的是具备"以学为中心"的教学理念，改变"满堂灌"的教学习惯，具有组织翻转课堂的能力与技巧。

第四，以优质丰富的学习资源支撑为保障。在翻转课堂教学模式中，基础知识的学习主要通过学生自主学习"微课""慕课"等资源完成。如果在课前，教师不能为学生提供促进有效自学的优质资源，就难以激发学生学习的兴趣，课前的自主学习很可能以失败而告终，这会直接导致学生在课堂上无法正常地参与讨论交流，促进深度理解和意义建构就是一句空话，其教学效果可能还不如传统教学。一般来讲，中小学教师制作学习资源的技术相对薄弱，这很可能会成为其有效开展翻转课堂的不利因素。一方面要充分利用国内外现有的"慕课""微课"等优质资源；

另一方面也要根据实际需要学习自主开发学习资源，为自己教学服务的同时无偿地共享出来，供其他教师参考。

(3) 有效应用翻转课堂应注意的问题。

尽管翻转课堂对提高学科教学的有效性具有积极价值，但是开展翻转课堂需要较为苛刻的条件：学生自学能力是基础，课外学习时间是前提，教师教学素养是关键，优质学习资源是保障。除此之外，一线教师要有效实施翻转课堂还要注意以下若干问题：

第一，辩证地认识翻转课堂与传统教学的关系。翻转课堂教学模式的兴起和发展，让一部分人觉得传统教学已经失去了价值。尽管翻转课堂在活跃课堂氛围、诱发学习动机、激发学习自主性、促进知识建构、促进能力发展等方面有着自身的优势，但是它对学生的学习能力、学生的自学时间、教师的教学素养、可支撑的学习资源等方面都有着较高的要求；同时，不是所有内容、所有情境都适合翻转课堂，如需要学生系统掌握知识或需要广泛、高效传授知识时。传统讲授式教学其实也有自身的优势：便于传授系统知识，教学的效率较高，便于控制教学进程，应用的范围极广等。翻转课堂和传统教学各有各的优势和局限，教师应该辩证地看待二者的关系。在教学过程中，应该综合考察内容目标、学生特征、教师水平、资源支撑和客观条件等因素，结合翻转课堂和传统教学各自的优势，灵活选择与应用两种教学模式，在教学中努力做到：既能激发学生的学习动机，又能让学生系统地学习知识；既能兼顾课堂教学效率，又能促进学生素质发展。

第二，翻转课堂模式应用务必“因地制宜”。一方面，教学翻转要注意“内容适宜”。并不是所有课程内容都适合翻转。只有那些具有讨论空间、能培养学生高阶思维、涉及核心概念与重要原理的内容才能发挥翻转课堂的潜在价值；相反，诸如一成不变的基础内容、学科的基础知识结构、一目了然的陈述性知识并不适合翻转课堂，也没有实行翻转课堂的必要。另一方面，翻转课堂教学设计务必“因课制宜”。李晓文(2015)研究认为，有针对性的教学设计是翻转课堂教学实施的前提[①]。尽管翻转课堂教学流程都有课前、课中和课后三个环节，但是针对不同

① 李晓文．翻转课堂的学生满意度评价研究［J］．高教发展与评估，2015(3)：98-116．

的课程、不同的内容，每个环节的学习活动和详细流程都不尽相同。比如，教育类课程的翻转课堂教学模式不一定完全适合外语类课程，针对理论知识的翻转课堂模式不一定完全适合操作技能。学生在开放式问卷中也表示："不同课程翻转课堂的教学模式应该有所不同""一门课程并不是所有的内容都适合翻转课堂"等。因此教师在应用翻转课堂时，需要根据课程特点、内容目标、学生特征、客观条件等因素，设计科学合理的学习活动和教学流程。

第三，本质的翻转远比形式的翻转更加重要。有教师将翻转课堂仅仅理解为"时空翻转"，这种误解可能会造成教师通过"知识呈现型"微视频向学生灌输知识。如果课前不能运用优质资源引导学生思考探究，课内不能组织有效的学习活动，翻转课堂必然难以奏效。其实，"时空翻转"只是"形式翻转"而非"本质翻转"。"本质翻转"不仅是"翻转时空"，更重要的是改变单一的"传递接受"式教学方式；教师经过精心设计的学习资源、教学流程与教学活动，课前利用优质资源引导学生自主学习、思考探究，课内通过能动的学习活动内化知识、促进理解，课后引导学生总结反思、深化建构，实现由"被动学习"翻转为"主动学习"、由"接受学习"翻转为"自主合作探究学习"、由"以教为中心"翻转为"以学为中心"。

第四，翻转课堂教学实施确保学生高度参与。翻转课堂属于"学习中心课堂"①，其学习活动需要学生的高度参与，缺乏学生自主参与的翻转课堂难以奏效。尤其是中小学课堂教学，更需要通过师生、生生之间的互动交流促进学生对学科内容的社会性建构。但是，目前国内的基础教育依然主要采用"传递—接受"式教学，习惯了传统教学的学生们自主学习意识和自主学习能力还不够高。在这种情况下，学科教师一定要采用多种策略激发学生自主参与翻转课堂的兴趣。比如，开展班级小组文化建设，建设小组学习共同体，告知学生翻转课堂的价值，设计丰富有趣的学习活动，为学生提供充分展示的机会，对学生课前学习成效进行检测，开展过程与结果并重的教学评价方案等。

第五，翻转课堂并非不需要教师的有效教授。关于翻转课堂，目前

① 陈佑清．建构学习中心课堂：我国中小学课堂教学转型的取向探析 [J]．教育研究，2014（3）：96-105.

人们普遍存在一种理解上的偏差，即在翻转课堂中教师的讲授不重要。其实，讲授法在任何教学模式中都承担着难以替代的角色，翻转课堂也并不否认讲授法的价值，只是要把讲授控制在必要的范围内，并注意讲授内容、讲授方式的针对性与有效性。翻转课堂中哪些情况下需要教师进行讲授？一是，教学活动的组织需要简明性讲授；二是，教学的重点和难点需要系统性讲授；三是，多数学生的困惑需要解释性讲授；四是，教学总结需要提纲式讲授。翻转课堂需要什么样的讲授？答案是启发引导式讲授。通过教师有效的讲授启发学生思考探究，引导学生小组合作、讨论交流，在个体建构与社会建构过程中实现知识的内化理解。

第六，要设计科学合理的翻转课堂评价方案。李馨研究认为，国内大多数翻转课堂依然采用传统教学的评价方法①。以纸笔测试为主的结果性评价重点考查学生对基本概念、基础知识的记忆和理解；而对学习过程的评价仅仅关注学生课堂出勤情况和有限次数的作业，缺乏对过程的实质性评价。由于翻转课堂教学活动及教学流程的复杂性，其教学评价方案也要依据具体情境进行设计。翻转课堂教学评价要从突出发展性评价、坚持过程性评价、体现表现性评价，依据过程与结果并重、知识与发展并重、评价贯穿全过程、评价主体多元化等原则，关注学生的学习动机、学习行为、认知结果和能力发展。过程性评价在翻转课堂中具有重要价值，它能真实地反映学生的学业水平，更重要的是过程性评价能够激发学生主动参与课堂的积极性，优化教学模式与教学效果。科学的过程性评价不仅仅要关注学生的课堂学习表现，更重要的是关注学生在学习过程中素质发展的过程性结果，如发现问题的能力、解决问题的能力、高阶思维的发展。在评价主体选择上尽量将自我评价、小组评价和教师评价结合起来，真正做到科学、有效、公平、公正。

（四）智慧教室下的互动教学

随着智能设备、传感技术、智能计算、无线接入等智能技术的进一步发展，智慧教育、智慧校园、智慧教室应运而生。智慧学习环境是教育信息化发展的必然趋势和高级形态，也是信息技术发展的必然结果，

① 李馨．翻转课堂的教学质量评价体系研究：借鉴 CDIO 教学模式评价标准［J］．电化教育研究，2015（3）：96-99．

会对教与学有着革命性影响①。智慧教室也叫未来教室，是一种典型的智慧学习环境，是多媒体和网络教室的高端形态；是一种能优化学习内容呈现、便利学习资源获取、促进课堂交互开展、具有情境感知和环境管理功能的新型智能学习场所②。社会文化理论告诉我们互动是课堂教学的核心，然而智慧教室为互动生成教学提供了便利条件。如何利用智慧教室为学生提供友好、直观、自然的交互操作，促进师生、生生以及学生与资源之间的多元化互动，实现学生个性化、人性化的互动方式，最终促进学生更好地进行知识内化、提高学习效果是大家最关注的问题。

1. 基于智慧教室的互动教学研究现状

随着 2008 年 IBM“智慧地球”的物联化、互联化、智能化三要素的提出，“智慧教室”逐渐引起教育技术领域的广泛关注，如何建立智慧学习环境、智慧学习环境下如何开展教学成为关注的焦点。一时间，国内外关于智慧教学、智慧教室的研究在权威学术期刊上如雨后春笋般涌现。张亚珍、张宝辉、韩云霞（2014）研究表明，国内智慧教室环境下教学模式研究约占智慧教室研究的 17%③。胡卫星、田建林（2011）充分考虑智慧教室架构特点，建构以互动交流、讨论分享的参与方式，提出了智慧教室教学活动模式：讲授型、小组协作型和虚拟操作型④。陈卫东、叶新东、秦嘉悦等（2011）通过分析未来课堂的理论基础和教学活动特点，提出课前、课中、课后一体化的互动教学模式⑤。可见，国内智慧教室中的互动研究所占比例较高，且呈逐年上升趋势。典型代表有清华大学“Smart Classroom”项目，该项目依靠智能交互空间技术增强教学环

---

① 祝智庭. 以智慧教育引领教育信息化创新发展 [J]. 中国教育信息化，2014（9）：4-8.

② 张屹，祝园，白清玉，等. 智慧教室环境下小学数学课堂教学互动行为特征研究 [J]. 中国电化教育，2016（6）：43-48，64.

③ 张亚珍，张宝辉，韩云霞. 国内外智慧教室研究评论及展望 [J]. 开放教育研究，2014（1）：81-91.

④ 胡卫星，田建林. 智能教室系统的构建与应用模式研究 [J]. 中国电化教育，2011（9）：127-132.

⑤ 陈卫东，叶新东，秦嘉悦，等. 未来课堂：高互动学习空间 [J]. 中国电化教育，2011（8）：6-13.

境的逼真感，解决远程教育中的交互问题①。

国外关于智慧教学模式研究比例约为13.6%，早期智慧教学基础理论研究较多，后期具体教学模式应用更为常见②。加拿大多伦多大学一项研究影响力较大，该研究提出了协作探究式知识社区教学，并通过异质分组，以合作任务为学习主线，学习者在知识社区积极交互、解决问题。该模式充分体现智慧教室空间的特点，学生能自由、方便地互动展示。实证研究显示，该模式大大地提升了学生的学习成绩、协作能力、问题解决能力和信息素养③。国外关于智慧教学互动研究不仅着力于理论建构，更着力于互动技术的实现和应用。2008年，英国的杜伦大学学者与Synergy Net公司合作，在观察课堂师生互动及技术如何改进协作的基础上，开发了命名为“Synergy Net”的全交互式智能课桌系统④。这种互动智慧教学对促进学生理解数学概念很有价值。德国开罗大学学者拉比·拉姆丹（Rabiea Ramadan）提出了语音交互和基于手势的交互，把人机交互转变为人人交互，让交互方式更加逼真，真正实现学生、技术、资源之间的互动⑤。

2. 基于智慧教室的教学系统基本结构

实现智慧教学需要支撑智慧化教学的环境，在这个环境中不以主观经验为判断依据，而以数据分析结果为支撑。课堂教学中教师由关注大部分学生过渡到关注每一个学生，真正实现每一个学生的个性化发展。智慧校园的关键特征就是“智慧”，包括泛在接入、智能感知、双向互动

---

① 张亚珍，张宝辉，韩云霞．国内外智慧教室研究评论及展望［J］．开放教育研究，2014（1）：81-91.

② 张亚珍，张宝辉，韩云霞．国内外智慧教室研究评论及展望［J］．开放教育研究，2014（1）：81-91.

③ Lui M, Tissenbaum M, James D. Scripting Collaborative Learning in Smart Classroom: Towards Building Knowledge Communities Collaborative Learning to Policy and Practice[C]//Connecting Computer-supported, CSCL 2011 Conference Proceedings. HongKong: International Society of the Learning Sciences, 2011(1): 430-437.

④ 王莹．未来的学校课桌：智能课桌将使科幻片场景在教室中展现［J］．中国信息技术教育，2008（12）：91-92.

⑤ Ramadan R A, Hagras H, Nawito M, et al. The Intelligent Classroom: Towards an Educational Ambient Intelligence Testbed [C]//International Conference on Intelligent Environments, 2010: 344-349.

等。智慧教室的教学也分为课前、课中、课后，对每一个过程中的行为和结果都进行有效的数据采集，最终通过大数据分析平台汇总和反馈。课前：辅助教师备课和翻转课堂，提供资源共建共享、教师备课；课中：利用课堂互动教学系统，通过师生互动，收集学生的学习情况和教师的教学开展情况等数据，通过数据分析实现科学、及时的教学评价；课后：教师针对课堂所学知识，布置针对性作业，让学生通过完成作业巩固所学知识。智慧教室的教学端的基本结构如图 5-8 所示，大部分智慧教室教学端设备比这个要复杂。

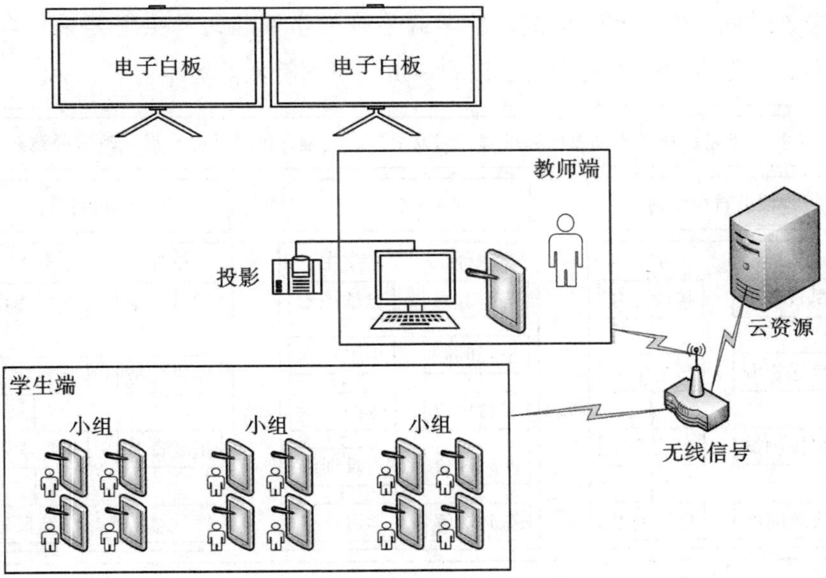

图 5-8　智慧教室教学端的基本结构

云资源服务器通过有线网络和无线网络为师生推送课程学习资源；学生端设备一般是平板电脑等智能终端，主要用于接收由教师推送的学习资源，同时可将学习过程及学习结果数据传输给教师；教师端一般有高性能计算机、平板、实物展示台等，这些设备不仅能够在电子白板上呈现教学信息，更重要的是通过网络收集学生端的学习数据，比如学生问题应答系统可让教师轻松地获取整个班级学生解决问题的进度和整体情况；再如评价系统可对每个学生的学习结果做即时评价，并对结果进行数据统计，教师还可以根据学习数据及时调整教学方法和教学进度，以及对教学进行补救等。

目前全国各个地区中小学都在开展基于智慧教室的教学实践，也形成了各自不同的教学模式。由于智慧教室为互动教学提供了便利，因此智慧教室中的交互备受人们关注。这里参考李红美、张剑平提出的“基于智慧教室的 ARS 互动教学模式”① “学习中心课堂”“以学为中心”等先进教学理念，结合笔者参与中小学智慧教室方面的教学改革经验，对李红美等的教学模式进行小幅度改进，形成“面向智慧教室的互动生成教学模式”，其基本流程如图 5-9 所示。面向智慧教室的互动生成教学以社会建构理论、建构主义理论、有效教学理论、ARCS 模型、即时反馈理论、弹性认知理论为支撑，教师主要采用任务驱动、问题求解、启发引导、过程评价、即时反馈、教学调整等教学策略，学生主要采用自主学习、合作学习、探究学习、自我评价、学习补救等策略。

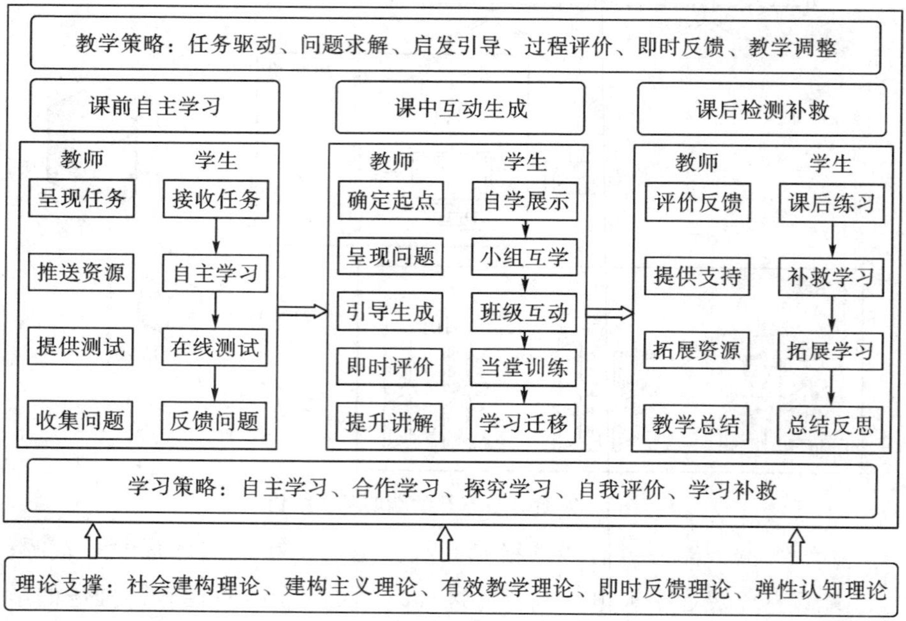

图 5-9 基于智慧教室的互动教学一般模式

该智慧教室下的互动教学基本流程分为三个部分：课前自主学习—课中互动生成—课后检测补救。在课前自主学习中，学生的主要学习活动为：接收任务—自主学习—在线测试—反馈问题，教师对应的活动为：

① 李红美，张剑平. 面向智慧教室的 ARS 互动教学模式及其应用［J］. 中国电化教育，2015（11）：103-109.

呈现任务—推送资源—提供测试—收集问题；在课中互动生成中，学生的主要学习活动为：自学展示—小组互学—班级互动—当堂训练—学习迁移，教师对应的活动为：确定起点—呈现问题—引导生成—即时评价—提升讲解；在课后检测补救中，学生的主要学习活动为：课后练习—补救学习—拓展学习—总结反思，教师对应的活动为：评价反馈—提供支持—拓展资源—教学总结。

3. 基于智慧教室的互动教学案例

《三角形三边的关系》教学设计

华中师范大学附属梧桐湖学校　谢　琛

【教学目标】

知识与技能：理解两点间距离的概念；在操作实验活动中探索发现“三角形边的关系”，并深度理解三角形边的关系。

过程与方法：在动手操作中渗透建模思想，体验数据分析、数形结合方法在探究过程中的作用。

情感、态度与价值观：在操作试验中积累数学活动经验，培养学生自主探索、动手操作、合作交流的兴趣和能力。

【教学重难点】

重点：理解三角形任意两边之和大于第三边。

难点：理解两条线段之和等于或小于第三条线段时不能围成三角形，重点理解“任意”二字的含义。

一、课前教学安排

(1) 在课前复习已经学习的三角形知识；

(2) 找出两个生活中应用三角形的特性的例子；

(3) 学习《三角形三边的关系》微课，并将学习中的问题通过网络反馈给老师，作为教师课堂授课的重点内容。

二、课中教学过程

1. 创境激疑：创设情境，激发动机

师：请同学们先讲一讲自己找到的应用三角形特性的例子，然后对其他同学找的例子进行点评。

师：同学们，小明也遇到了一个三角形的问题．请帮他看看走哪些

路最近，为什么？（出示下图）

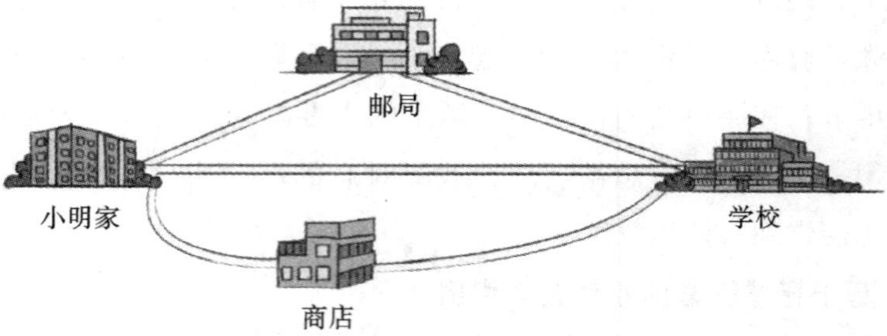

学生自主发现问题，进行小组讨论并分组汇报。

师：那你们是怎么想的呢？

生 1：……

生 2：……

生 3：……

师：同学们说得很好，小明家和学校这两个点间，有很多连线，所有连线中线段距离最短，这条线段的长度叫做两点间的距离。

师：请同学们仔细观察路线图，想一想：小明家、商店和学校三个地点用路线围成了一个什么图形？

生：三角形。

师：我们知道三角形有三条边，如果用小棒代表线段，是不是给你三根小棒就能围成一个三角形呢？

生：能。

2. 分组实验：小组活动，认知冲突

师：下面请拿出你的学具袋，每四个同学为一组，每一个小组都有四组小棒，两个同学负责摆放小棒，两个同学负责记录表格，并把记录结果填写在平板的表格中提交。

[活动结束后，通过平台收集每个小组结果，并呈现在屏幕上]

师：时间到！通过刚才的操作，我们一起来看一看×组同学的结果。有和他们不一样的吗？你有什么想对老师说的？

生：老师，我们有的不能拼成三角形。

3. 互动探究：找出答案，探知规律

[教师利用动画演示几组数据长度的线段拼三角形的过程]

师：看着这两种不同的情况，你们有什么想对老师说的？

生1：……

生2：……

生3：三条线段在什么情况下才能围成三角形呢？

师：同学们回答得很好，提出了值得研究的问题。请同学们回想自己围的过程和课件演示，你们有什么发现？

生：两条边合起来，比第三条边还短，就围不成三角形。

师：你指的是哪两条边？

生：……

师：那你能用算式表示出你的想法吗？

生：3＋4＝7，7＜8。

师：我们可以把这两个式子合起来，直接写成3＋4＜8，那你能像老师一样把其他几组数据也用算式表示出来吗？试着在你的平板上写出来。

师：请同学们仔细观察我们写的这些算式，你能用自己的话总结一下：什么样的三条线段不能围成三角形？

生：当两条线段的和小于第三条线段时围不成三角形。

师：有不同意见吗？

生：老师，我不同意他的看法，当两条线段的和等于第三条线段时也围不成三角形。

师：嗯，××同学有重大发现，我们一起看一看是不是这样的。果然，当两条线段的和等于第三条线段时，线段都重合在一起了，还会围成三角形吗？那么根据以上两位同学的结论，哪位同学试着用自己的话总结一下：三条线段在什么情况下不能围成三角形呢？

生：当两条线段的和小于或等于第三条线段的时候不能围成三角形。

4. 引导生成：逆向思维，生成教学

师：刚才我们已经知道了三条线段在什么情况下不能围成三角形，

那么大家再仔细观察一下你填写的表格，你能够用自己的话大胆地推测一下：三条线段在什么情况下才能围成三角形吗？

生：两条线段的和大于第三条线段的时候，就可以围成一个三角形。

师：是这样的吗？老师这里有几组小棒，请先用自己的推测，大胆判断出是否可以组成三角形，再动手验证一下。(课件呈现)

师：你们有发现吗？

生：两条线段之和大于第三边，就可以围成三角形。

师：你是指的哪两条线段？

生：……

师：那这两条呢？也是这样吗？

生：是的。

师：那我们可以在这两条线段前面加上一个什么词更加准确？

生：任意。

师：嗯，非常棒！我们一起来验证一下，是不是任意两条线段之和大于第三边，就可以围成一个三角形。

生：是的。

师：那哪位同学自告奋勇地来归纳一下什么样的三条线段可以围成三角形？

生：三角形任意两边之和大于第三边。

师：这位同学总结得可真好，现在我们回到开课的时候那个数学问题，你现在可以解决了吗？(出示图片)

5. 提升认知：运用规律，促进建构

师：刚才大家总结得很好，那下面，我们一起来判断一下下面这些线段能否组成三角形吧！

师：刚才大家是用什么方法来判断这些线段是否能组成三角形的？

生：……

师：你还可以怎样判断？

师：刚才大家比较了这么多线段，那你们有什么快捷的方法，能够只用一步就判断出三条线段能否组成三角形？

生：看最短的两条线段加起来是否大于第三边。

师：你可真聪明，我们用这个方法一起来检测一下。

6. 教学总结：回顾过程，梳理方法

师：我们一起来回忆，大家是怎么知道三角形三边的关系的？

小结：大家先做了实验，得到了很多数据，通过对图形的观察和对数据的分析，同学们知道什么情况能围成三角形，什么情况不能围成，最后概括出了三角形三边的关系。在这个过程中，试验起到了非常重要的作用，数据对我们的帮助很大，归纳是一种重要方法。

7. 迁移应用：随堂练习，即时评价

请同学们在平板上各自完成给定的题目，并将结果提交给老师；老师把每个小组完成作业的情况呈现在投影上，对优秀小组和学生提出表扬，同时请学生对练习进行解答。

三、课后教学安排

完成课后作业，根据评价结果找出错误的原因并自我纠正；对未掌握的学习内容利用微课进行自我补救；简单对本节课的学习内容进行总结。

3. 基于智慧教室的互动教学分析

(1) 基于智慧教室的互动教学的优势。

第一，智慧教室下的互动教学有利于促进教学的互动生成。互动是有效学习环境中的重要组成部分，生成是课堂教学实施的理想状态。因此，互动生成是现代课堂教学追求的重要目标之一。然而在传统课堂教学中，教学活动往往以教师为中心、教学方法以教师讲授为主、互动往往缺乏教学环境的支持，实现互动生成的难度也比较大。智慧教室下的"智慧教学"要求教师更加关注学生的自主学习、建构学习和社会性学习，这为互动生成教学提供了教学理念和理论基础。同时，智慧教室中的应答系统、抢答器、即时评价、统计反馈为教学互动提供了很好的技术支持。另外，智慧教室下的教学往往属于翻转教学，学生在课外已经完成了基础知识的自主学习，课堂上主要用于解决疑难杂症，这就为互动生成提供了较多的时间资源。因此，智慧教室下的互动教学，有利于真正实现课堂的互动生成。在互动生成教学中，教师和学生作为交互主体展开平等、民主的教学对话，不断碰撞生成新观点、新思路和新方法，同时通过教师、学生与内容、环境不断作用实现意义生成；教师根据课堂中的师生、生生交互情况及时调整教学思路和教学行为，实现动态生成的课堂。

第二，智慧教室下的互动教学有助于即时评价与教学补救。依据

ARCS动机激励模型[1]，及时的反馈能够让学习者获得学习的满足感，以激发和维持学习者的学习动力。另外，及时有效的评价反馈是促进有效学习发生的三大外部因素之一，也是激发学习动机的重要策略。在普通多媒体教室中缺乏技术支持的条件下，教师在教学过程中实现即时评价、结果统计、即时反馈的难度比较大；而智慧教室中基于智能终端的学习方式和教学评价反馈系统能为即时评价提供便利，教师可在学生阶段性学习之后提供即时检测，学生完成测试后可立即将学习结果推送给教师端，并可马上给出反馈和统计结果，为教师掌握学生学习状况提供便利条件。这样的即时评价除了可激发学生学习动机、帮助教师掌握学习内容外，还可作为教师补救教学的依据。如果教师发现大部分学生的即时评价不理想，就可以针对问题和学生的错误给予针对性的教学补救。另外，当大量即时评价数据汇聚后，大数据分析可为教师的教学设计、教学实施、教学诊断提供有力的技术支撑，为实现智慧教育提供条件。

第三，智慧教室下的互动教学有助于提高师生的教学体验。智慧教室下的教学体验是指教师和学生在使用智慧教室过程中建立起来的主观心理感受，包括师生是否达成既定目标、是否获得成就感、是否遇到挫折、是否伴随惊喜、是否期望再次使用等。李莱萍（2015）研究表明，智慧教室下的互动教学有利于提高师生的教学体验[2]。智慧教室中的桌椅设备、信息设备、学习空间都影响着信息技术融入教学的方式，尤其是智能化的引入大大地提高了信息技术与课程融合的程度。对教师来说，智慧教室的抢答器、应答统计、反馈系统、信息呈现、随机点名、互动平台、资源平台为教师使用技术、开展教学提供了更人性化的方式和手段，提高了教师的教学体验。对学生来说，学生在智慧化学习空间、智能化学习评价、即时化学习反馈、趣味化学习过程、多样化学习结果等因素影响下，会大大地增加学习的满足感、成就感和效能感，获得更好的学习体验。

（2）基于智慧教室的互动教学的条件。

---

① Keller J M. The Systematic Process of Motivational Design [J]. Performance & Instruction, 1987, 26 (9-10): 1-8.

② 李葆萍. 智慧教室中影响教师创新教学方法选择的因素探究 [J]. 教师教育研究，2015 (3)：50-55.

第一，符合认知规律的智慧环境。虽然国内外智慧教室、未来教室、智慧教育研究风生水起，但是到目前为止智慧教室依然没有一个公认的建设标准。到底什么样的学习环境属于智慧教室，它具有哪些基本条件？诸如此类问题还没有得到彻底解决。并且目前基于智慧教室的教学模式依然处于探索阶段，尚不够成熟。因此，要实现智慧教室下互动教学的重要条件之一就是具备符合认知规律的智慧教学环境。陈卫东、叶新东、秦嘉悦等（2011）根据交互理论，结合未来课堂的功能即个性化学习和体验学习，提出了智慧教室的学习支持系统包括：基础设施平台、云平台服务、云软件服务①。黄荣怀、胡永斌、杨俊锋等（2012）研究认为智慧教室的功能体现在内容呈现、环境管理、资源获取、即时交互和情境感知五个方面②。张亚珍、张宝辉、韩云霞（2014）认为，智慧教室功能主要包括环境、工具、交互、学习支持等③。笔者认为，智慧教室空间设计不仅要从建筑学、人体工程学出发，更重要的是从空间布局的科学性、通用性出发，从学生发展的需要出发对教学空间进行重新审视。在物理环境上能根据学习需要自动调节教室的温度、湿度、照明和色温；在人文环境上师生关系和课堂氛围处于和谐、平等、融洽状态；在资源环境上，能够实现个性化推送和资源共享；在学习工具上，能够为学生提供丰富的、智能的认知工具；在教学交互上，实现自然、友好的人机交互和人际互动；在学习支持上，能够提供方便快捷的学习支持服务，为学习者提供线上、线下、实时、非实时的学习帮助。

第二，高质量配套教学资源的支撑。信息化教学离不开优质教学资源的支撑，对智慧教室下的互动教学来说，优质的学习资源显得尤为重要，甚至它可能是制约智慧教室和未来学习空间发展与应用的瓶颈。教育信息化推广的经验表明：任何硬件设备在技术成熟、成本降低后，可很快大面积推广，但是硬件承载的资源才是教育技术发挥核心价值的关键。比如电子白板等信息化设备迅速在中小学推广，甚至农村中小学也

---

① 陈卫东，叶新东，秦嘉悦，等．未来课堂：高互动学习空间［J］．中国电化教育，2011（8）：6-13.

② 黄荣怀，胡永斌，杨俊锋，等．智慧教室的概念及特征［J］．开放教育研究，2012（2）：22-27.

③ 张亚珍，张宝辉，韩云霞．国内外智慧教室研究评论及展望［J］．开放教育研究，2014（1）：81-91.

已经普及，但是硬件的有效使用离不开物理设备承载的教学资源。笔者田野调研发现，影响教师有效使用信息技术的一个重要原因是缺乏优质教学资源。智慧教室的推广应用也无法逃脱这一规律，当前智慧教室最匮乏的不是硬件设备、教学模式，而是优质资源的支撑。调查中发现，目前不少中小学开始着手建设智慧教室，不少学校也已经有了智慧教室，但由于PC版的教学资源难以与智慧教室教学平台兼容，配套的资源又非常匮乏，这就造成智慧教室成了学校开展“示范课”“公开课”的花瓶，即只有在“示范课”“公开课”时请专业人员制作教学资源开展教学，在常规教学中较少投入使用。全国大部分智慧教室试点区域和学校基本上也是把智慧教室作为学校宣传、学校政绩、学校亮点的“砝码”，真正投入常规教学发挥功效并不多见。笔者认为，造成此种现象的重要原因是智慧教室缺少优质的、系统的教学资源，其稳定性也有待提高。因此，智慧教室的推广和有效应用务必以优质资源支撑为保障。

第三，教师较高的信息化教学能力。任何信息化教学的实施都需要学科教师具备一定的信息化教学设计能力、信息化教学实施能力，而智慧教室下的互动教学对教师的信息化教学能力要求更高。首先，要求教师具备较高的信息技术能力。使用智慧教室比普通多媒体教室所需要的信息技能更高，这不仅仅是设备操作层面的问题，而是软件功能更为复杂，未经过系统培训和学习的教师难以熟练使用。其次，要求教师具备很强的教学设计能力。智慧教室下的教学活动较为灵活，互动性、生成性都比较强，教学设计要为教学生成预留空间，否则互动生成教学模式难以开展，智慧教室的功能也难以发挥。再次，需要教师较强的信息化教学实施能力。由于智慧教室下的教学活动较为复杂多样、协作学习层次较高，教师在教学过程中需要根据教学情况随时调整教学策略、教学进度、活动安排，以满足生成性教学的需要。因此，要有效地开展智慧教室下的互动教学，教师必须具备比较高的信息化教学能力，尤其是具备开展智慧教室中互动教学的素质。最后，要求教师具备较高的技术伦理素养。智慧教室中的学习终端一般是平板电脑等智能终端，基于“小屏媒介”的学习方式对未成年学生的视力发展极其不利，长时间使用不仅会严重损害学生的身体健康，还可能会影响学生的交往能力发展；更何况中小学生的自制力还不够高，存在着巨大的伦理风险。这需要教师具备较高的技术伦理素养，确保教学过程中能够合理地、理性地使用技术为教学服务。

以上四种典型的信息化教学模式不是完全独立的，而是互相影响、互相渗透的。比如智慧教室下的互动教学体现了翻转教学理念，技术支持下的混合式教学也可以开展基于网络的探究式学习。在具体的教学情境中，可能对某种信息化教学模式进行衍生、改进、调整，也可能对多种信息化教学模式进行整合应用。比如，目前中小学应用最为广泛的信息化教学模式是：基于信息资源的探究性教学、基于技术环境的混合式教学。笔者的理解是，这两种教学模式都属于信息技术支持下的“自主—合作—探究”学习，它们有很多相似的要素和特征。由于小学生的自主学习能力还不足够高，尤其是小学低年级，开展翻转教学难度还比较大。翻转教学在“示范课”“公开课”“竞赛课”中更为常见，在翻转课堂试点学校应用比较广泛，在一般学校的日常教学中还不多见，翻转课堂在教学领域，被学校、教师们广泛接受、尝试、应用、推广还需要一个过程；另外翻转课堂的有效实施所需要的条件也比较多，很多学校和教师还不具备有效开展翻转课堂的条件。智慧教室下的互动教学属于新鲜事物，在一些发达地区已经开始应用，不少学校已经开始建立少量的智慧教室，也在鼓励优秀教师基于智慧教室开展智慧课堂，但是由于智慧教室还不够成熟、智慧课堂的开展需要更为苛刻的条件，当前智慧教室下的互动教学主要在“示范课”“公开课”“竞赛课”中比较常见。但是它可能是未来教学的发展趋势，作为研究者和教师都需要积极且辩证地看待新事物。

二、信息技术在教学中有效应用的共性特征

虽然不同的信息化教学在教学流程、教学活动等方面都存在着差异，但是仔细分析典型的信息化教学模式发现，它们有着共同的特征，因此有必要弄清楚信息技术有效应用的共性特征。这对我们提高信息技术应用的水平、评价信息技术教学应用的有效性都有重要价值。教师作为课堂教学的实践者，在教学中能否准确地把握信息化教学有效性的特征，关系到能否恰当、合理、有效地使用信息技术，信息技术应用能否真正促进学生素质发展等问题。美国联邦教育部教育多元化与卓越化研究中

心（CREDE）提出的“有效教学标准”基本框架①主要包括：师生共同参与创造性活动，在课程实施中发展学习者的语言及文化素养，把教学与学生的生活联系起来，教学生复杂的思维技能，通过对话进行教学。此框架对我们分析信息化教学的有效性特征具有借鉴价值。笔者基于“有效教学标准”，结合以上典型信息化教学案例，分析认为有效的信息技术应用具有如下五个典型特征：

（一）教学情境生动自然

美国著名教育家杜威（John Dewey）曾提出“教育即生活”的教育命题②，即教育与生活本来就是一个有机整体，脱离了鲜活生活情境的教育是不完整的。因此，学校教育要与社会生活相结合，课堂教学要与儿童的生活相结合。情境学习理论认为③，学习是学习者在某一情境中与他人及环境相互作用过程中提高能力的过程，真正的、完整的知识是在真实的学习情境中获得的。建构主义学习理论认为，知识是学习者在一定的情境即社会文化背景下，借助于教师和同伴的帮助，利用必要的学习资源，通过意义建构的方式而获得的。“情境”“协作”“会话”和“意义建构”是学习环境的四大要素④。可见，任何有效的教学活动都必然有一个能诱发学生兴趣、激发学生思维的学习情境。

但是课堂教学不可能把学生都放在真实的情境中进行，信息技术创设虚拟教学情境能够弥补当前学校教学脱离生活的问题。教师可有效地利用数字媒体、虚拟现实等技术可视化地呈现学科的重难点，为学生创设逼真的教学情境，让学生寓学于乐、易于理解，同时还可激发学生的学习兴趣，唤醒已有相关知识经验，帮助学生对知识进行意义建构。另外，教师通过虚拟教室、虚拟社区、微观世界等虚拟情境还可促进学生

① 游森，秦建平，王逸尘．卓越教师教学行为评价指标研究［J］．中国教育学刊，2012（12）：72-78.

② 唐斌，朱永新．杜威“教育即生活”本真意义及当代启示［J］．中国教育学刊，2011（10）：84-87.

③ 张振新，吴庆麟．情境学习理论研究综述［J］．心理科学，2005，28（1）：125-127.

④ 何克抗．建构主义：革新传统教学的理论基础：上［J］．电化教育研究，1997（3）：3-9.

对复杂内容、抽象事物的理解。例如在物理教学中，用数码天象仪系统演示的星空逼真准确，并能模拟在地球上、太阳系中任何地方、任何时候所看到的星空和天体运动①；利用微观世界的虚拟情境呈现原子、分子运动过程，能够将学生带入逼真的教学情境之中，促进知识的深度建构。

从选取的几个典型信息化教学案例中，不难发现有效的信息化教学都具有生动自然的教学情境。在《〈宇宙航行〉新型 WebQuest 教学设计》中，利用三位太空飞行员的图片和美国"发现号"航天飞船回家的照片以及"勇气号""机遇号"火星探测器的照片以及对应的科技事件来创设情境，很容易激发起学生对宇宙航行的探究兴趣，从而激发学生解决问题的动机。在《观潮》混合式教学中，通过赤水丹霞地貌、美国的波纹岩、撒哈拉之眼的图片和钱塘江大潮视频创设逼真的教学情境，激发学生的学习动机，促进学生对《观潮》一文的深度理解。在《我站在铁索桥上》翻转课堂教学中，通过《漫漫长征路》视频让学生理解长征路途中的艰难险阻，通过《飞夺泸定桥》视频让学生理解《我站在铁索桥上》的诗词意境；可见通过技术创设历史情境，可激发学习兴趣，促进学生对内容的理解。在《三角形三边的关系》互动教学中，利用小明遇到的三角形问题来创设生活情境，通过情境创设将生活中的三角形问题与教材中的三角形规律建立关联，激发学生数学学习的兴趣，帮助学生建立数学符号与生活实践之间的关联，促进学生对重要内容的迁移应用。

（二）内容呈现清晰易懂

清晰的内容呈现、有条理的讲授不仅可以帮助学生深度理解内容，让学习过程更加轻松容易，还可以帮助学习者根据自身能力和努力程度预测自己完成学习任务的可能性，增强学习者的自信心，从而获得满足感，激发学生对学习内容的兴趣。美国学者加里·D. 鲍里奇在《有效教学方法》中提出了促成有效教学的五种关键行为：清晰授课、多样化教学、任务导向、引导学生投入学习过程、确保学生成功率②。第一个行为

① 卢尚建. 信息技术背景下有效教学的特征及其策略［J］. 电化教育研究，2009（12）：76-79.

② 加里·D. 鲍里奇. 有效教学方法［M］. 易东平，译. 南京：江苏教育出版社，2011：5-14.

就是“清晰授课”，这一关键行为是指教师向全班呈现内容时清晰程度如何。清晰易懂的讲授和内容呈现方式，不仅可以在师生互动中通过“点拨、引领、启发、强化”，起到画龙点睛的作用，而且可以促进学生对知识的主动迁移和意义建构。

信息技术为清晰呈现教学内容提供了便利条件。在信息化教学中，教师可利用多媒体技术，使呈现的教学内容生动、形象、清晰、易懂，有利于突破教学中的重点和难点，使学生寓学于乐，易于理解，激活学生的学习兴趣，唤醒已有的知识经验。信息技术有助于清晰呈现内容可从两个方面来理解：第一，教学媒体呈现知识的方式灵活多样。图片、视频、动画所呈现的信息不是传统文本教材所比拟的，这会让整个教学过程更加丰富、有趣、清晰、易懂。第二，信息技术可呈现复杂的过程，让学生清晰地理解重难点。比如在呈现日食、月食产生的原理时，如果仅用文本呈现内容，无论教师如何讲解，不少学生对内容的理解还是不够深刻，甚至一知半解；但是利用动画可清晰地呈现天体的运动过程及日食、月食现象出现的原因。再如，在向学生呈现发动机工作原理时，教师依据发动机示意图讲解也很难清晰地呈现活塞运动与点火的时序关系，但是利用动画呈现不仅可以反复播放而且可以清晰地表现完整的过程，便于学生对内容的深度理解。

在前面几个典型的信息化教学案例中，基于信息技术的内容呈现也做到了清晰易懂。在《宇宙航行》WebQuest 教学中，利用信息技术清晰地模拟航天器的发射过程、航天器的环绕过程、航天器的逃逸过程，这可帮助学生理解《宇宙航行》的重难点，体现了信息化教学的巨大优势，这是传统纸质媒体、教师语言表达难以完成的。在《观潮》混合式教学中，课文的第三、四自然段绘声绘色绘形地描写了潮来时的壮观景象，从远到近，写得有序；声音从“闷雷滚动”到“山崩地裂”，景象从“一条白线”到“万马奔腾”；学生对这些描述的理解难度较大，在教学中利用视频技术清晰地还原潮来时的壮观景象，可帮助学生理解课文的文本描述，促进学生对课文内容和自然现象的深度理解。在《我站在铁索桥上》翻转课堂教学中，利用视频媒体、数字资源呈现的内容可帮助学生深入理解诗词内容和诗词意境。在《三角形三边的关系》互动教学中，利用信息技术清晰地呈现三角形三边关系及相关规律，可促进学生对数学复杂关系的理解。

（三）学生积极主动参与

陈佑清教授认为，学生身心素质发展的机制是学生自身的能动活动，教师的教导作用是通过激发学生的能动活动而促进其发展的；学生能动学习过程的特征是自主建构、能动创造和生成体验①。建构主义认为，在知识学习的过程中，学习者要以已有的认知结构为基础，对作为学习对象的知识进行选择、改造、加工，从而建构起知识在自己头脑中的意义；学生不是被动的知识接受者，而是主动的知识建构者②。加里·D. 鲍里奇也认为"引导学生投入学习过程"是促成有效教学的一种关键行为，"学生积极参与"也是判断一节课是否有效的基本要素③。由此可见，要想实现有效教学，促进学生身心素质的发展，必须引导学生积极主动参与课堂，进行知识的主动建构。

信息化教学环境下，教师可以积极利用信息技术的优势，通过多种技术手段，创设逼真的教学情境，激发学生学习动机，引导学生主动地参与到课堂教学中来。有效的信息化教学可以激发学生主动参与课堂，这可以从两个方面理解：第一，通过信息技术创设的逼真情境能够吸引学生的注意力，有趣的信息呈现也可以激发学生的学习动机，即通过信息技术的合理应用激发学生主动参与到课堂中来。第二，有效的信息化教学往往属于"学习中心课堂"，整个课堂教学以学生的"学习活动"为中心，并且强调"自主—协作—探究"，多样有趣的教学方式、丰富多彩的学习活动可激发学生主动参与到学习活动中来。

在前面几个典型的信息化教学案例中，学生在整个教学过程中都能够积极参与。在《宇宙航行》WebQuest 教学中，体现了"以学为中心"的教学理念，整个教学活动都围绕学生自主合作探究开展，信息技术为学生的自主探究提供了丰富的学习资源。在《观潮》混合式教学中，课前学生需要利用微课进行自主学习，并将学习问题记录下来通过网络提交给教师，还可通过社交性软件与同学、教师进行讨论交流；课中引导

① 陈佑清. 教学论新编［M］. 北京：人民教育出版社，2011，88-95.

② 何克抗. 建构主义：革新传统教学的理论基础：上［J］. 电化教育研究，1997（3）：3-9.

③ 加里·D. 鲍里奇. 有效教学方法［M］. 易东平，译. 南京：江苏教育出版社，2011：5-14.

启发学生思考、探究、合作、展示。在《我站在铁索桥上》翻转课堂教学中，整个教学活动都以学生的能动活动为中心，课前学生观看微课、完成自学任务、提出问题；课中学生在教师的引导下开展讨论交流、问题解决、拓展提升；课后学生搜索长征故事、长征诗歌并上传到云空间中分享、跟帖交流。在《三角形三边的关系》互动教学中，课前学生复习知识，寻找生活中的应用三角形特性的例子，学习《三角形三边的关系》微课，并将学习中的问题通过网络反馈给教师；课中在教师的引导下开展小组活动、互动探究、探知规律、运用规律、随堂练习；课后完成作业，根据评价结果找出错误的原因并自我纠正，对未掌握的学习内容利用微课进行学习补救。可见，有效的信息化教学一定能够激发学生自主能动地参与到学习活动之中，学生的学习是主动的、而非被动的。

（四）教学对话民主和谐

在传统讲授式教学中，教师是课堂教学的管理者，权威型课堂的氛围一般比较沉闷，师生关系处于高度紧张状态，这不利于学生自主性的发挥，更不利于教学的互动与生成。民主和谐的教学对话不仅可以建立良好的师生关系和教学氛围，也是维持学习动机、有效开展教学活动的重要条件。民主和谐的教学氛围可以引导学生主动参与教学，从而达到有效教学、高效课堂的目的。加里·D. 鲍里奇研究表明，温暖的学习氛围是有效教学的重要特征和要素，教师要通过满足学生的表达需要，满足学生的表现欲望，让学生有展示自己的机会，建立温暖和谐的人文环境①。另外，民主和谐的教学对话还有利于教学的互动与生成，对激发学生的创造力具有重要价值。

在信息技术背景下，教师的“知识来源唯一”的地位被打破，师生之间的关系趋近平等，为民主和谐的教学对话创设了条件。互联网和智能终端的普及使信息的传递越来越迅速便捷，学生可以极其方便地获取自己需要的知识、信息、内容，甚至找到解决问题的钥匙。与此同时，信息技术在教学过程中的应用扩展了师生交往的时间和空间，能够为师生交往创设平等的环境与条件。在这种背景下，教师不再是学科知识的

① 加里·D. 鲍里奇. 有效教学方法［M］. 易东平，译. 南京：江苏教育出版社，2011：5-14.

唯一拥有者和供给者，只是为学生获取知识、建构知识的引导者、协商者、合作者和促进者。由于教师对知识的垄断地位被打破，在客观上为创造平等的师生关系创设了条件，这就使得教学中的民主氛围越来越浓厚，学生在这样的学习环境中学习，民主平等意识也会逐渐增强。

在前面几个典型的信息化教学案例中，整个教学过程体现出了民主的对话方式与和谐的课堂氛围。在《宇宙航行》WebQuest 教学中，课堂教学中的师生对话、生生对话无不体现出民主，教学氛围也比较和谐。在《观潮》混合式教学中，师生问答、生生合作、在线讨论、学生展示都体现了平等的对话空间。在《我站在铁索桥上》翻转课堂教学中，讨论交流、交流汇报、平台互动、问题求解、网上分享、跟帖无不体现出平等的师生关系。在《三角形三边的关系》互动教学中，小组协作、讨论交流、互动生成也都体现了教学对话民主和谐。可见，由于有效的信息化教学一般以学生自主学习、探究学习、协作学习为主，容易形成民主的教学对话；另外信息技术的应用也为创设和谐的教学氛围创造了有利条件。因此，民主和谐的对话关系是有效信息化教学的重要特征。

(五) 教学过程互动生成

教学是在预设的基础上师生共同生成经验的过程，只有师生共同参与创造，才会生成更多体验和经验。当团队中的每一个成员为共同的目标而工作时，活动是最有效的[①]，因为它能激发团队成员之间的合作。在教学活动中，师生共同参与创造活动、实现互动生成，可以让教学效果达到最优化，教师与学生之间的互动可以大大增加教学交流、传递信息、产生情感。教师和学生都是活生生的人，是不同文化背景中的行为主体，这就要求教师不但要充分利用学生已经获得的知识经验，通过启发、引导、讲解、示范、监督、评价等手段，与学生共同设计问题，鼓励学生采取合作学习的方式，积极参与创造，而且要与学生共同面对问题，指导和帮助学生解决学习过程中的困难和困惑。建构主义学习理论认为，学习者通过与环境、伙伴之间交互所生成的体验与经验，对深度理解学

① 杨学良. 有效教学的标准和评价策略 [J]. 教学与管理，2007 (3)：62-63.

习内容和建构知识意义有着重要价值[1]。美国教育部教育多元化与卓越化研究中心提出的五条“有效教学标准”，第一条标准就是师生共同参与创造性活动。师生共同参与创造性活动自然会导致教学的互动生成。

信息技术为教学提供的学习资源、认知工具、教学情境、评价工具都可能成为师生“共同参与教学创造、实现互动生成”的条件和手段，教师合理地应用信息技术，可促进师生、生生之间的交往合作，激励学生与教师共同参与教学创造，实现互动生成的目的。第一，丰富的学习资源为共同创造、互动生成提供了条件。在传统教学中，纸质教材资源单一，学生的学习内容唯一；而数字化学习资源丰富多样，学生可以从不同维度、不同路径进入学习，开拓了学生的思维，为互动生成提供了便利条件。第二，信息技术作为交互工具为互动生成提供了手段。当信息技术作为师生之间、生生之间信息互动工具时，师生、生生之间的互动更为频繁、更为方便，尤其是数字化教学信息的传递更为快捷，这无疑促进了教学互动。第三，信息技术创设的教学情境为互动生成提供了环境。信息技术所创设的逼真的、有趣的教学情境能够启发学习者拓展思维，为互动生成提供环境条件。

在前面几个典型的信息化教学案例中，整个教学都体现了互动生成。在《宇宙航行》WebQuest教学中，学生在自主探究过程中呈现出大量的讨论、交流、合作，在这些教学活动中体现了教学生成。在《观潮》混合式教学中，师生之间、生生之间的讨论、合作、展示，也体现了互动，在深度互动过程中实现了经验生成。在《我站在铁索桥上》翻转课堂教学中，课堂上的互动教学体现得淋漓尽致，同时也是典型的生成性教学。陶西平先生认为“翻转课堂”是“生成课程”这一全新理念的充分体现[2]。生成性课程强调课程的创造性和生成性，认为课程是在教师、学生、内容和环境等多种因素持续的相互作用过程中动态生长的新课程。何克抗教授也认为“生成性课程”理念在翻转课堂教学实践中得到了生动的体现[3]。翻转课堂中，教师、学生在课堂上围绕问题任务进行讨论交

① 卢尚建．信息技术背景下有效教学的特征及其策略［J］．电化教育研究，2009（12）：76-79.

② 陶西平．翻转课堂与生成课程［J］．中小学管理，2014（3）：58.

③ 何克抗．从翻转课堂的本质看“翻转课堂”在我国的未来发展［J］．电化教育研究，2014（7）：5-16.

流，不断碰撞生成新观点、新思路和新方法，这个过程就是教师、学生与内容、环境不断作用实现意义生成的过程。在《三角形三边的关系》互动教学中，师生问答、小组活动、成果展示、即时评价均体现了教学互动。可见，有效的信息化教学均体现出教学的互动性与生成性。

三、信息技术在教学中有效应用的基本原则

信息技术教学应用的价值体现不是必然的，如果应用不当并不能提高教学效果、促进学生发展，可能还会适得其反。尽管在不同的信息化教学中，信息技术应用的方式、信息技术的价值体现各不相同，但是在应用过程中依然有一些相似的特性和基本的准则。因此，有必要从典型的信息化教学模式及优秀案例中提炼出信息技术有效应用的原则，为一线教师在具体情境中应用信息技术提供参考。笔者依据信息化教学实践经验，从上面典型的信息化教学模式及优秀教学案例中，总结出信息技术有效应用需要注意的六项原则。

（一）必要性原则

我们在听课的过程中，发现不少课堂的信息技术应用异常热闹，表面上技术与教学进行了融合，但是仔细端详后发现整个课堂的教学目标并未实现，当问及学生是否掌握了学科内容时，学生一脸茫然。针对当前中小学信息化教学中出现的“技术滥用”“技术至上”“技术崇拜”“只见技术不见人”等现象，有必要提出信息技术应用的必要性原则。必要性原则也称为实用性原则，即只有在教学中需要应用信息技术时才使用，而不是把信息技术作为教学的“花瓶”“摆设”。何谓“需要使用信息技术”？笔者认为需要使用信息技术就是指如果不使用信息技术手段就难以达到预期的效果、效率或效益。教师要做到必要性原则需要在正确认识信息技术教学价值的基础上，关注技术应用与教学效果、教学效率、教学效益之间的关系，即信息技术的应用能否提高效果、效率、效益，能否有利于促进学生的素质发展。再具体地说，信息技术的应用能否促进知识与技能、过程与方法、情感态度与价值观三维目标的达成，学科核心素养的发展，如果不能将信息技术与三维目标建立明确的关联，那么就需要认真考量教学是否真的需要应用信息技术了。

在《宇宙航行》WebQuest教学中，由于整个教学都是基于资源的探究式学习，整个教学都需要信息技术的支持。在《观潮》混合式教学中，学生在课前使用微课自学、通过网络提交问题、利用社交性软件开展讨论，这些信息技术活动都是必需的；课中使用教学课件、钱塘江大潮视频；课外通过QQ在小组内合作探究，技术应用都是教学所需要的，缺乏这些技术支撑难以达到满意的教学效果。在《我站在铁索桥上》翻转课堂教学中，微课、云空间、跟帖、云端互动交流、平台互动、课后网络搜索、成果分享、跟帖等技术实践都是翻转课堂所必需的，不存在技术滥用的情况。在《三角形三边的关系》教学中，自学微课、学习问题的网络反馈、情境创设、基于平板的互动、即时评价、课后作业评价、自学微课补救等信息技术使用也都是必需的。因此，以上四个典型案例的信息技术应用均符合必要性原则。

（二）适宜性原则

在中小学课堂教学中经常出现不恰当使用信息技术的现象，比如技术应用不符合学生认知特征、不适合学习内容、不适合学习目标、不具备客观条件等。刘志华（2005）研究认为，适宜性是指合适和相宜，合适是信息技术在教学中的应用找到落脚点，相宜是指信息技术在教学中的应用找到切入点①。笔者认为，适宜性原则是指信息技术的选择类型、应用方式、应用时间均符合认知规律、学习内容、学习目标、学科特点、具体情境等，能够真正提高教学效果、效率或效益，从而促进学生的素质发展。笔者认为适宜性具有以下几个方面的内涵：一是选择合适的媒体类型。比如在高中政治课“政府职能”创设教学情境时，可选用汶川地震中政府救援报道视频来创设情境；当然也可以使用图片，但是图片的效果远不如视频。再如，在二元二次方程学习中，传统板书的方法最好，使用幻灯投影效果反而适得其反。二是选择合适的应用方式。同一种媒体的应用方式不同，取得的效果可能也不一样。互联网时代网络也是一种学习媒体，如果让学生在课下基于互联网开展某一特定主题的研究性学习，可能效果比较好；但是如果让学生在课上使用互联网搜索某

① 刘志华. 信息技术在课堂教学中应用的原则［J］. 中国电化教育，2005（6）：66-68.

个主题的信息后加工展示，在有限的时间内让学生在茫茫网络中搜索信息难度较大，学生很容易陷入“网络迷航”；如果此时让学生在制作好的专题性网站中查找相关内容并进行加工展示，可能针对性更强、效果更好。三是选择合适的应用时间。教师们经常使用视频媒体创设教学情境，如果选择视频的内容和时间比较恰当，效果一般比较好；但是如果播放15 分钟视频来创设情境，显然喧宾夺主了。

在《宇宙航行》WebQuest 教学中，采用宇航员系列图片创设情境，利用 Web 学习资源引导学生学习宇宙航行的相关知识，采用动画模拟宇宙航行的情境和实验，提供支持网站等都适合学习者的探究学习，不仅能够培养学生自主学习能力，还可以提高学生的信息素养。在《观潮》混合式教学中，微课、网络提问、QQ 讨论、课件呈现、大潮视频、QQ 小组探究等技术应用方式、时机都比较恰当。在《我站在铁索桥上》翻转课堂教学中，微课、云空间、在线交流、平台互动、网络搜索、成果分享、网络跟帖等都符合翻转课堂的特点，并且技术应用较为恰当。在《三角形三边的关系》教学中，微课、网络反馈、情境创设、平板互动、即时评价等信息技术应用都支持了互动学习，体现了“以学为中心”的教学理念，整体来说是比较恰当的。因此，以上四个典型案例的信息技术应用均符合适宜性原则。

（三）辅助性原则

信息技术与学科教学整合过程中，技术与教学的关系一直是困扰教师们的一个难题。学者们曾经为教育技术是姓“教”还是姓“技”争论不休。无论如何争论，“技术是为教学服务的”始终正确。当前我国中小学课堂教学存在着一定程度的“唯技术化”倾向，主要表现为教师在教学过程中过度依赖技术，甚至忽视了教学的主体地位，课堂教学被技术主宰，甚至离开媒体就无法上课。前面分析过最为典型的就是播放视频代替操作演示、利用 PPT 呈现推理演算。针对教育信息化过程中出现的“技术凌驾于教学之上”现象，有必要提出辅助性原则。辅助性原则是指信息技术的应用是为教学服务的，一切以教学需要为准。尽管我们现在大力倡导信息技术与教学深度融合，期望信息技术能够与学科内容、教学方法融为一体，但是在讨论技术与教学之间的关系时，教学依然处于主要地位，技术处于辅助地位，技术一定是为教学服务的，任何脱离

“服务教学”的技术应用都是不合理的。

在《宇宙航行》WebQuest教学中，整个课堂均使用了信息技术手段，但是从教学设计不难看出，技术的应用并没有影响教学的主体地位，整个教学活动依然围绕“宇宙航行”这个主题展开，并且时时关注知识目标、能力目标和情感、态度与价值观目标，尤其是任务设计、过程设计和评价设计紧抓学科知识点。在《观潮》混合式教学中，课前、课中、课后都使用了信息技术手段，但也都体现了技术为教学服务的特征，并没有出现喧宾夺主的现象，无论基于微课的自学、学习问题的网络收集，还是情境创设、教学课件呈现、网络合作探究等技术活动都指向了三维目标的实现。在《我站在铁索桥上》翻转课堂教学中，自学微课、平台互动、唱歌分享、跟帖交流也都以“辅助教学、提高效果”为宗旨，技术的使用秉持着支持教学的角色，没有出现“花瓶、摆设、作秀”现象而将技术凌驾于教学之上。在《三角形三边的关系》教学中，微课、网络反馈、情境创设、平板互动、即时评价等技术实践也都是为教学服务的。因此，以上四个典型案例的信息技术应用均符合辅助性原则。

（四）情境性原则

建构主义理论、情境认知理论都认为真实的情境是有效学习的重要条件。戴尔的“经验之塔”把人类获取经验的方式分为三类：做的经验、观察的经验、间接经验①。认知学习主要是通过符号学习获取人类已有的经验，这种方式获得经验基本上属于间接经验，往往脱离了生活情境。学生仅仅获得间接经验难以培养其问题解决能力和创新能力。由于社会文明的发展，学生需要学习的知识种类数量繁多，不可能所有的经验都采用做的方式获得。因此，观察的经验就是直接经验和间接经验的桥梁，它弥补了书本学习脱离现实情境的困境。信息技术可以为教学创设逼真的情境，弥补符号学习剥离现实情境的问题。情境性原则就是充分利用信息技术手段为教学创设逼真的教学情境，诱发学生的学习动机，建立符号学习与生活情境之间的关联，帮助学生获得对知识的直观感受和情感体验。情境主要包括：生活情境、虚拟情境和知识情境。生活情境就

① 陈维维. 审视与反思：戴尔“经验之塔”的发展演变［J］. 电化教育研究，2015（4）：9-14.

是学习者所在的社会情境，可利用媒体技术还原事件发生的过程或背景。虚拟情境就是利用虚拟现实和虚拟仿真所创建的模拟情境，适用于那些生活情境难以表现的领域。知识情境就是知识所发生的背景与过程情境，能够帮助学习者建构知识的意义。需要说明的是，并不是在所有教学中都需要创设以上三种情境，而是根据内容和学情的需要进行设计。

在《宇宙航行》WebQuest 教学中，通过真实有趣的图片和举世瞩目的科技新闻来创设情境，容易引起学生的兴趣，引起学生对宇宙的探索，从而激发学生问题求解的动机。在这种情况下，学生才会有很强的问题意识。在《观潮》混合式教学中，利用我国的赤水丹霞地貌、美国的波纹岩、撒哈拉之眼等系列图片创设“天下奇观”情境，利用“钱塘江大潮”视频创设知识情境，激发学生学习《观潮》的兴趣。在《我站在铁索桥上》翻转课堂教学中，首先播放《漫漫长征路》视频，创设历史学习情境，让学生理解长征路途中的艰难险阻，激发学习兴趣。播放《飞夺泸定桥》视频，再次创设历史情境，帮助学生体会历史情感。在《三角形三边的关系》教学中，通过图片展示小明生活中遇到的三角形问题，创设生活情境激发学生探究三角形三边关系规律的兴趣。

（五）伦理性原则

信息技术在为课堂教学带来便捷性、生动性、功效性的同时，在教育信息化高速发展的冲击下，似乎已经跨越了技术的“辅助角色”，教学的重心不断地向技术倾斜，甚至产生了教学的“技术化倾向”。不少教师似乎已经认为技术进入课堂的正面价值是必然的，然而“技术至上”“媒体作秀”“技术中人的隐退”等现象不断呈现。依据辩证唯物主义技术观和科学人文主义教育观，任何技术在课堂教学中展现积极价值的同时，也都存在着某种教学风险的可能性。信息技术的应用是师生主体间通过“技术中介物”进行的一种相互作用过程，是一种“为人至善”的活动，因此探索信息技术的应用不得不考量技术实践所折射出来的伦理问题。信息技术应用的伦理性原则是指我们在应用信息技术的过程中，尽量规避技术给学生、给教学带来的负面效应，让信息技术发挥其正面教学价值。要做到伦理学原则需要通过教师的职前学习、职后培训、标本研修等多维路径发展教育技术能力，提升教师的信息技术伦理素养；让教师能够辩证认识信息技术教学价值的双重属性，防止技术给学生带来的不利影响，加强学生的信息伦理教育，关照技术应用的伦理品性。

在《宇宙航行》WebQuest 教学中，虽然整个教学过程都用到了信息技术，但是不存在滥用技术、技术作秀、影响学生健康等问题，信息技术主要是促进学生开展自主学习、探究学习、合作学习等能动活动。在《观潮》混合式教学中，在课前、课中都使用了信息技术手段，但技术使用都比较恰当、适宜，未出现前面所分析的技术伦理失范现象。在《我站在铁索桥上》翻转课堂教学中，同样未出现典型的技术伦理问题，信息技术应用未给学生和教学带来明显负面影响。在《三角形三边的关系》教学中，虽然主要是基于“小屏媒介”，但是学生使用平板的时间不长，未超过整个课堂的 1/3，并且是阶段性的，平板主要用于学生学习数据、评价数据的收集与反馈，未给学生带来视力上的潜在风险；但是这几个案例中，教师均未引导学生恰当地使用信息技术。

（六）经济性原则

任何媒体的使用都需要一定的成本，我们在教学中选用信息技术要符合经济性原则。经济性原则就是选用媒体的概率是由媒体功效和媒体代价来决定的，尽量选择那些功效高、成本低的媒体。何克抗教授提出在选择教学媒体过程中要遵守“代价最小原则”，也就是在教学媒体的选择上，根据媒体的效能和需要付出的成本来决定，尽量实现以最低的成本来取得最大的效果①。美国传播学专家施拉姆（Wilbur Schramm）根据经济学的“最省力原理”提出了施拉姆公式：媒体选择概率（P）＝媒体的功效（V）/媒体的代价（C）②。其中 V 主要是指教学媒体促进教学目标达成的功能和效率，主要包括：创设教学情境、激发学习动机、拓展学生的思维、唤醒已有经验、清晰呈现内容、直观显示过程、高效阐释原理、提高学习体验等。C 主要指使用媒体所需要花费的人力成本、时间成本和经济成本。李龙教授认为施拉姆公式是一种教学媒体选择的最优化规律③。依据施拉姆公式，选择教学媒体时必须遵循低成本、高效能

---

① 何克抗．教学系统设计［M］．北京：北京师范大学出版社，2002：124．

② 张亚斌．远程教学中的媒体选择理论［J］．开放教育研究，2006（1）：54-58．

③ 李龙．教学过程设计［M］．呼和浩特：内蒙古人民出版社，2001：216．

的原则。有学者基于这个原则设计了“媒体最优选择决策模型”。在一个二维坐标系中，用纵坐标表示媒体成本（C），横坐标表示媒体功效（V），在横坐标和纵坐标的中央位置绘制两条虚线，分别表示成本（C）和功效（V）的“中间值”；这样就将坐标系分为高功效高代价、高功效低代价、低功效低代价、低功效高代价四个区域，如图 5-10 所示。那么，高功效低代价区域即为媒体最佳选区，高功效高代价区域即为媒体可选区。

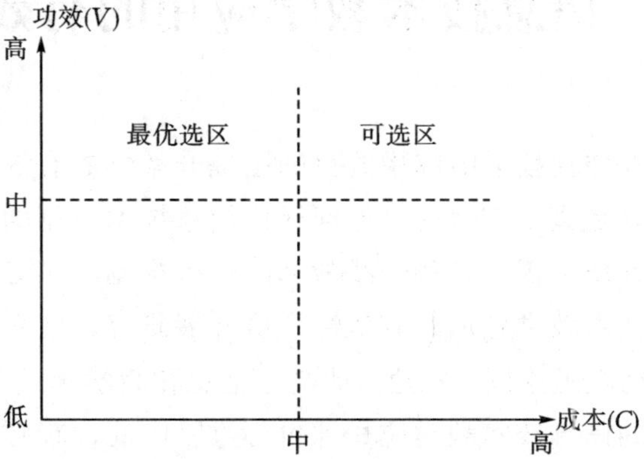

图 5-10　媒体最优选择决策模型

在“宇宙航行”WebQuest 教学中，系列图片及相关新闻信息、基于 Web 的学习资源成本都不高，但是效果却不错；虚拟动画呈现的宇宙情境和虚拟实验虽然成本高一些，但这是其他媒体难以实现的功能，此处只有采用动画才能逼真地模拟天体运动过程，因此该案例中的技术应用符合经济性原则。在《观潮》混合式教学中，微课视频、网络提问、QQ 讨论、课件呈现、钱塘江大潮视频、QQ 小组探究等技术使用的成本都较低。在《我站在铁索桥上》翻转课堂教学中，微课视频、云空间、在线交流、平台互动、网络搜索、成果分享、网络跟帖等信息技术成本也不高。在《三角形三边的关系》教学中，虽然每个学生都使用了平板电脑，但是随着国产平板电脑价格的进一步降低，成本也不高；微课、网络的使用成本较低。因此，以上四个典型信息化教学案例的信息技术应用均符合经济性原则。

第六章　信息技术教学应用的有效性评价

信息技术在课堂教学中应用的目的是提升教学的有效性，到底什么样的技术应用才是真正有效的，如何评价信息技术应用的有效性呢？这始终是困扰教育技术工作者和一线教师的一个难题。尽管已经有不少学者试图对信息技术教学应用的有效性评价开展研究，但文献分析发现不少研究仍然停留在理论框架构建上或特定信息化教学模式评价的讨论上，尚未形成成熟的信息技术教学应用评价标准。因此，有必要构建信息技术教学应用有效性的评价体系。

一、信息技术教学应用有效性评价的两种取向

信息技术教学应用的有效性有两种不同的评价方式：一是把信息技术应用的效果从教学的有效性中剥离出来，单独来评价信息技术应用是否恰当、合理；二是把信息技术应用的效果置于教学的有效性之中，通过考察信息技术应用促进教学有效性的程度，间接反映信息技术应用的有效性问题。

（一）直接评价信息技术应用的有效性

基于本研究第一章对“信息技术教学应用的有效性”的界定和对“信息技术有效性”的分析，“信息技术的有效性”可体现在三个方面，即技术应用的伦理性、技术应用的适宜性、技术应用的功效性。信息技术应用的伦理性主要考察信息技术应用于课堂教学过程中“技术与人”“技术与教学”的伦理关系，具体是指信息技术的应用符合教育技术行业伦理规范、教学伦理规范，规避信息技术给学生、给教学带来的负面效应，确保学生的体质健康、人身安全、情感发展等免于遭受伤害。信息

技术应用的适宜性主要描述信息技术应用是否适合特定课堂教学环节，具体是指信息技术应用符合教学情境要求、学生发展规律、客观现实条件等，并且信息技术应用能够发挥其独特的优势和价值。信息技术应用的功效性主要是指信息技术应用在符合伦理性和适宜性的前提下，一定程度上提高了教学的效果、效率和效益。依据笔者对中小学课堂教学的观察和对中小学教师的问卷调查及访谈，信息技术应用的伦理性可主要从不影响学生身心健康、不抑制能动活动、未忽视信息伦理教育、不增加学生过量负担四个子维度进行考察；信息技术应用的适宜性可主要从符合特定教学情境、符合学生发展规律、符合现实客观条件三个子维度进行考察；信息技术应用的功效性可主要从信息技术改善教学效果、提高教学效率和增强教学效益三个子维度进行评价。因此，笔者认为信息技术的有效性直接评价维度如图 6-1 所示。

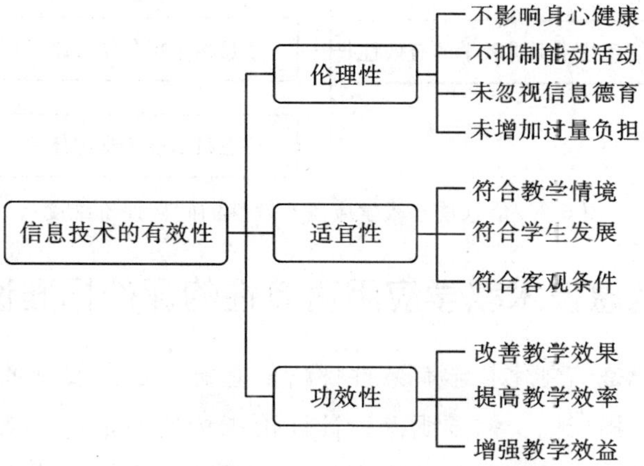

图 6-1　信息技术教学应用有效性的直接评价维度

（二）间接评价信息技术应用的有效性

信息技术应用的效果最终体现在教学成效上，也可以通过考察“信息技术促进教学有效性的程度”来间接反映信息技术应用的有效性。两种评价方式各有优劣，至于选择哪种评价方式，这要看评价主体更关注什么。如果更关注信息技术的应用是否恰当，可选择第一种评价取向；如果更关注信息技术支持下教学的有效性，可选择第二种评价取向。在与一线教师的访谈中发现，教师们更为关注信息化环境下教学的有效性问题，因此本研究选择通过间接评价的方式来评价信息技术应用的有效性，即把信息技术应用的有效性置于教学的有效性之中进行评价，主要评价信息技术促进教学有效的程度和状况。

本研究基于有效教学理论、教学评价理论和信息化教学理论等，借鉴了已有的信息技术应用有效性相关研究，如田建林从认知、情感和行为三个维度开展有效性评价①，袁小红从学习时间、学习效果、学习体验、学习发展四个维度开展有效性评价②，管珏琪、Peter Riezebos、苏小兵等将学习产出分为心理层面、行为层面、效果层面③。笔者认为信息技术应用的有效性评价，可从信息技术改进学习过程、信息技术优化学习效果、信息技术改善学习体验三个主要维度进行考察，在“一级指标设计”中会详细说明原因和依据。信息技术教学应用有效性的间接评价维度如图 6-2 所示。

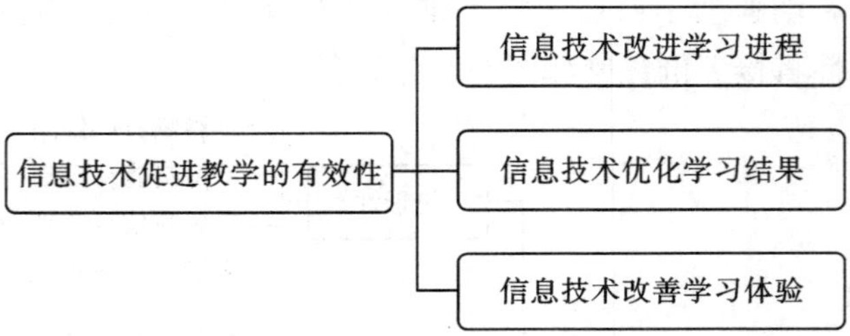

图 6-2　信息技术教学应用有效性的间接评价维度

二、信息技术教学应用有效性的评价标准设计

评价指标是信息化教学有效性评价的基础，是开展有效性评价的依据。确定评价指标前，需要明确设计评价指标的原则是什么，设计评价指标的依据有哪些，然后基于原则和依据设计具体的评价指标，再从理论和实践上探讨评价指标的权重分配方法。

（一）评价指标设计的原则

教学评价是一个比较复杂的问题，“信息技术教学应用的有效性”涉

---

① 田建林．信息技术融入课堂教学有效性的实验研究［D］．大连：辽宁师范大学，2012：12-13.

② 袁小红．高校信息化教学资源利用有效性研究［J］．中国电化教育，2011，296（9）：90-94.

③ 管珏琪，Peter Riezebos，苏小兵，等．电子书包对学生学习体验与学习成绩的影响［J］．中国电化教育，2015（9）：56-62.

及信息技术的应用、教学有效性、信息技术应用与教学有效性的关系等问题，要科学地设计出信息技术应用有效性评价指标，需要坚持以下几项原则：

1. 全面性与科学性

评价指标要能够全面科学地反映信息技术应用的有效性程度，是评价指标设计的关键所在。依据过程性评价、发展性评价理论，笔者认为要保证评价指标的科学性与全面性需要做到以下两点：第一，过程与结果并重。信息化教学相对于传统课堂的教学过程更复杂、学习活动更丰富、学习结果更多样。要科学地评定信息技术应用的成效，不仅要评价学生的学习结果，而且要评价学生的学习过程。评价指标的设计务必做到过程与结果并重，这样才能全面科学地评价信息技术应用的效果。第二，知识与发展并重。信息化教学中的学习方式和学习活动复杂多样，所产生的学习结果更加丰富。信息化教学的学习方式既有接受学习，又有自主学习、合作学习、探究学习；既有系统学习，又有泛在学习、微型学习等。学习活动既有学生自学、小组讨论、提问互动、实际操作，又有亲身体验、总结反思等。多样的学习方式和复杂的学习活动必然会生成丰富的学习结果，要全面地评价信息技术应用的有效性，不仅要评价学生掌握知识的状况，还要考察学生能力素质的变化，比如学习能力、协作能力、创新能力等素质的发展情况。

2. 操作性与可靠性

评价指标最终都需要进行量化处理，这也是定量评价的基本要求。信息技术应用的有效性评价需要采用量化的方法进行处理，这就需要评价指标设计充分考虑评价的可操作性，即评价指标是可被直接观察或测量的。尤其要注意评价指标是否能够采样、量化数据的易获性、数据处理的科学性等。另外，还需要考虑到评价数据来源的可靠性，即评价数据是否能够真实地反映信息技术应用的有效性，尤其要关注指标描述的精确性与易懂性、评价指标分解的合理性、显性指标的可观察性、内隐指标的可测量性、评价数据采样的客观性、不同评价主体数据的一致性、评价结果的信度和效度等问题。除此之外，在指标设计过程中还需要考虑到评价体系的通用性与适用性，即评价体系尽量要能够适用于绝大多数信息技术应用情境，否则操作性与可靠性难以体现。

3. 不交叉与不重叠

不交叉是任何指标设计所具备的必要条件之一，信息技术教学应用有效性评价指标自然要满足这个要求。即各评价指标之间所表示的含义各不相同，不存在相互包含的情况，各自呈现出相互独立的特性。另外一个需要注意的是评价指标之间不存在重复计算的情况。以往的教学评价常常存在着既评价教师的“教”，又评价学生的“学”的情况，甚至把“教”与“学”并列起来作为评价指标，比如某教学评价标准把“教师的教学行为”与“学生的学习行为”并列作为一级评价指标，这显然有失偏颇。再如，将影响教学行为的变量与具体教学行为、教学行为的结果、教师的能力素质等进行并列①。这样的指标设计显然存在着指标结构混乱、层次不清的问题。

（二）评价指标设计的依据

任何评价标准的制定都有一定的理论基础，信息技术教学应用的有效性评价标准设计的依据有：“以学评教”的评价取向、有效教学的评价标准、信息技术的教学功能、信息化教学的评价标准、信息化教学的田野调查。“以学评教”的评价理念决定着评价指标重点关注学生的学习过程和学习结果，而非教师的教导行为和教导结果，即通过评价学习过程与学习结果来考察技术的应用成效；有效教学评价标准为评价指标提供了整体设计框架，它是信息技术应用所追求的最终目标；信息技术的教学价值是技术应用评价关注的焦点，对评价指标设计具有重要价值；信息化教学的评价标准相对于一般教学评价更为关注信息技术的教学功效和价值发挥，为评价指标设计提供了文献借鉴；信息化教学的田野调查是该评价指标设计的实践基础，是实践向理论升华的源泉，为信息技术教学应用有效性评价提供佐证。

1. “以学评教”的评价取向

主流教学理论倡导“以学评教”。前沿教学理论普遍认为，教学不仅仅是向学生传授知识，更重要的是促进学生素质的全面发展。20 世纪二三十年代，维果茨基提出：儿童心理具有现实和潜在两种发展水平，这

① 陈佑清，陶涛.“以学评教”的课堂教学评价指标设计［J］. 课程·教材·教法，2016（1）：45-52.

两种心理水平之间的差距构成儿童的最近发展区①。1975 年，赞可夫基于实验研究在《教学与发展》著作中，提出了旨在促进学生“一般发展”的发展性教学的原理，这里的“一般发展”主要是指认知、意志与情感等多维心理发展②。1998 年，我国著名教学论专家裴娣娜教授在“少年儿童主体性发展的教育实验”的基础上，提出教学就是要通过学生主体性的活动，促进学生的主体性品质的发展③。虽然不同学者对“发展性教学”理解不同，但是其有两个共同特征：强调教学要以学生的发展为最终目的，特别关注学生的发展过程。陈佑清教授在前人研究的基础上，提出教师的教导活动是引起学生能动活动的条件，它不能直接作用于学生素质发展；有效的教学是通过教师的教导活动激发、引导学生开展能动学习活动而实现素质全面发展的过程④。可见，教学的最终目的是促进学生素质的全面发展，那么教学评价不能只关注教师的教学活动，而更应该关注学生的学习过程与学习结果，即教学评价应该选择“以学评教”的取向。

现行教学改革呼吁“以学评教”。目前国内主流的课堂教学评价偏向“以教论教”，主要从“教”的维度对教学开展评价，难以真实地评价教学的真实成效。“教”与“学”是具有相对独立性的。尽管教师的“教”和学生的“学”相互影响，但是“教”与“学”是两个独立主体各自的活动行为，二者存在着相对独立性，即教师“教”的行为不能直接作用于学生素质发展，而是通过激发、引导等教导行为引发学生能动的学习活动，学生在能动的学习活动中得到发展。因此，传统“以教评教”的评价取向难以直接指向学生的发展情况。当下的教学改革在价值取向上突出“以学生发展为本”，教学过程强调以学生能动的学习活动为中心，“以教论教”的评价取向不能满足当下教学改革潮流的要求。“以学评教”理念才能适应学习中心课堂教学评价的基本诉求。陈佑清教授等认为，“以学评教”的评价指标体系设计的基本思路是：以教师教导所引起和促

① 维果茨基．维果茨基教育论著选［M］．北京：人民教育出版社，1994：400-404.

② 赞可夫．教学与发展［M］．杜殿坤，等译．北京：人民教育出版社，1985：42-49.

③ 裴娣娜．发展性教学论［M］．沈阳：辽宁人民出版社，1998：20.

④ 陈佑清．教学论新编［M］．北京：人民教育出版社．2011：88-95.

成的学生学习行为的表现、状态来评价教师教导的质量和效果①。“以学评教”的评价体系主要从学生在课堂教学中所表现出来的学习行为开展评价。

信息化教学倡导“以学评教”。在信息化教学中，教师恰当地应用信息技术能够彻底革新单一的传统教学方式，采用媒体技术为学生创设逼真的教学情境，利用优质资源支持学生多样化的学习方式，让个性化学习成为可能，同时有利于不同地区、不同学校、不同班级教学的均衡发展，真正促进学生素质的全面发展和个性化发展。因此，信息技术支持下的教学评价自然要指向学生的素质发展、突出教学评价的发展价值、注重评价的诊断功能、强调评价主体的多元化。信息技术教学应用的有效性评价不能仅仅从教师的教学行为进行，而应该从学生的学习行为和学习结果来实施，即坚持“以学评教”的评价取向。

2. “有效教学”的评价标准

信息技术教学应用的根本宗旨是提高教学的有效性，那么我们在评价信息技术教学应用的成效时，自然要依据“有效教学评价标准”衡量信息技术是否改善了有效教学评价指标、在多大程度上改善了有效教学评价指标。

(1) 国外有效教学评价标准。

国外影响力较大的有效教学评价标准或有效教学行为标准如表 6-1 所示。在国外基础教育中，最具影响力的是美国教育多元化与卓越化研究中心开发的“有效教学”五项标准，相关实证研究表明在课堂上使用这个标准对改善学生学习效果具有明显作用②。五项标准的具体内容是：创造性活动、语言和文化素质发展、学习情境化、复杂思维、教学对话。国外另一个具有较大影响的有效教学标准框架是夏洛特·丹尼尔森(Charlotte Danielson) 制定的“教师专业实践教学框架”③，该框架包括 4 大模块、26 个组成部分和 66 个要素。板块 1：计划和准备（掌握学科

① 陈佑清，陶涛. “以学评教”的课堂教学评价指标设计 [J]. 课程·教材·教法，2016 (1)：45-52.

② 游森，秦建平，王逸尘. 卓越教师教学行为评价指标研究 [J]. 中国教育学刊，2021 (12)：72-78.

③ 夏洛特·丹尼尔森. 提升专业实践力：教学的框架 [M]. 杨晓琼，译. 北京：教育科学出版社，2008：2-5.

内容和教学方法、了解学生、确立教学目标、利用教学资源、设计合理的教学、设计学生评价体系）。板块 2：教学环境（创设尊重与和谐的课堂环境、建立学习文化、组织与管理教学过程、管理学生行为、创设物理环境）。板块 3：教学行为（与学生交流、运用提问和讨论技术、让学生参与学习、为学生提供及时反馈、灵活处理与积极反应）。板块 4：专业职责（教学反思、准确记录学习情况、与家长交流沟通、专业成长与发展、体现专业素质）。另外，美国加里・D. 鲍里奇教授提出促成有效教学的五种关键行为①，这五种关键行为在有效教学领域影响力也比较大，受到了研究者和教师们的广泛认可。

表 6-1　国外有效教学评价标准

研究者	国外有效教学评价标准
CREDE	创造性活动、语言发展、学习情境化、复杂思维、教学对话
Charlotte Danielson	计划和准备、教学环境、教学行为、专业职责
Gary D. Borich	清晰授课、多样化教学、任务导向、引导学生投入学习过程、确保学习成功率

分析发现，国外有效教学评价标准存在着明显的共同特征。第一，从教师教学行为来评价教学。评价标准主要是从教师的专业化发展维度制定，评价标准为教师提供一个设计教学的基本框架，旨在提高教师的专业能力。第二，基于大量样本分析得出评价框架。研究者均通过选取大量的样本，让教师开放地描述有效教学行为与特征，根据教师们提及教学行为的频数来判定“有效教学”评价指标的依据。第三，注重动机激励与情感参与。评价标准比较关注教师是否激发了学生的学习动机、是否创设了有效的学习环境、是否引导学生主动参与学习过程等。虽然国外有效教学评价标准主要从教师的教学行为来开展评价，但是教师的这些有效教学行为会引发学生对应的学习行为，而学生的学习行为、学习状态正是我们需要观测的对象。因此，以上国外典型的“有效教学评价标准”值得借鉴，尤其是美国教育多元化与卓越化研究中心的“有效教学”五项标准和鲍里奇教授的“促成有效教学的五种关键行为”可成

① 加里・D. 鲍里奇. 有效教学方法［M］. 易东平，译. 南京：江苏教育出版社，2011：5-14.

为评价指标设计的参考，对学习行为与学习过程评价提供很好的借鉴。

(2) 国内有效教学评价标准。

国内有效教学研究兴起于20世纪末，不少学者对有效教学评价提出了标准。比如，钟启泉教授认为有效教学主要是指“教学有助于学生的成长”，那么“促进学生成长”就是衡量教学成效的标准①。崔允漷教授指出，学生的进步或发展是教学效益的唯一指标；教学的效益并不是指教师教了多少内容或教得是否认真，而是指学生学到了什么或学生学得好与不好②。从国内学者们对有效教学的界定可以看出，有效教学重点追求学生的成长和发展；有效教学评价不能仅仅从认知结果来确定效果的高低，还要考察学生的学习过程、学习行为、学习状态，乃至学习体验。国内主要有效教学评价标准研究如表6-2所示。何善亮教授认为，“以学论教”是有效教学评价的基石，“学生的成长”是有效教学评价的标准③。教学是否可以促进、在多大程度上促进学生的人格发展，如知识发展、能力发展、价值观发展、创新能力发展、实践能力发展等，是判断教学是否有效的基本标准。李学红通过有效教学改革实践，提出了六条有效教学标准：引导学生自主、合作、探究，师生、生生之间平等互动，为学生知识建构提供学习资源、时间及空间，使学生对知识形成正确的理解，学生开展学习反思，帮助学生获得积极的情感体验④。许华琼、胡中锋基于有效教学评价的基本原则和影响有效教学的主要变量，提出有效教学评价的五条标准：营造良好的教学氛围，教学目标引领学生发展，学生主动参与课堂，重视教授学习策略，突出创新素质的培养⑤。陈佑清教授等从学习行为针对性、学习行为能动性、学习行为多样性、学习行为选择性几方面设计了有效教学的评价指标⑥。

---

① 钟启泉. “有效教学”研究的价值 [J]. 教育研究，2007 (6)：31-35.

② 崔允漷. 有效教学：理念与策略：上 [J]. 人民教育，2001：46-47.

③ 何善亮. 论有效教学的实践建构 [J]. 课程·教材·教法，2010 (5)：20-26.

④ 李学红. 区域推进课堂“有效教学”改革的实践 [J]. 上海教育科研，2007 (2)：35-36.

⑤ 许华琼，胡中锋. 有效教学的评价标准及实施策略 [J] 教学与管理，2010 (22)：3-5.

⑥ 陈佑清，陶涛. “以学评教”的课堂教学评价指标设计 [J]. 课程·教材·教法，2016 (1)：45-52.

表 6-2 国内有效教学评价标准

研究者	国内有效教学评价标准
孙亚玲	教学目标、教学活动、教学能力、教学反馈、教学组织与管理
武汉市教科院	参与状态、活动状态、思维状态、学习效果、教学思想、学习目标、过程设计、课堂调控、教师素养
李学红	引导学生自主、合作、探究，师生、生生之间平等互动，为学生知识建构提供学习资源、时间及空间，使学生对知识形成正确的理解，学生开展学习反思，帮助学生获得积极的情感体验
许华琼、胡中锋	营造良好的教学氛围，教学目标引领学生发展，学生主动参与课堂，重视教授学习策略，突出创新素质的培养
何善亮	知识发展、能力发展、价值观发展、创新能力发展、实践能力发展
陈佑清、陶涛	学习行为针对性、学习行为能动性、学习行为多样性、学习行为选择性

可见，国内“有效教学评价标准”逐渐从“以教论教”转变为“以学定教”。尤其是近年来自下而上以杜郎口中学和洋思中学为代表的“先学后教”教学模式、陈佑清教授在华中地区开展的“学习中心课堂”教学改革试验、中小学广泛开展的翻转课堂教学模式、部分学校试点的基于智慧教室的互动生成教学模式等，使有效教学评价逐步摈弃“以教论教”评价取向，开始关注学生的学习行为、学习过程和学习状态。基于教学实践所产生的一系列“以学评教”的教学评价标准，为信息技术教学应用有效性评价设计提供了思路借鉴和理论参考。尤其是何善亮教授提出的判断有效教学标准、李学红的六条有效教学标准、许华琼等的有效教学评价五条标准可作为指标设计的重要参考。

3. 信息化教学有效性评价标准

信息技术具有创设教学情境、激发学习动机、呈现复杂过程、丰富教学资源、实现资源共享、促进师生交互、促进自主学习、支持协作学习、提高信息素养等教学功能，信息技术应用有效性的评价要重点指向技术的教学功能。融入信息技术的课堂教学属于信息化教学，而信息技术应用的有效性体现在信息化教学有效性之中，因此信息技术应用的有效性指标设计也要参考信息化教学有效性评价标准。祝智庭教授认为信息技术的支持只是信息化教学的表面特征，更深层次的是现代教学理论、现代教学方法的应用及教学方式的变革。刘斌（2013）研究认为，理解信息化教学不能仅仅从工具论角度来认识，还要从人文性维度去认识①。信息技术的融入不单单给教学带来工具、技术上的变化，如教学手段先进性、教学环境现代化、教学资源数字化等，更重要的是信息技术让教学走向民主、平等、个性、交互、生成、多元等。

虽然目前还没有业界公认权威的信息化教学有效性评价标准，但是不少学者已经开展了一些研究，如表 6-3 所示。

表 6-3　信息化教学有效性评价标准

研究者	信息化教学有效性评价标准
余胜泉、陈莉	教学结构转变、学生情感体验、学生广泛认知范围、学生深层次认知体验、高阶创新思维培养、学科知识的有效应用
袁小红	学习时间、学习效果、学习体验和学习发展
管珏琪等	心理层面（如自我效能、学习体验等）、行为层面（如学习参与、学习互动等）和效果层面（如学习技能、测验成绩等）
魏俊杰等	教学目标、教学过程、情境创设、教学资源、主动参与、目标导向、互动合作、经验建构
田建林	认知发展（知识理解、知识迁移）、情感变化（学习满意度）和教学行为（教学结构、师生关系、课堂互动）
高霄	教学内容、呈现形式、界面特征和制作技术
孙沛华	优化教授过程、强化有效交流、创设有效环境、提供有效教学组织与管理、促进教师发展
孙宏志、解月光	学习目标、活动任务、资源工具、操作交互、活动规则、学习成果

余胜泉教授（2005）认为可从以下六个维度对信息化教学开展评价：教学结构转变（从“以教为主”转变为“以学为主”），学生情感体验（广泛参与度、积极情感投入、成就感获得），学生广泛认知范围，学生

① 刘斌. 信息化教学有效性的理论思考：对信息化教学本质的再认识［J］. 现代教育技术，2013（3）：26-30.

深层次认知体验，高阶创新思维培养，学科知识的有效应用①。

袁小红从学习时间（单位时间的学习质量）、学习效果（发生的变化、获得的进步、取得的成绩）、学习体验（学习感受、学习态度、学习信心）、学习发展（三维目标的提升、终身发展能力、师生共同发展）四个维度构建了信息化课堂教学有效性评价标准②。

田建林按照学生发展的基本规律，从认知发展（知识理解、知识迁移）、情感变化（学习满意度）和教学行为（教学结构、师生关系、课堂互动）三个方面构建了信息技术融入教学的有效性标准③。

管珏琪、Peter Riezebos、苏小兵等（2015）基于国外信息化教学有效性实证研究分析认为，信息化教学的学习结果包括：心理层面（如自我效能、学习体验等）、行为层面（如学习参与、学习互动等）和效果层面（如学习技能、测验成绩等）④。

魏俊杰、魏国宁、解月光从教与学两个方面构建了信息技术教学应用的评价标准，其中“教”主要包括：教学目标、教学过程、情境创设、教学资源，“学”主要包括：主动参与、目标导向、互动合作、经验建构⑤。

孙宏志和解月光（2013）依据活动理论和高阶思维等理论，构建了学习目标、活动任务、资源工具、操作交互、活动规则、学习成果 6 个一级指标及 13 个二级指标的信息技术应用有效性的评价模型⑥。

高霄（2009）构建了课堂教学中使用 PPT 有效性的评价指标：教学内容、呈现形式、界面特征和制作技术⑦。

---

① 余胜泉，陈莉. 信息技术与课程有效整合的基本特征［J］. 中小学信息技术教育，2005（4）：27-31.

② 袁小红. 高校信息化教学资源利用有效性研究［J］. 中国电化教育，2011，296（9）：90-94.

③ 田建林. 信息技术融入课堂教学有效性的实验研究［D］. 大连：辽宁师范大学，2012：12-13.

④ 管珏琪，Peter Riezebos，苏小兵，等. 电子书包对学生学习体验与学习成绩的影响［J］. 中国电化教育，2015（9）：56-62.

⑤ 魏俊杰，魏国宁，解月光. 高阶思维培养取向的信息技术有效应用评价指标体系研究：以初中数学课堂教学为例［J］. 现代教育技术，2012（1）：29-33.

⑥ 孙宏志，解月光. 信息技术应用有效性的评价指标体系研究：以初中物理课堂教学为例［J］. 现代教育技术，2013（2）：31-36.

⑦ 高霄. 课堂教学 PPT 使用有效性评价指标体系构建［J］. 中国青年政治学院学报，2009（4）：129-133.

现有的信息化教学有效性评价研究除关注“学习结果”外，还重点评价“学习过程”；除此之外，大量研究已经把“学习体验”或“情感体验”作为有效性的重要评价维度。

笔者在梳理孟琦（2006—2008）、刘美凤（2010）、樊彩萍（2010）、袁小红（2011）、田建林（2012）、胡晓玲（2012）、刘斌（2013）等人对信息化教学有效性理解的基础上，借鉴有效教学理论，对信息技术教学应用的有效性进行了界定：信息技术教学应用的有效性就是指信息技术促进教学的有效性程度，具体是指教师在确保信息技术符合技术伦理、教学伦理的基础上，恰当地、合理地应用信息技术手段，发挥技术本身独特的功能和优势（其他手段难以替代和实现的功能与优势），在以尽可能少的教学投入达到预期的教学目标的基础上，更好地培养学生适应信息社会的各种能力素养，主要包括信息能力、学习能力、问题求解、高阶思维、协作能力、创新意识等，同时促进学生获得良好的学习体验。

4. 信息化教学经验与田野调查

任何理论的形成与发展都来源于实践，信息技术教学应用有效性评价同样具有鲜明的实践取向。信息化教学经验与田野调查为信息技术教学应用有效性评价提供了感性材料和实践佐证。一方面，笔者具有较为丰富的信息化教学经验。笔者长期从事教育技术专业教学工作，承担 9 届教育技术学本科生“现代教育技术”“信息化教学设计”“信息技术与课程整合”等课程教学工作，有着较为丰富的信息化教学实践经验。另外，笔者目前深入 W 市两所中小学开展信息化教学变革实践，参与学校信息化教学资源建设与课堂教学信息技术应用工作。另一方面，为了了解中小学信息技术教学应用有效性的现状、诊断中小学信息化教学存在的主要问题，笔者深入 W 市三个区的 8 所中小学开展调查，利用自己制定的信息技术教学应用有效性现状的结构化问卷、信息技术教学应用有效性现状的课堂观察表、信息技术教学应用有效性现状的访谈表分别对中小学教师开展信息化教学问卷调查、中小学信息化教学课堂观察和中小学师生深度访谈。

调查结果显示，教师们对信息技术的接受程度很高，83.93％的教师认为信息技术的教学价值很高或较高；高频率使用信息技术的比例高达 82.0％。教师们使用信息技术的主要用途是：创设教学情境、呈现教学信息、丰富教学资源、组织探究活动、展现复杂内容，对应所产生的直接效果就是激发学习动机、提高教学效率、明晰教学内容、促进知识建构、帮助迁移应用、增强师生交流、变革教学方式等。在技术改变教学过程和学习行为的同时，随之会影响学生的学习结果和学习体验。信息化课堂教学观察和经典信息化教学模式分析发现，有效的信息化教学具有教学情境生动自然、内容呈现清晰易懂、学生积极主动参与、教学对话民主和谐、教学过程互动生成等特征。笔者的信息化教学实践经验和信息化教学田野调查都为信息技术应用的有效性评价指标设计提供了实践基础，指标不仅仅要关注学生的学习结果，还要关注学生的学习过程，以及学生在学习过程中与学习结束之后的感官体验与情感体验。

（三）评价指标体系的设计

科学的评价指标设计是有效评价的基础，也是评价工作的核心。依据“以学评教”的评价取向、有效教学的评价标准、信息技术的教学价值、信息化教学的评价标准、信息化教学的田野调查，依次确定一、二、三级评价指标。

1. 一级指标的确定

现行主流教学理论均认为教学的根本目的是：促进学生素质的全面发展。因此要真实地评价教学的成效，需要“以学定教”。学生素质发展的机制告诉我们[①]，教师“教”的行为不能直接作用于学生素质发展，而是通过激发、引导等教导行为引发学生能动的学习活动，学生在能动的学习活动中得到发展。那么，我们评价教学应该从学生“学”的角度进行评价。有效的信息化教学一般以学生的学习活动为中心，这也是学生素质发展所必需的条件，教学评价自然要指向学生的“学”。因此，评价信息化教学的成效理应从学生发展的维度进行。前面分析过，信息技术教学应用有效性的评价主要观测技术促进有效教学的程度，即评价信息技术给教学带来的成效。那么，信息技术教学应用的有效性应该从学生的“学”开展评价，即评价技术给学生学习过程、学习结果等维度带来的有益变化。因此，信息技术教学应用的有效性首先应该关注学习过程与学习结果。

信息技术教学应用的重要价值是创设丰富逼真的教学情境，激发学

① 陈佑清. 教学论新编 [M]. 北京：人民教育出版社. 2011：88-95.

习者的学习兴趣，通过丰富的资源引导学生开展自主、合作、探究活动，提高学生的信息素养、问题求解、合作协作、创新能力等素质的同时，力求改善学生的学习体验。已有的信息化教学评价标准除了关注学习结果、学习行为、学习状态，还关注学生的学习体验。Fleischer（2012）分析国外已有的信息化教学研究文献发现，与学生学习相关的研究主要聚焦于学习成绩、课堂活动、学习体验三方面①。国内已有不少教学评价标准将学习体验作为重要维度，如表6-4所示。

表6-4　将学习体验作为教学评价指标的研究

研究者	评价标准
李学红	引导学生自主、合作、探究，师生、生生之间平等互动，为学生知识建构提供学习资源、时间及空间，使学生对知识形成正确的理解，学生开展学习反思，帮助学生获得积极的情感体验
余胜泉、陈莉	教学结构转变、学生情感体验、学生广泛认知范围、学生深层次认知体验、高阶创新思维培养、学科知识的有效应用
袁小红	学习时间、学习效果、学习体验和学习发展
管珏琪等	心理层面（如自我效能、学习体验等）、行为层面（如学习参与、学习互动等）和效果层面（如学习技能、测验成绩等）

李学红把情感体验作为六条有效教学标准之一②；余胜泉教授把获得成就感等学习体验作为信息化教学评价的重要指标③；袁小红把学习体验作为信息化教学有效性评价的一级指标④；田建林把学习满意度作为信息化教学有效性评价的一级指标⑤；管珏琪、Peter Riezebos、苏小兵等（2015）基于国外信息化教学有效性实证研究，认为信息化的学习结果包

① Fleischer H. What is Our Current Understanding of One-to-one Computer Projects: A Systematic Narrative Research Review [J]. Educational Research Review, 2012, 7(2): 107-122.

② 李学红. 区域推进课堂"有效教学"改革的实践 [J]. 上海教育科研，2007 (2)：35-36.

③ 余胜泉，陈莉. 信息技术与课程有效整合的基本特征 [J]. 中小学信息技术教育，2005 (4)：27-31.

④ 袁小红. 高校信息化教学资源利用有效性研究 [J]. 中国电化教育，2011，296 (9)：90-94.

⑤ 田建林. 信息技术融入课堂教学有效性的实验研究 [D]. 大连：辽宁师范大学，2012：12-13.

括：心理层面、行为层面和效果层面，其中心理层面主要指学习体验①。因此，本研究也把学习体验作为信息技术教学应用有效性评价的重要指标。

信息技术的教学应用是师生主体间通过“技术中介物”进行的一种相互作用过程。依据辩证唯物主义技术观和科学人文主义教育观，任何技术在课堂教学中展现积极价值的同时，也都存在着某种教学风险的可能性。从课堂观察和问卷调查也发现，信息技术教学应用过程中存在着技术滥用抑制学生能动学习过程、缺乏人文关怀影响学生身心健康、忽视精神价值可能造就“技术奴隶”、过量信息资源可能加重学业负担等伦理失范问题。尽管在课堂教学中存在着一系列技术伦理失范现象，但是信息技术教学应用的伦理问题却长期处于遮蔽状态。其实，信息技术教学应用行为具有鲜明的伦理属性。这是因为，信息技术教学应用是一种为人至善的活动，技术实践蕴含着人与人相互作用的关系，信息技术教学应用存在决策伦理和伦理决策，因此信息技术教学应用需要进行伦理道德评判。我们在关心技术应用有效性的同时，也需要关注其伦理性，即在信息技术教学应用过程中，教师要规避技术给学生身体健康、人身安全、情感发展、人际交往带来的负面效应，防止技术“喧宾夺主”而致使教学异化。由于伦理性是有效性的前提，缺乏伦理性的有效性是难以存在的，即信息技术教学应用一旦出现明显的伦理失范，技术的有效性就无从谈起。由于伦理性是难以量化的指标，因此这里将伦理性作为有效性的前提指标，不作为量化统计指标，即当出现伦理问题时不再做有效性评价。通过以上分析，在信息技术教学应用符合伦理性的前提下，将信息技术教学应用有效性评价的一级指标确定为：信息技术改进学习过程、信息技术优化学习结果、信息技术改善学习体验。

2. 二级指标的确定

(1) 技术改进学习过程的二级指标。

确定技术改进学习过程的二级指标，主要依据信息技术的教学价值、信息技术有效应用的特征、信息化教学有效性的评价标准。信息技术在优化教学过程方面，具有创设教学情境、激发学习动机、营造学习氛围、

① 管珏琪，Peter Riezebos，苏小兵，等. 电子书包对学生学习体验与学习成绩的影响 [J]. 中国电化教育，2015 (9)：56-62.

呈现复杂过程、支持合作学习、支持协作学习、促进师生交互、促进学习方式变革等功能，评价信息技术有效性自然要关注信息技术的价值发挥。本研究第四章分析了信息技术在教学中有效应用的共性特征：教学情境生动自然、内容呈现清晰易懂、学生积极主动参与、教学对话民主和谐、教学过程互动生成。在设计评价指标时也要关注这些共性特征。已有的信息化教学评价标准中有关“学习过程”的主要指标包括：学习情境、学习参与、教学结构（从“以教导为主”转变为“以学习为主”）、师生关系、课堂互动、合作学习等。教学结构是站在教师“教”的维度来谈的，如果从学生“学”的维度来说，其实是“学习方式变革”。基于以上分析，将技术改进学习过程二级指标确定为：技术激发学习动机、技术优化学习氛围、技术促进课堂参与、支持学习方式变革、技术促进自主建构。

（2）技术优化学习结果的二级指标。

确定技术优化学习结果的二级指标，主要依据信息技术的教学价值、学习结果分类体系、新课改三维目标、信息化教学有效性评价标准。信息技术在优化教学结果方面，具有促进学生信息素养发展、自学能力发展、探究能力发展、协作能力发展、创新能力发展、拓展知识视野等价值。加涅将学习结果分为：言语信息、智慧技能、认知策略、动作技能、态度五个领域；布鲁姆将学习目标分为：认知领域、情感领域、动作技能领域。《基础教育新课程改革纲要（试行）》将教学目标分为：知识与技能、过程与方法和情感、态度与价值观。已有的信息化教学评价标准中有关“学习结果”的主要指标包括：学习技能、测验成绩、情感态度、知识理解、知识迁移、知识拓展等。由于有些课程教学缺乏动作技能目标，加涅和布鲁姆学习结果分类体系在这里通用性不够强；新课改三维目标容易给人带来混乱的感觉，不少学者对三维目标分类提出了质疑①。我国学者根据语言习惯把教学目标又分为知识目标、能力目标和情感目标②。笔者认为知识目标、能力目标和情感目标比较合适。因此，本研究

---

① 魏宏聚．新课程三维目标表述方式商榷：依据布鲁姆目标分类学的概念分析[J]．教育科学研究，2010（4）：10-12.

② 高红．知识目标、能力目标、态度目标的协同性和一致性［J］．卫生职业教育，2002（3）：59.

从知识目标、能力目标和情感目标三个方面进行考察。最终，将技术优化学习结果的二级指标确定为：促进知识目标达成、促进能力目标达成、促进情感目标达成。值得说明的是，本研究的“情感目标”就是指《基础教育新课程改革纲要（试行）》中的“情感、态度与价值观”。

（3）技术改善学习体验的二级指标。

确定技术改善学习体验的二级指标，主要依据学习体验的内涵、信息技术的教学价值、信息化教学有效性评价标准等。信息技术在教学中的应用有激发学习动机、增强感官体验等价值，感官体验即视觉上的好看、听觉上的好听、感觉上的好感。胡新华、周月（2014）[①] 和杜建刚等[②]（2007）提出的用户体验内容分类，将课堂教学中的学习体验分为：感官体验、情感体验、思考体验、知识体验和关联体验[③]。感官体验就是环境对学生听觉、视觉、感觉的刺激；情感体验是指学习过程或学习结果给学生带来的内心感受；思考体验是指学习活动激发学生的深度思考，从而发展学生的高阶思维能力；知识体验是学习让学生开阔视野、增加知识的同时获得求知欲；关联体验是学生通过提升自己从而改变他人对自己的看法，满足社交需求。胡新华、周月（2014）提出的学习体验的分类中，思考体验、知识体验和关联体验属于客观价值[④]，这些已经在“学习过程”和“学习结果”指标中体现，还剩下“感官体验、情感体验”属于客观价值。本研究的学习体验就是指客观价值，即享受体验。已有的信息化教学评价标准中有关“学习体验”的主要指标包括：学习动机、学习愉悦感、学习成就感、学习满足感、学习自信心等。学习动机在学习过程中已经体现，这里不再重复；学习愉悦感、学习成就感、学习自信心属于情感体验。基于前人研究和本研究对学习体验的分析，

---

① Kotler P. 营销管理：亚洲版［M］. 北京：中国人民大学出版社，2001：150-190.

② 杜建刚，范秀成. 基于体验的顾客满意度模型研究：针对团队旅游的实证研究［J］. 管理学报，2007（4）：514-520.

③ 胡新华，周月. MOOC 冲击下高校教师的因应策略：学习体验视角［J］. 现代教育技术，2014（12）：19-25.

④ 胡新华，周月. MOOC 冲击下高校教师的因应策略：学习体验视角［J］. 现代教育技术，2014（12）：19-25.

笔者将信息化教学的“学习体验”界定为学生在课堂学习过程中和学习结束之后所产生的感官体验和情感体验。因此，技术改善学习体验的二级指标确定为：技术改善感官体验、技术提高情感体验。

3. 三级指标的确定

(1) 技术改进学习过程的三级指标。

“学习动机”子指标。学习动机是发动和维持学习行为的基本驱动力，对学习者的学习行为和学习活动具有引发、指引、激励等功能①。成就动机理论认为：学习动机的水平与完成学业任务的质量紧密相关。具有较高学习动机的学生在没有外力控制的情况下仍能保持较好的表现；即使在经历失败的过程中，高学习动机的学生在任务的坚持性上比低学习动机的学生强很多。在信息化教学中，信息技术具有创设生动教学情境、知识可视化表征、支持教学评价等功能。生动的教学情境能够激发学习者兴趣，提高学习者的注意力；知识可视化表征能够把文本信息转化为思维导图、概念地图等可视化信息，提高学习者的认知兴趣；ARCS动机理论认为，及时的评价反馈能够激发学习动机②。因此，将信息技术激发学习动机的三级指标确定为：创设生动情境、知识可视化表征、支持教学评价。

“学习氛围”子指标。美国著名的心理学家罗杰斯（Carl Ransom Rogers）曾说过：“成功的教育依赖于一种真诚的理解和信任的师生关系，依赖于一种和谐的安全的课堂气氛。”③ 学习氛围对有效学习具有重要价值，它不仅是有效教学的重要条件，而且还是课堂观察的重要指标。美国学者加里·D. 鲍里奇在《教师观察力的培养》中提出了课堂观察的八个领域④：感受课堂氛围、聚焦课堂管理、探寻教学过程的清晰度、查证教学指导方式的多样性、明确教学目标定位、检验教学过程中的学生参与、评估学习的成功、培养高品质的思维能力。鲍里奇把“课堂氛围”

① 宋兵. 影响远程学习者学习动机的因素分析［J］. 中国远程教育，2013(11)：62-67.

② Keller J M. The Systematic Process of Motivational Design [J]. Performance & Instruction, 1987, 26 (9-10): 1-8.

③ 李麦莲. 英语教学中学习氛围的创设［J］. 当代教育科学，2004 (17)：63.

④ Grary D B. 教师观察力的培养［M］. 么加利，张新立，译. 北京：中国轻工业出版社，2006：28-31.

作为课堂观察的最重要的指标。课堂观察发现：在信息化教学中，活跃程度、民主氛围、师生关系是影响学习氛围的重要因素。《国家中长期教育改革和发展规划纲要（2010—2020年）》明确提出：要提高教师应用信息技术水平，更新教学观念，改进教学方法的重要维度。因此，将“学习氛围”的观察维度确定为：活跃课堂气氛、营造民主氛围、和谐师生关系。

“课堂参与”子指标。能动学习活动是学生素质发展的机制，课堂离开了“主动参与”，有效教学必然是一句空话。“学习参与”不仅是课堂教学观察的重要维度，也是“以学评教”教学评价关注的核心指标。邓文超（2010）利用因子分析法将学习参与的主要指标确定为：批判性与创新思维、师生互动、课堂参与、同伴互助等①，可见“课堂互动”是“课堂参与”的重要指标。促进学生全面发展是指要促进课堂上所有学生都能够得到发展，而不仅仅是让少数学生发展。因此，课堂参与不是少部分学生参与，而是尽量促进全体学生参与，因此“促进全员参与”也应该作为“课堂参与”的重要指标。中小学生的注意力时间相对较短，但是它是影响有效学习的重要因素，因此对中小学生来说，课堂参与还应该体现在“学习专注力”上。学习专注力、课堂互动、全员参与等学习行为是明确可见的，便于观察和统计，而且这几个维度能表现学生的课堂参与性。因此“学习参与”可从提高学习专注力、促进课堂互动、促进全员参与三个三级指标进行评价。

“学习方式变革”子指标。《基础教育新课程改革纲要（试行）》提出改变单一的接受式学习方式，倡导自主、合作、探究等新型学习方式。《国家中长期教育改革和发展规划纲要（2010—2020年）》明确指出，要提高教师的信息技术应用水平，实现学习方式变革②。可见，转变学习方式是课堂教学改革的重要目标之一，信息技术对促进学习方式变革具有重要价值。技术促进学习方式变革主要体现在：信息技术支持自主、合作、探究等新颖学习方式。除此之外，数字化学习资源能够很好地支持

① 邓文超．南京大学本科生“学习参与”现状研究［D］．南京：南京大学，2013：18．

② 顾明远．学习和解读《国家中长期教育改革和发展规划纲要（2010—2020年）》［J］．高等教育研究，2010（7）：1-6．

学习者的个性化学习，弥补传统课堂教学进度、教学内容整体划一的不足。因此，“技术支持个性化学习”也是“学习方式变革”的重要体现。本研究将信息技术“支持学习方式变革”的三级指标确定为：支持自主学习、支持合作学习、支持探究学习、支持个性化学习。

“自主建构”子指标。学生对知识内容的自主建构对培养学习者独立思考能力、高阶思维能力具有重要价值。这里的“自主建构”主要是学习者接受信息、理解信息、建构知识的方式和难易程度。信息化教学中，信息化资源的恰当使用可以让学习目标更加明确清晰。信息技术改变了信息表征方式，不仅可以让内容呈现更加清晰，而且可以呈现学习者难以理解的复杂过程，让学习过程更加轻松容易。开放的信息化资源打破了传统教学中书本唯一答案、教师至尊权威的格局，多种解法和开拓思维可能会引发学生的认知冲突，激发学生进行深度思考的好奇心和高阶思维的动力。何谓认知冲突？认知冲突是个体意识或个体认知结构与环境或个体认知结构内部不同成分之间的不一致所形成的认知心理状态①。因此，信息技术对促进学习者“自主建构”可从促进深度思考、降低理解难度、引发认知冲突三个子维度开展评价。

（2）技术优化学习结果的三级指标。

“知识目标”子指标。有些课程有动作技能目标，而有些课程没有动作技能目标。为了提高评价指标的通用性，将这里的“知识目标”界定为学科知识目标和动作技能目标，但是不包括智力技能。在布鲁姆认知目标中，与“知识”对应的核心目标是：理解、应用。在知识学习过程中，最重要的知识目标也是理解知识、应用知识。因此，“理解知识”“应用知识”是“知识目标”的重要评价维度。参考专家的建议：“理解知识”这个表述似乎属于“学习过程”的范畴，为了避免文字误解，将“理解知识”改为“知识习得”。除此之外，信息技术所提供的优质学习资源能够开阔学生视野，拓宽学生知识面。因此“拓展知识视野”也应该成为“信息技术促进知识目标达成”的子指标。基于以上分析，可将“促进知识目标达成”的三级指标确定为：促进知识习得、促进知识应用、拓展知识视野。

---

① 丁伟. 基于“认知冲突”的化学知识建构 [J]. 上海教育科研，2009（9）：93-95.

"能力目标"子指标。三维目标"过程与方法"中最重要的方法就是让学生掌握基本的学习方式、学习方法、学习策略，它影响着学生未来的长远发展。"授人以鱼，不如授人以渔"说的就是方法的重要价值。在学习方式中，最重要的是自主学习、合作学习、探究学习。数字化学习资源是支撑自主学习、合作学习、探究学习的优质资源形态，信息技术的应用无疑为自主学习、合作学习、探究学习创设了有利条件。因此，自学能力发展、合作能力发展、探究能力发展是"能力目标"的重要维度。学生的创新意识与创新能力发展是国家培养创新人才的基础，对经济发展、社会进步、国家强大具有重要价值。信息化教学具有生动直观、以生为本、互动协作等特性，有利于培养学生的创新意识与创新能力①。因此，"创新能力发展"也是"能力目标达成"的重要指标。信息素养是信息化社会背景下人们学习、工作、生存所必需的一种社会适应能力。2012年教育部印发《教育信息化十年发展规划（2011—2020年)》明确指出：基础教育信息化是提高国民信息素养的基石，是教育信息化的重中之重。通过信息技术与课程深度融合帮助所有适龄儿童和青少年平等、有效、健康地使用信息技术②。可见，信息化教学是培养学生信息素养的重要方式，因此"信息素养发展"也是"能力目标"的重要维度。基于以上分析，将"信息技术促进能力目标达成"的子指标确定为：自学能力发展、合作能力发展、探究能力发展、创新能力发展、信息素养发展。

"情感目标"子指标。这里的"情感目标"包括情感、态度与价值观目标。在《基础教育课程改革纲要（试行)》中，情感目标被分解为情感、态度、价值观，各自有着丰富的内涵③。情感主要指学生的感情指向和情绪体验，即对学习是否感兴趣、是否好奇、是否高兴等，不仅包括学习热情和学习兴趣，还包括爱、快乐、审美情趣等④。态度是指学习者

① 纪明敏，王照. 论信息化教学模式与学员创新能力的培养［J]. 高等教育研究学报，2004（2)：29-31.

② 教育部. 教育信息化十年发展规划（2011—2020年）［J]. 中国教育信息化，2012（8)：3-12

③ 教育部. 基础教育课程改革纲要（试行）［N]. 中国教育报，2001-07-27.

④ 赵德成. 新课程实施中的情感、态度与价值观评价［J]. 课程·教材·教法，2003（9)：10-13.

对特定对象所持有的总体评价和稳定的内在倾向①。价值观是指学生对周围的客观事物的意义、重要性的总体评价，它强调学生内心对真、善、美的追求以及人与自然和谐可持续发展的理念。信息技术所创设的教学情境具有激发学习动机的价值，信息化教学中的任务目标驱动和小组合作能够培养学生的责任感和学习态度，信息技术作为学生认知工具、作为信息呈现工具可以让学生更加轻松、容易、便捷，有利于提高学生的学习期望，增强学生利用信息技术实现个性化学习的意愿，增强学生使用信息技术解决各种问题的信心，即技术效能感。依据三维目标中情感、态度与价值观的内涵和信息技术对培养学生情感目标的价值，将“情感目标”子指标确定为：改善学习态度、改善学习期望、增强技术效能感。

（3）技术改善学习体验的三级指标。

“感官体验”子指标。感官体验就是环境对学生听觉、视觉、感觉的刺激，即视觉上的好看、听觉上的好听、感官上的好感。Huang，Hu，Yang将“学习体验”界定为：Desirability（Is it fun and engaging in activity?），Usability（Is it easy to use content and devices?），Comfortability (Is it comfortable in the classroom?)，Adaptability（Does it adapt to learners?）②。其中“Comfortability”就是舒适感。“学习舒适感”的确是数字化学习环境给学习者带来的重要感官体验。美国心理学家Mihaly Csikszentmihalyi于1975年提出了沉浸理论：当学习者沉浸在学习中时，个体完全被吸引并投入活动情境之中，忽略所有不相关的知觉，只对活动目标和活动反馈有回应，并伴随高度的兴奋感和满足感③。有研究表明，信息技术所创设的生动逼真的教学情境能够将学习者带入

---

① 赵俊荣．高等师范院校学生体育态度变化的实证研究［J］．天津体育学院学报，2006（1）：92．

② Huang R, Hu Y, Yang J. Improving Learner Experience in the Technology Rich Classrooms［C］//Ubiquitous Learning Environments and Technologies. Berlin, Heidelberg: Springer, 2015: 243-258.

③ 王锐俊．沉浸体验与网络环境下的英语学习［J］．现代远程教育研究，2005（6）：58．

沉浸的体验之中[1]；另有研究表明沉浸体验对提高学习绩效有重要促进价值[2]。因此学习沉浸感也是信息化教学中学生“学习体验”所要考察的对象。鉴于此，将“感官体验”子指标确定为：增强学习舒适感、增强学习沉浸感。

“情感体验”子指标。情感体验是指学习过程或学习结果给学生带来的内心感受，主要包括：学习过程中的愉悦感和学习结果之后的成就感、满足感和效能感。已有学习体验研究中也把情感体验作为重要的考察维度，它对提高学习质量和学习效能感具有重要价值。学习满意度是指学习者由于较好的学习结果而获得成就感后产生的一种满足感，与学习成就感有着相近的含义，可将学习满意度、学习成就感合并。彭华茂、王迎、黄荣怀等（2006）将远程学习效能感的内容界定为：技术效能感、课程效能感和学习自信心[3]。由于学习效能感是学习者在获得成就感之后产生的对自己能否完成学习任务和开展学习活动能力的主观评估，与成就感有重复之嫌，学习自信心是决定学习效能感的核心指标，这里将“学习效能感”更改为“学习自信心”。基于“情感体验”的概念和以上分析，本研究将“情感体验”子指标确定为：增强学习愉悦感、提高学习满意度、提高学习自信心。

这样我们就构建了信息技术促进教学有效性程度的评价指标。在技术应用符合伦理性的前提下，可开展信息技术应用的有效性评价。为了提高评价指标体系的科学性，请教育技术领域专家、教学论领域专家、中小学专家型教师共计 7 人审阅评价指标初稿，并各自提出修改建议。其中，教育技术领域专家 4 人、教学论领域专家 2 人，他们均具有博士学位且具有副高及以上职称；中小学信息化教学专家型教师 1 人，具有高级职称。指标的修订按照德尔菲法（Delphi）开展，7 位专家在各自独立的情况下对各项指标进行删除、修改或增加，甚至可以调整指标体系结

---

① 张屹，许哲，张帆．沉浸理论对网络环境下的研究性学习平台构建的指导：基于《教育技术学研究方法》学习平台的实践［J］．现代教育技术，2010（5）：97-101．

② 江晓东．沉浸体验对管理类课程学习绩效的影响：学习满意度的中介效应［J］．上海管理科学，2015（1）：103-108．

③ 彭华茂，王迎，黄荣怀，等．远程学习效能感的结构和影响因素研究［J］．开放教育研究，2006（2）：41-45．

构，然后将7位专家意见进行归纳汇总，并将专家意见综合的结果反馈给各位专家，再次进行修订直到形成专家对评价指标的基本一致看法为止。最终获得的信息技术教学应用有效性的评价指标如表6-5所示。

表6-5 信息技术教学应用有效性的评价指标

目标	一级指标	二级指标	三级指标
信息技术应用的有效性 A	$B1$ 信息技术改进学习过程	$C1$ 技术激发学习动机	$D1$ 创设生动情境
			$D2$ 知识可视化表征
			$D3$ 支持教学评价
		$C2$ 技术优化学习氛围	$D4$ 活跃课堂气氛
			$D5$ 营造民主氛围
			$D6$ 和谐师生关系
		$C3$ 技术促进课堂参与	$D7$ 提高学习专注力
			$D8$ 促进课堂互动
			$D9$ 促进全员参与
		$C4$ 支持学习方式变革	$D10$ 支持自主学习
			$D11$ 支持合作学习
			$D12$ 支持探究学习
			$D13$ 支持个性化学习
		$C5$ 技术促进自主建构	$D14$ 促进深度思考
			$D15$ 降低理解难度
			$D16$ 引发认知冲突
	$B2$ 信息技术优化学习结果	$C6$ 促进知识目标达成	$D17$ 促进知识习得
			$D18$ 促进知识应用
			$D19$ 拓展知识视野
		$C7$ 促进能力目标达成	$D20$ 自学能力发展
			$D21$ 合作能力发展
			$D22$ 探究能力发展
			$D23$ 创新能力发展
			$D24$ 信息素养发展

续表

目标	一级指标	二级指标	三级指标
信息技术应用的有效性 A	$B3$ 信息技术改善学习体验	$C8$ 促进情感目标达成	$D25$ 改善学习态度
			$D26$ 改善学习期望
			$D27$ 增强技术效能感
		$C9$ 技术带来感官体验	$D28$ 增强学习舒适感
			$D29$ 增强学习沉浸感
		$C10$ 技术提高情感体验	$D30$ 增强学习愉悦感
			$D31$ 提高学习满意度
			$D32$ 提高学习自信心

*注 1："情感目标"是指《基础教育新课程改革纲要（试行）》中情感、态度与价值观目标。

*注 2：信息技术应用的"伦理性"是技术应用"有效性"的前提指标，当技术应用出现"伦理失范"时，不使用本指标体系开展"有效性评价"。

（四）评价指标权重的确定

指标的权重是指某项指标在整个评价标准中的相对重要性程度①。权重赋值是评价体系设计的关键部分，权重赋值是否科学会直接影响评价结果的信度与效度。当某一评价指标的权重发生变化时，整个评价结果都会随之变化。因此，权重赋值必须做到科学、客观、合理，这就要求我们寻求科学的权重赋值方法。

1. 选择权重赋值方法

确定评价指标权重的方法比较多，基本可将其分为两类。第一类是主观赋权法。主观赋权法采取定性的方法由专家根据经验进行主观判断而得到各个指标的权重，如层次分析法（AHP）、德尔菲法（Delphi）、模糊评价法等。第二类是客观赋权法。客观赋权法是根据指标之间的相关关系或各项指标的变异系数来确定各个指标的权重，如主成分分析法、变异系数法、灰色关联分析法等。客观赋权法的研究时间相对较短，成

① 牛涛．高职学生职业道德教育的综合量化评价体系建构［J］．教育与职业，2014（29）：63-65.

熟度相对较低；虽然客观赋权法具有较强的数学依据，但是比较依赖于具体问题，通用性和决策人的可参与性比较低，不能兼顾决策人的主观意见，且计算较为复杂。主观赋权法的研究时间较长，相对成熟一些；它根据专家主观上对各指标的重视程度来确定指标的权重，评价结果往往具有较强的主观性，客观性要差一些。教学评价是一个复杂的过程，如果完全排斥专家的主观意向，很可能造成评价结果出现巨大偏差，影响评价结果的科学性。虽然主观赋权法有一定的局限性，但是如果选择合适的专家，所获得的权重是相对科学的。基于以上分析，信息技术教学应用的有效性评价选择主观权重赋值法。对已有的教育评价文献分析发现，最常用的权重赋值法是层次分析法和德尔菲法。

(1) 层次分析法（AHP）。

层次分析法是美国运筹学家 T. L. Saaty 教授于 20 世纪 70 年代提出的一种定性与定量相结合的权重赋值法。层次分析法根据问题的性质和要达到的目标，将问题分解为不同构成因素，并按照各个因素之间的关联及关系将其形成一个多层次结构，最终使问题归结为确定最低层相对于最高层的相对重要性程度。它适合于决策结果难于直接准确计量的领域。层次分析法主要有四个步骤：第一，建立问题的层次结构；第二，构建两两判断矩阵；第三，由判断矩阵计算各个因子的相对权重；第四，计算各层次因子的权重。单一准则下的相对权值计算过程为：

第一，对于 x_1，x_2，…，x_m 个评价因子，运用层次分析法相对标度（表 6-6）两两比较得到判断矩阵 X：

$$X=\begin{bmatrix} b_{11} & \cdots & b_{1m} \\ \vdots & \ddots & \vdots \\ b_{m1} & \cdots & b_{mm} \end{bmatrix}$$

表 6-6　层次分析法的判断矩阵标志及其含义

得分	相对重要性程度	说明
1	同样重要	二者对目标重要性程度等同
3	稍微重要	相比稍微重要
5	明显重要	相比明显重要
7	很重要	相比很重要

续表

得分	相对重要性程度	说明
9	极其重要	相比极其重要
2，4，6，8	介于中间值	表示重要性判断之间的过渡值
倒数	$b_{ji}=1/b_{ij}$	因素 i 与 j 比较得到判断 b_{ji}，则因素 j 与 i 比较的判断 $b_{ji}=1/b_{ij}$

第二，假设有一同阶正则向量 A，使得存在 $XA=\lambda_{\max}A$，解此特征方程所得到的 A 经正规化后即为 x_1，x_2，…，x_m 的权值。

第三，进行一致性和随机性检验。由于客观事物的复杂及人们对事物认识的片面性，构造的判断矩阵不一定是一致性矩阵。因此得到 λ_{max} 后，还需进行一致性和随机性检验。检验公式为：

$C.I=(\lambda_{\max}-n)/(n-1)$

$C.R=C.I/R.I$。

式中：

$C.R$ ——表示一致性指标；

$\lambda_{\max}$——表示最大特征根，n 为矩阵阶数；

$R.I$——表示平均随机一致性指标（其值见表 6-7）；

$C.R$——表示随机一致性比率。

当 $C.R<0.10$ 时，判断矩阵具有满意的一致性，所获取的权重比较满意。这种定权方法对于研究教育评价的复杂问题是可行的。

表 6-7　层次分析法中的 R. I 取值

n	1	2	3	4	5	6	7	8	9
$R.I$	0.00	0.00	0.58	0.90	1.12	1.24	1.32	1.41	1.45

（2）德尔菲法（Delphi）。

德尔菲法（Delphi）是 20 世纪 40 年代由赫尔姆和达尔克首次提出，经过戈尔登和兰德公司进一步发展而形成，它在诸多决策领域得到广泛应用。德尔菲法依据系统的程序，采用匿名方式，即专家之间不互相讨论，通过多轮调查专家的看法，经过反复咨询、归纳、修改，最后汇总成专家基本一致的看法作为权重赋值的依据。德尔菲法的特点在于集中专家的知识和经验确定各指标的权重，并在不断的反馈和修改中得到比较满意的权重结果。基本步骤如下：

第一，选择领域专家。一般情况下，选本专业领域中既有实际工作经验又有较深理论水平的专家10人左右，需要征得每个专家的同意。

第二，将待定权重的 p 个指标、有关资料、确定权重的规则一起发给各位专家，请专家各自独立地给出各指标的权重。

第三，回收各个专家权重赋值结果并计算各指标权重的均值和标准差。

第四，将计算的结果及补充资料返还给各位专家，要求所有的专家重新确定权重。

第五，重复第三步和第四步，直至各指标权数与其均值的差值不超过提前预定的标准为止，即各专家的意见基本趋于一致，此时将各指标权重的均值作为该指标的权重。

德尔菲法具有三个重要的特征：匿名、反馈、统计。德尔菲法应用于评价指标权重的确定中，可以避免个人主观因素对决策的重大影响，弥补个人知识的欠缺和两两判断的模棱两可。但是，德尔菲法由于缺少沟通交流，可能存在一定的主观性；容易忽视少数人的意见，可能会导致预测的结果偏离实际情况。

(3) 层次分析法与德尔菲法结合法。

张学志、陈功玉（2005）给出了一种将层次分析法和德尔菲法相结合确定权重的方法①。将德尔菲法与层次分析法相结合，可以满足评价指标权重确定的科学性、准确性和一致性要求。层次分析法与德尔菲法结合法的主要步骤如下：

第一步，确定评价对象评价指标的分层体系。

第二步，组建专家小组。按照评价对象所需要的知识范围确定专家。专家数量在10人左右。

第三步，向所有专家提出所要决策的问题及有关要求，并附上有关的所有背景材料，同时请专家提出还需要什么材料。

第四步，各个专家收到材料后，依据1—9阶标度对各个层次上的评价指标的重要性进行两两比较，得到两两比较矩阵初始值如表6-8所示；将比较矩阵正规化和归一化后，得出同一层次上各个指标的相对权重

---

① 张学志，陈功玉．AHP与Delphi法相结合确定供应商评价指标权重［J］．物流技术，2005（9）：71-74.

(见表 6-9)，即处理后的两两比较矩阵，有必要对专家的判断矩阵进行一致性检验，一致性检验未通过的数据请专家自己修订直到自己给出的数据符合一致性为止。具体过程见本节层次分析法。

表 6-8 两两比较矩阵初始值

	U_1	U_{ij}	U_m
U_1			
U_{ij}			
U_m			
和			

表 6-9 处理后的两两比较矩阵

	U_1	U_{ij}	U_P	权重（行平均值）
U_{ij}				
U_{ij}				
U_P				
和				1

第五步，收集每位专家第一次判断结果，并制作成“各个专家对各个指标相对权重判断”，找出专家们判断不一致的指标，即两个指标相对重要性程度完全相反的情况。如果某一专家给出的大部分相对重要性程度明显与其他专家不同，那可说明该专家还未掌握层次分析法相对权重赋值法，则删除该专家的数据。然后对判断不一致的指标进行逐个处理，基于“少数服从多数”的原则，同时加上研究者本人的主观判断，给出一个初步的“相对重要性程度比较矩阵”。

第六步，将第一次统计分发给每位专家，让专家比较自己的判断与其他专家的差异，同时修改自己的一些判断，重复第三、四、五步，直到所有判断都落在同一侧，即两个指标相对重要性程度不出现完全相反的情况。然后对每位专家的赋权求算数平均值，得到各个指标的相对权重。

2. 评价指标权重计算

由于评价指标的层次和指标较多，采用层次分析法求权重计算量会很大。层次分析法与德尔菲法结合法，会有数位专家同时做层次分析法，再对若干位专家的权重进行一致性判断，这个计算量就更大了。Yaahp 是一款非常方便快捷的层次分析法求权重软件，它提供了方便的层次模型构造、判断矩阵数据录入、排序权重计算以及计算数据导出等功能。尤其是 Yaahp10.3 还有强大的群决策功能，即可以同时对多个专家所给出的权重做一致性判断，并可采用“判断矩阵加权、排序向量加权”两种权重集结方法，在做均值时可采用“算术平均、几何平均”两种方式。

（1）建立层次结构模型。

在 Yaahp 软件中，进入“层次结构模型”显项卡，建立“决策目标”“中间层要素”“备选方案层”。在本评价指标体系中，“信息技术教学应用的有效性”是“决策目标”，一级指标和二级指标均为“中间层要素”，三级指标为“备选方案层”在 Yaahp 软件中建立的层次结构模型如图 6-3 所示。

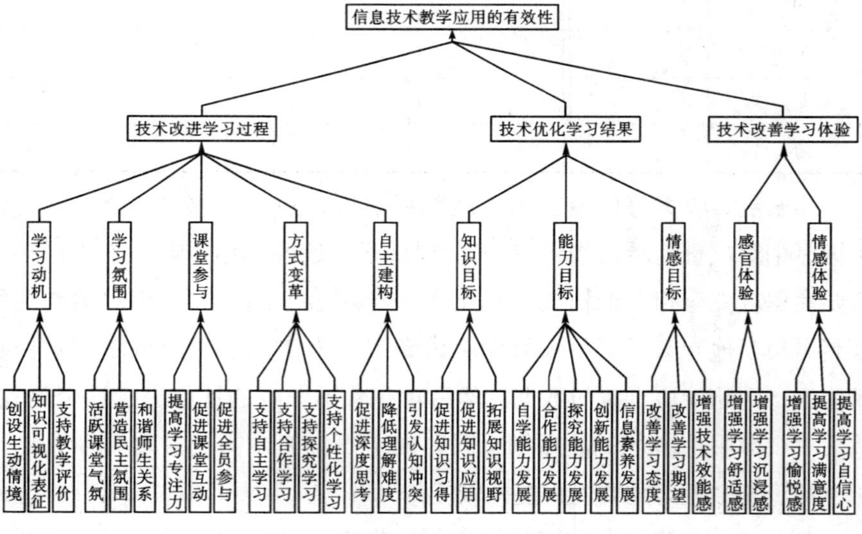

图 6-3　评价指标层次结构模型

（2）生成专家调查软件。

打开 Yaahp 软件，进入主菜单，选择生成 AHP 调查软件，输入接收专家判断矩阵的 E-mail 地址、调查背景描述、软件保存位置，即可生成“信息技术教学应用有效性评价指标权重专家调查软件”，然后将该软件发给 6 位教育技术学领域专家。

（3）专家给出判断矩阵。

专家收到软件后在 Windows 系统中进行安装，安装后按照层次分析法两两比较各个指标的相对重要性程度，生成“判断矩阵”。在生成每组评价指标“判断矩阵”时，注意“判断矩阵”的一致性（$C.R<0.01$）。专家完成“判断矩阵”输入后，点击“提交数据”，输入专家姓名即可将“判断矩阵”通过 E-mail 发送到前面设定的邮箱中。

(4)“判断矩阵”一致性检验。

将 6 名专家的“判断矩阵”导入 Yaahp 软件中，首先对各个专家自己的一致性做判断，如果某专家给出的“判断矩阵”不满足内部一致性，联系该专家进行修订。当所有专家各自数据满足一致性检验后，开启“群决策”，进入“专家数据检查”面板。在这里会出现各个指标“判断相反”的情况列表，采取“少数服从多数”的原则对各个专家与群体判断不一致数据进行修订，修订时征求专家的意见直到专家们的数据满足一致性。当遇到某位专家的数据明显与其他专家数据不一致时，剔除该专家数据。在 6 位教育技术学领域专家中，有 1 位专家的数据明显与其他 5 位专家不符，则剔除该专家的数据；然后对另外 5 位专家的数据按照少数服从多数的原则进行修订。

(5) 开展评价指标权重群决策。

当所有专家的判断没有相反的情况时，即两两指标比较时，不存在完全相反的情况，也就是判断结果在 1 的同一侧时，做评价指标权重专家群决策。依据层次分析法与德尔菲法结合法思路，选择“排序向量加权算术平均”方法对各个专家给出的层次分析法权重进行计算，即首先分别计算各个专家的“判断矩阵”，然后将计算得到的排序权重均值作为集结结果。一级指标对决策目标的排序权重如表 6-10 所示，二级指标对决策目标的排序权重如表 6-11 所示，三级指标对决策目标的排序权重如表 6-12 所示。最终得到的信息技术教学应用的评价体系如表 6-13 所示。为了操作方便，三级指标也可采用平均权重法。

表 6-10　一级指标对决策目标的排序权重

一级指标	权重
信息技术优化学习结果	0.4573
信息技术改进学习过程	0.4148
信息技术改善学习体验	0.1280

表 6-11　二级指标对决策目标的排序权重

二级指标	权重
促进能力目标达成	0.2572
技术激发学习动机	0.1686
促进知识目标达成	0.1411
技术促进课堂参与	0.1177
技术提高情感体验	0.1004
支持学习方式变革	0.0662
促进情感目标达成	0.0590
技术促进自主建构	0.0432
技术带来感官体验	0.0276
技术文化学习氛围	0.0191

表 6-12 三级指标对决策目标的排序权重

三级指标	权重	三级指标	权重
创设生动情境	0.0778	改善学习期望	0.0245
促进知识应用	0.0771	促进知识习得	0.0243
改善学习态度	0.0641	支持探究学习	0.0240
促进课堂互动	0.0570	提高学习自信心	0.0234
自学能力发展	0.0518	支持教学评价	0.0206
合作能力发展	0.0518	促进全员参与	0.0173
探究能力发展	0.0518	增强学习舒适感	0.0167
信息素养发展	0.0518	促进深度思考	0.0162
知识可视化表征	0.0490	拓展知识视野	0.0153
降低理解难度	0.0385	增强学习愉悦感	0.0148
提高学习满意度	0.0372	活跃课堂气氛	0.0127
支持自主学习	0.0340	支持个性化学习	0.0104

续表

三级指标	权重	三级指标	权重
提高学习专注力	0.0314	引发认知冲突	0.0102
增强技术效能感	0.0280	增强学习沉浸感	0.0084
创新能力发展	0.0259	营造民主氛围	0.0042
支持合作学习	0.0256	和谐师生关系	0.0042

表 6-13　信息技术教学应用有效性的评价体系

目标	一级指标	二级指标	三级指标
信息技术应用的有效性 A	$B1$ 信息技术改进学习过程（0.4148）	$C1$ 技术激发学习动机（0.1686）	$D1$ 创设生动情境（0.0778）
			$D2$ 知识可视化表征（0.0490）
			$D3$ 支持教学评价（0.0206）
		$C2$ 技术优化学习氛围（0.0191）	$D4$ 活跃课堂气氛（0.0127）
			$D5$ 营造民主氛围（0.0042）
			$D6$ 和谐师生关系（0.0042）
		$C3$ 技术促进课堂参与（0.1177）	$D7$ 提高学习专注力（0.0314）
			$D8$ 促进课堂互动（0.0570）
			$D9$ 促进全员参与（0.0173）
		$C4$ 支持学习方式变革（0.0662）	$D10$ 支持自主学习（0.0340）
			$D11$ 支持合作学习（0.0256）
			$D12$ 支持探究学习（0.0240）
			$D13$ 支持个性化学习（0.0104）
		$C5$ 技术促进自主建构（0.0432）	$D14$ 促进深度思考（0.0162）
			$D15$ 降低理解难度（0.0385）
			$D16$ 引发认知冲突（0.0102）

续表

目标	一级指标	二级指标	三级指标
信息技术应用的有效性 *A*	*B*2 信息技术优化学习结果（0.4573）	*C*6 促进知识目标达成（0.1411）	*D*17 促进知识习得（0.0243）
			*D*18 促进知识应用（0.0771）
			*D*19 拓展知识视野（0.0153）
		*C*7 促进能力目标达成（0.2572）	*D*20 自学能力发展（0.0518）
			*D*21 合作能力发展（0.0518）
			*D*22 探究能力发展（0.0518）
			*D*23 创新能力发展（0.0259）
			*D*24 信息素养发展（0.0518）
		*C*8 促进情感目标达成（0.0590）	*D*25 改善学习态度（0.0641）
			*D*26 改善学习期望（0.0245）
			*D*27 增强技术效能感（0.0280）
	*B*3 信息技术改善学习体验（0.1280）	*C*9 技术带来感官体验（0.0276）	*D*28 增强学习舒适感（0.0167）
			*D*29 增强学习沉浸感（0.0084）
		*C*10 技术提高情感体验（0.1004）	*D*30 增强学习愉悦感（0.0148）
			*D*31 提高学习满意度（0.0372）
			*D*32 提高学习自信心（0.0234）

*注 1：“情感目标”是指《基础教育新课程改革纲要（试行）》中情感、态度与价值观目标。

*注 2：信息技术应用的“伦理性”是技术应用“有效性”的前提指标，当技术应用出现“伦理失范”时，不使用本指标体系开展“有效性评价”。

三、信息技术教学应用有效性评价的实施过程

信息技术教学应用有效性评价的实施即评价指标量化的过程，也是各级评价指标客观化的过程，它包括评价量表的设计、数据采集的方法、评价结果的处理、评价结果的检验。依据信息技术教学应用有效性的评价标准，我们对评价指标采用如下四个步骤进行量化。

（一）确定数据采集方法

数据采集方法是评价指标量化的关键环节，只有科学地获取采样数据才能有效地发挥评价体系的价值。仔细分析三级评价指标（$D1 \sim D32$）发现，可将所有三级指标分为两个类别：易观察的外显指标、难观察的内隐指标。易观察的外显指标就是研究者、专家、同行教师等观察者通过课堂观察就可以对其进行判断的指标，绝大部分“学习过程”指标均属于此类，比如“知识可视化表征”“促进课堂互动”“支持个性化学习”等。难观察的内隐指标是指研究者、专家、同行教师等观察者无法通过课堂观察进行判断的指标，这类指标往往反映学习者的某种内隐的素质发展或心理特征，比如“促进深度思考”“发展自学能力”“促进知识应用”“提高学习满意度”等。值得说明的是，“促进知识目标达成”相关指标虽然不易直接观察，属于内隐指标；但是学习结束后，“知识目标达成”情况可以通过作业测试的方法获得数据。

外显指标包括：$D1$ 创设生动情境、$D2$ 知识可视化表征、$D3$ 支持教学评价、$D4$ 活跃课堂气氛、$D5$ 营造民主氛围、$D6$ 和谐师生关系、$D7$ 提高学习专注力、$D8$ 促进课堂互动、$D9$ 促进全员参与、$D10$ 支持自主学习、$D11$ 支持合作学习、$D12$ 支持探究学习、$D13$ 支持个性化学习。

内隐指标包括：$D14$ 促进深度思考、$D15$ 降低理解难度、$D16$ 引发认知冲突、$D17$ 促进知识习得、$D18$ 促进知识应用、$D19$ 拓展知识视野、$D20$ 自学能力发展、$D21$ 合作能力发展、$D22$ 探究能力发展、$D23$ 创新能力发展、$D24$ 信息素养发展、$D25$ 改善学习态度、$D26$ 改善学习期望、$D27$ 增强技术效能感、$D28$ 提高学习舒适感、$D29$ 增强学习沉浸感、$D30$ 增强学习愉悦感、$D31$ 提高学习满意度、$D32$ 提高学习自信心。

外显指标很容易通过“课堂观察”获得数据，因此该类指标可采用评课专家、同行教师观察获取数据。内隐指标由于难以观察，因此可通过学生“自我评价”或者“作业测试”等方法获得数据。值得说明的是，外显指标也可通过学生填写对应的量表获得数据。考虑到“评价主体多元化”的原则，外显指标数据采用评教专家、教师同行通过“课堂观察”获取，内隐指标数据采用学生“自我评价”或“作业测试”的途径获取。由于不是每一堂课都有测试，当课堂测试和课后作业能够反映“促进知识习得”“促进知识应用”“拓展知识视野”三个子指标时可采用“作业测试”的方法收集这三个指标的数据，否则这三个子指标也用学生“自我评价”的方式采集。

（二）有效性评价量表设计

评价量表的详细设计在信息技术教学应用有效性评价中至关重要，量表设计的科学与否直接关系到评价结果的信度与效度。依据信息技术教学应用有效性评价的内涵、信息技术教学应用有效性评价指标，考察信息技术对学习过程、学习结果、学习体验各个三级子指标的优化与改善程度。每个三级指标对应1个问题，每个问题采用5级李克特量表进行量化。具体形式为：信息技术对优化“子指标描述的维度”程度如何：很大、较大、一般、一点、没有，对五个选项分别赋值为5、4、3、2、1。

比如，在量化“D_1 创设生动情境”指标时，设置问题如下：

在本节信息化教学中，信息技术促进教学情境的“生动有趣”程度如何？（　　）

A. 很大　　B. 较大　　C. 一般　　D. 一点　　E. 没有

再如，在量化“$D17$ 促进知识习得”指标时，设置问题如下：

在本节信息化教学中，信息技术促进学生“习得知识”的作用如何？（　　）

A. 很大　　B. 较大　　C. 一般　　D. 一点　　E. 没有

基于以上分析，设计的“信息技术教学应用有效性的评价量表（评教专家）”（见附录五）、“信息技术教学应用有效性的评价量表（学生）”（见附录六）。

（三）信度与效度检验

信度检验和效度检验是验证教学评价可靠性与科学性的重要手段。由于评价指标的设计、指标权重分配、评价指标量化、数据采集方法、评价数据处理等过程都可能存在系统误差和操作误差，可能导致教学评价在实践中失去真实价值。为了提高信息技术教学应用有效性评价结果的说服力，需要对评价的数据进行信效度检验。

1. 信度检验

信度又称可靠性程度，是指同一个测量对同一组被试施测两次或多次，所获得结果的一致性程度。一个好的测量必须具有稳定性，多次使用所获得的结果前后一致。信度对于教学评价尤为重要，只有信度高的教学评价工具才能为教师提供可靠的信息，作为教学预测和教学决策的客观依据。

量表的信度检验常见方法有重测信度、复本信度、克隆巴赫 α 系数法等。重测信度是对同一组被测对象采用相同的量表，在不同的时间点先后测试两次，通过两次测量结果之间的差异程度判定一致性程度。重测信度本身存在着矛盾：缩短 2 次测试的时间间隔，被测对象较容易回忆出测试的题目；而延长 2 次测试的时间间隔，则被测对象容易受外部影响。复本信度是指对同一组被测人员运用两份内容等价但题目不同的量表进行调查，然后比较两组数据的相关程度。但是，这往往很难保证两份量表内容等价。

克隆巴赫 α 系数法（*Cronbach's alpha*）是一套常用的衡量心理或教育测试可靠性的方法，依一定公式估量测验的内部一致性，作为信度的指标是目前社会研究最常使用的信度指标，信息技术教学应用有效性评价量表拟用 *Cronbach α* 系数进行信度检验。*Cronbach α* 系数通常在 0～1 之间；如果 α 系数不超过 0.6，一般认为内部一致信度不足；达到 0.7～0.8 时表示量表具有较好的信度，达到 0.8～0.9 时说明量表信度非常好。*Cronbach α* 系数计算方法为：打开 SPSS 20.0 的 "Analyze-Scale-Reliability Analysis"，并选择 "Statistics" 中的 "Scale if item deleted" "Correlations"，即可得到 *Cronbach α* 系数。在基础研究中 *Cronbach α* 系数应不小于 0.8，在探索研究中 *Cronbach α* 系数应该不少于 0.7，在实务研究中 *Cronbach α* 系数达到 0.6 即可。由于信息技术教学应用有效性评价属于实务研究，因此约定 *Cronbach* $\alpha \geqslant 0.6$ 即可。

2. 效度检验

评价效度是指评价的有效程度。一种评价二具只有经过评价过程，才能根据评价结果判断它的效度；评价的效度是相对的，也就是说评价是根据样本对所要评价的特性作间接推断，只能达到某种程度的准确性，不存在全有和全无的差别。效度在教学评价中有重要的意义。第一，教学评价的对象大多属于内隐指标，只能对被测者的外部表现或态度倾向进行测量，以间接了解其心理活动或知识水平。第二，教学评价的对象是人，人能够调节自己的外部行为来掩盖自己的心理活动，这增加了教学评价的难度。

常用的效度分析的方法主要有：内容效度、准则效度和结构效度。效度分析最理想的方法是利用因子分析评价量表的结构效度。因子分析的主要功能是从量表全部变量中提取一些公因子，各公因子分别与某一群特定变量高度关联，这些公因子即代表了量表的基本结构。通过因子分析可以考察量表是否能够测量出研究者设计量表时假设的结构。在因子分析的结果中，用于评价结构效度的主要指标有累积贡献率、共同度和因子负荷。其中，累积贡献率反映公因子对量表或问卷的累积有效程度，共同度反映由公因子解释原变量的有效程度，因子负荷反映原变量与某个公因子的相关程度。SPSS 因子分析的方法为：选择“分析—降维—因子分析”，将需要的“分析变量”导入“变量”中，再选择“描述统计”“抽取”“旋转”“因子得分”中的统计量。KMO 检验系数>0.5，(巴特利特球体检验的 X^2 统计值的显著性概率）$P<0.05$ 时，才可以进行因子分析。然后依据累计贡献率、共同度和因子负荷来判定量表的结构效度。

（四）评价数据的处理

假设一级指标 B_i 的值为 M_{Bi}，其权重 W_{Bi}；二级指标 C_j 的值为 M_{Cj}，其权重 W_{Cj}；三级指标 D_n 的值为 M_{Dn}，其权重 W_{Dn}。所采集的原始数据均为三级指标 W_{Dn} 的数据，M_{Dn} 是采集多个评教专家、同行教师或学生打分的算术均值，比如五个评教专家给三级指标 D_n 的打分为 D_{n1}、D_{n2}、D_{n3}、D_{n4}、D_{n5}，$M_{Dn}=(D_{n1}+D_{n2}+D_{n3}+D_{n4}+D_{n5})/5$。总体有效性指标 $A=\sum_{3}^{1}M_{Bi}\times W_{Bi}=\sum_{10}^{1}M_{cj}\times W_{cj}=\sum_{32}^{1}M_{Dn}\times W_{Dn}$。当然，也可以计算求得每个一级指标、二级指标的值，用以表示信息技术教学应用各个子维度的有效性。

四、信息技术教学应用有效性评价的应用案例

（一）选择样本与收集原始数据

1. 选取评价样本

为了检验信息技术教学应用有效性评价标准的科学性与可操作性，

选择中部地区 W 市某小学六年级数学中小数乘分数版块的信息化课堂教学作为样本，开展信息技术应用的有效性评价。《小数乘分数》一课以整数乘法、小数乘法、分数乘法及整数和小数混合运算等知识点为基础，教学内容具有一定的综合性。该课不仅涉及分数与小数的互化、假分数与带分数的互化、整数与分数的互化，而且涉及如何判断一个分数是否能化成有限小数等知识。通过本节课的教学要让学生经历探究计算的过程，运用多样化的解题思路开拓学生的计算思维，提高学生的小数与分数的计算能力。从该教师所设计的《小数乘分数》教学方案来看，教师应用信息技术主要辅助教师的"教"、处于中等水平，技术主要用来创设教学情境、呈现教学信息。信息技术的应用层次与绝大多数中小学课堂的技术应用水平相当，可以代表当前中小学教师应用信息技术的整体情况。

《小数乘分数》教学设计

江岸区长春街小学　陈春

教学内容：人教版小学数学教材六年级上册第 8 页例 5 及相关练习。

教学目标：

1. 让学生掌握分数乘小数的计算方法，提高学生根据实际情况灵活选择合适的计算方法的能力。

2. 在学生自主探索的基础上，引导学生自由地表达自己的想法，培养学生合作交流的能力。

3. 通过解决日常生活中的实际问题，让学生体验数学的意义和价值。

教学重点：掌握分数乘小数的计算方法。

教学难点：提高学生根据实际情况灵活选择合适的计算方法的能力。

教学过程：

一、复习铺垫，引入新知（PPT 呈现复习的内容）

1. 口算下面各题

$21\times\frac{2}{3}$　　　$\frac{3}{5}\times\frac{1}{3}$　　　$\frac{5}{8}\times\frac{4}{5}$

2.4×0.5　　　$\frac{5}{3}\times\frac{9}{10}$　　　$\frac{5}{12}\times36$

2. 列式计算

一天的$\frac{5}{6}$是多少小时？　　　　　$\frac{4}{9}$吨的$\frac{3}{4}$是多少吨？

3. 揭示单元课题

二、自主学习，合作探究

1. 利用投影呈现松鼠欢欢的动画，创设问题情境（PPT 动画）。

松鼠欢欢的尾巴有多长？松鼠乐乐的尾巴有多长？

（1）学生独立思考、列式（板书）并说说怎么想的。

观察这个算式，和我们前面学习的分数乘法有什么不同？——板书：小数乘分数。

（2）小组讨论：如何计算 $2.1\times\frac{3}{4}$？

先小组讨论：可以怎样算，然后试着算一算（发小黑板）。

最后全班交流算法（发小黑板贴出计算过程）。

A. 将 2.1 化分数做。

B. 将 3/4 化小数做。

教师小结：这一题我们既可以把小数化成分数再计算，也可以把分数化成小数再计算，这两种方法用到了我们学过的分数乘分数和小数乘小数的知识。（PPT 呈现总结内容）

2. 那 $2.1\times\frac{3}{4}$你们会算吗？

（1）独立计算。

（2）小组交流：

A. 你是怎样算的？

B. 小组内出现了几种算法？

C. 你认为哪种算法比较简便？

质疑：大家都觉得这种计算方法简便，为什么计算 $2.1\times\frac{3}{4}$ 时没用呢？

3. 对比、归纳、总结

讨论：比较这几种算法，你有什么感受？（PPT 呈现讨论问题）

教师小结：（PPT 呈现总结内容）

（1）所有的小数乘分数都可以用化成分数的方法算。

（2）但不是所有的题都能化成小数算，因为有些分数不能化成有限小数，而且化成小数算比较麻烦。

（3）当小数是分数中分母的倍数时，我们可以像整数那样先约分再计算，这样比较简便；也可以像整数那样，把小数和分子相乘的积作分子，分母不变，再化简。

三、巩固练习，拓展提升（PPT 呈现问题，教师可让完成的同学在白板上呈现计算过程）

1. 完成第 8 页做一做（先观察，再独立计算）。

$1.2\times\frac{3}{5}$　　$2.5\times\frac{3}{5}$　　$1.4\times\frac{5}{6}$　　$2.4\times\frac{5}{6}$

（1）独立完成（学生利用平板将计算结果拍照上传给老师）；

（2）交流算法（教师可将某个同学的计算利用屏幕呈现给全班同学）。

（3）由第一小题引出$\frac{3.6}{5}$的结果。

师：在小数乘分数里，我们常常会得到这样的结果，怎么把它们化成最简分数呢？

2. 化简分数（PPT 呈现问题）。

$\frac{6.3}{4}$　　$\frac{3.5}{2}$　　$\frac{0.8}{6}$

3. 先观察算式特点，你认为怎样算比较简便？（PPT 呈现）

$\frac{7}{18}\times0.36$　　$\frac{9}{16}\times0.3$　　$7.8\times\frac{20}{39}$

$0.1\times\frac{2}{7}$　　$2.5\times\frac{4}{9}$　　$\frac{8}{11}\times1.25$

4. 解决问题（PPT 呈现）。

完成第 10 页第 2 题：美国人均淡水资源量约为 1.38 万立方米，我国人均淡水资源量仅为美国的 $\frac{1}{6}$ ，我国人均淡水资源量是多少万立方米？

四、全课总结，综合评价（PPT 呈现）

1. 今天我们学习了什么？

2. 小数乘分数怎样计算？

3. 在计算时，你对同学们有什么温馨提示？

五、独立作业

完成第 10 页的第 1 题、第 3 题、第 4 题。

六、课堂自我评价（在选项中为自己打"√"）

我会算（独立计算）			我会说（积极参与）			我会用（灵活计算）			综合评价		
A	B	C	A	B	C	A	B	C	我真棒	我有进步	还要努力

2. 收集原始数据

原始数据采集从两个方面展开：在教学之前向评课专家、评课教师发放"信息技术教学应用有效性的评价量表（评教专家）"，请评课专家或评课教师填写；在教学之后向学生发放"信息技术教学应用有效性的评价量表（学生）"，请课堂上的每位学生填写评价量表。填写前向评教专家、评课教师和学生说明填写量表的目的和要求：第一，测量仅用于诊断、改进教师应用信息技术的有效性，不用于教师的个人评价，请评教专家、评教教师、学生们放心如实填写；第二，本次评价仅仅考察信息技术应用的有效性，而非教学的有效性，防止专家、教师和学生误解，造成所采集数据失真。收集到原始数据后，对每张量表进行检查，丢弃内部出现矛盾、随意填写、未填写完整的数据。评教专家、评教教师共计 10 人，经过检查有 1 人数据存在矛盾，因此将该量表废弃，得到 9 位专家或教师的评教数据。共采集 32 位学生的自我评价数据，丢弃 9 个存在问题的量表，保留 23 位学生的自评数据。

（二）有效性评价数据的信度与效度检验

将原始数据输入 SPSS 中，由于专家观察数据和学生自评数据是两个评价主体给出的数据，难以放在一起做信度与效度检验，但理论上可分别对其进行信度检验与效度检验。由于专家的人数较少，并且量表中的问题少一些，整体数据量比较小，不太适合做 *Cronbach* α 信度检验和结构效度检验。因此，这里只对学生评价数据进行信度检验与效度检验。学生评价数据的 *Cronbach* α 信度检验结果如表 6-14 所示。在学生数据信度检验中，所有评价指标的 *Cronbach* α 系数均大于 0.70，总量表信度系数为 0.80，可见该评价量表的信度较好。

表 6-14　学生评价数据的信度检验结果

维度	S1	S2	S3	S4	S5	S6	S7	S8	S9	S10
Cronbach α	0.78	0.78	0.80	0.78	0.79	0.79	0.79	0.77	0.78	0.79
维度	S11	S12	S13	S14	S15	S16	S17	S18	S19	总量比
Cronbach α	0.80	0.79	0.78	0.79	0.79	0.79	0.82	0.78	0.79	0.80

信度检验之后，试图对学生评价数据做效度检验。先对学生评价数据做 *KMO* 检验和巴特利特球形检验，选择“分析—降维—因子分析”，将需要的“分析变量”导入“变量”中，选择“描述统计”“抽取”“旋转”“因子得分”中的统计量。结果发现：$KMO=0.213<0.5$，巴特利特球形检验为 256.3，这表明评价量表中各个题目之间的相关性较弱，无法通过“因子分析”检验结构信度。技术应用有效性的评价量表与其他测量不同，各个评价指标之间不能交叉、不能重复，再加上信息技术教学应用的功能复杂多样，满足一个指标并不一定会满足另外一个指标，指标之间的相关性较弱，因此《信息技术教学应用有效性的评价量表》不适合做结构效度分析。故笔者这里采用专家调查法对问卷的效度进行分析，将有效性评价量表发送给 5 位教育技术领域具有博士学位或副教授职称的专家，请他们对评价量表的内容效度进行判断，其中有 4 位专家表示评价量表的效度比较好，因此可基本判断笔者编制的《信息技术教学应用有效性的评价量表》具有较好的内容效度。

（三）有效性评价数据的处理过程

利用 SPSS 对每个指标的数据进行均值计算，对应的三级指标、三级指标权重、三级指标采样数据均值如表 6-15 所示。得到各个指标均值后，再把各个指标的值输入 Yaahp 软件中，自动计算出各个评价指标对有效性指数的贡献值。最终加权计算得到《小数乘分数》课堂教学中信息技术应用的有效性指数 $A=3.4703$。

表 6-15　三级指标的数据均值及指标权重

三级指标	权重	*N*	均值
*D*1 创设生动情境	0.0778	8	4.0000

续表

三级指标	权重	N	均值
$D2$ 知识可视化表征	0.0490	8	3.8750
$D3$ 支持教学评价	0.0206	8	2.6250
$D4$ 活跃课堂气氛	0.0127	8	4.0000
$D5$ 营造民主氛围	0.0042	8	3.5000
$D6$ 和谐师生关系	0.0042	8	2.3750
$D7$ 提高学习专注力	0.0314	8	3.8750
$D8$ 促进课堂互动	0.0570	8	3.6250
$D9$ 促进全员参与	0.0173	8	4.0000
$D10$ 支持自主学习	0.0340	8	2.3750
$D11$ 支持合作学习	0.0256	8	2.3750
$D12$ 支持探究学习	0.0240	8	3.0000
$D13$ 支持个性化学习	0.0104	8	2.5000
$D14$ 促进深度思考	0.0162	23	3.6087
$D15$ 降低理解难度	0.0385	23	3.2174
$D16$ 引发认知冲突	0.0102	23	2.9565
$D17$ 促进知识习得	0.0243	23	3.7391
$D18$ 促进知识应用	0.0771	23	3.8261
$D19$ 拓展知识视野	0.0153	23	3.4783
$D20$ 自学能力发展	0.0518	23	3.1739
$D21$ 合作能力发展	0.0518	23	3.6087
$D22$ 探究能力发展	0.0518	23	3.3913
$D23$ 创新能力发展	0.0259	23	3.3913
$D24$ 信息素养发展	0.0518	23	3.3043
$D25$ 改善学习态度	0.0641	23	3.7826
$D26$ 改善学习期望	0.0245	23	3.4348
$D27$ 增强技术效能感	0.0280	23	2.6522
$D28$ 增强学习舒适感	0.0167	23	3.3478
$D29$ 增强学习沉浸感	0.0084	23	3.5217

续表

三级指标	权重	N	均值
$D30$ 增强学习愉悦感	0.0148	23	3.5652
$D31$ 提高学习满意度	0.0372	23	3.9130
$D32$ 提高学习自信心	0.0234	23	3.3478

（四）有效性评价数据的结果分析

技术应用的有效性评价指数 $A=3.4703$，表明《小数乘分数》这一节课堂中信息技术应用的效果处于中等水平，技术应用整体效果一般。这与笔者的观察判断、评价专家的直观判断得到的结果基本一致。整个课堂体现“以学为中心”的教学理念，属于典型的“学习中心课堂”，主要围绕学生的学习活动开展教学，课堂气氛活跃、师生互动频繁、整体教学效果比较好。但从信息技术应用的角度来看，该课堂的信息技术应用比较传统保守，并未出现伦理失范问题，教师主要把技术用于创设教学情境、呈现教学信息，仅仅用来辅助教师的“教”，值得欣慰的是技术辅助“教”的效果较好。量化评价结果和研究者、专家的主观感受基本一致，因此可基本判断所设计的信息技术应用有效性评价标准较为科学、合理。

需要说明的是，该评价指标的应用有一定的局限条件，即在典型的信息化教学中，有效性评价的效度才会比较高；尤其是当信息技术作为学生的认知工具、评价工具、互动工具时，评价的效度会更高。反之，当课堂中很少使用信息技术或使用信息技术的功能非常有限时，有效性评价标准所得到的数据可能会有一定的偏差。这是因为该评价体系的囊括面比较全，当技术未发挥独特功能时，评价主体碍于情面可能会给予过高的评价（这种问题在学生自我评价时发生的概率较大，专家评价会相对好一些）。因此，笔者建议在典型的信息化教学中才使用本评价标准对技术应用的成效开展评价。

在课堂教学评价中，学科教师、评教专家、学校领导、教师本人往往更希望看到信息化教学有效性的评价结果。尽管本章讨论的是信息技术教学应用的有效性，所设计的指标也指向信息技术教学应用的有效性；但是有效性评价指标是基于有效教学评价标准、信息化教学有效性评价标准等理论基础和已有研究成果所制定，如果对信息技术教学应用有效性评价指标和评价量表稍做修改，便可演变为信息化教学的有效性评价标准，这为本研究开拓了广阔的空间。

附　　录

一、信息技术教学应用有效性的现状调查问卷

尊敬的老师，您好！

为了了解中小学课堂教学中信息技术应用的有效性现状，诊断信息技术在课堂教学中应用的问题，我们开展了信息技术教学应用的有效性问题研究，问卷调查是研究的重要组成部分。

本次调查仅用于学术研究，不涉及学校或个人的评价问题，希望老师们能够放心、如实填写。谢谢您的支持！

【一】教师基本信息

(　　) 1. 任教科目（承担多个学科课程时，填写主要课程）

A. 语文　B. 数学　C. 外语　D. 政治　E. 地理　F. 生物　G. 物理　H. 化学　I. 历史　J. 科学　K. 音乐　L. 美术　M. 综合实践（信息技术、劳动与技术、社会实践）

(　　) 2. 教龄

A. 0～5 年　B. 6～10 年　C. 11～15 年　D. 16 年以上

(　　) 3. 学历

A. 中专　B. 大专　C. 本科　D. 研究生

(　　) 4. 性别

A. 男　　B. 女

(　　) 5. 职称

A. 三级　B. 二级　C. 一级　D. 高级　E. 特级

(　　) 6. 学校阶段

A. 小学　B. 初中

(　　) 7. 学校地区

A. 城市学校　B. 农村学校

【二】技术应用态度

(　　) 8. 您认为信息技术对提高课堂教学效果的价值如何?

A. 效果很大　B. 效果较大　C. 有些效果　D. 效果不大　E. 没有效果

(　　) 9. 您对信息技术应用于课堂教学的态度是怎样的?

A. 非常认同　B. 比较认同　C. 基本认同　D. 有些认同　E. 不太认同

【三】技术应用能力

(　　) 10. 您是否有能力针对具体内容搜索数字化教学资源?

A. 优秀　B. 良好　C. 一般　D. 勉强　E. 不能

(　　) 11. 您是否有能力针对具体内容制作数字化教学资源?

A. 优秀　B. 良好　C. 一般　D. 勉强　E. 不能

(　　) 12. 您是否有能力恰当地使用媒体技术呈现内容?(即教导工具，辅助教师的教)

A. 优秀　B. 良好　C. 一般　D. 勉强　E. 不能

(　　) 13. 您是否有能力把技术作为学生的认知工具?(即学习工具，辅助学生的学)

A. 优秀　B. 良好　C. 一般　D. 勉强　E. 不能

(　　) 14. 您是否有能力把技术作为教学交互的工具?(实现师生、生生之间互动)

A. 优秀　B. 良好　C. 一般　D. 勉强　E. 不能

(　　) 15. 您是否有能力把技术作为教学评价的工具?(评价学习效果，从而调整教学)

A. 优秀　B. 良好　C. 一般　D. 勉强　E. 不能

【四】技术应用方式

(　　) 16. 您在课堂教学中应用信息技术的频率如何?

A. 每次都用　B. 经常使用　C. 有时使用　D. 较少使用　E. 完

全不用

（　　）17. 在您的教学中，信息技术的功能主要体现在哪些方面？（可多选）

A. 呈现教学信息、节省教学时间

B. 创设教学情境、激发学习动机

C. 呈现复杂过程、促进自主建构

D. 丰富教学资源、组织探究活动

E. 促进自主学习、支持协作学习

F. 作为交互工具、促进师生交流

G. 支持即时测评、调整改进教学

（　　）18. 您是否能熟练地、灵活地开展信息化教学，实现教学模式或教学方法的创新？

A. 优秀　B. 良好　C. 一般　D. 勉强　E. 不能

（　　）19. 在您的教学中，应用信息技术的水平处于哪个层次？

A. 创新应用　B. 灵活应用　C. 主要辅助教（偶尔辅助学）
D. 仅辅助教　E. 浅层使用

【五】技术应用效果

（　　）20. 在您的课堂上，应用信息技术提高教学效果的程度如何？

A. 很大　B. 较大　C. 一般　D. 不大　E. 不能

（　　）21. 在您的课堂上，信息技术应用是否提高了教学效率？

A. 很高　B. 较高　C. 一般　D. 不高　E. 不能

（　　）22. 在您的课堂上，信息技术应用是否提高了教学效益？（促进学生的信息素养、创新能力、信息社会适应能力等素质的发展）

A. 很大　B. 较大　C. 一般　D. 不大　E. 不能

【六】技术应用问题

（　　）23. 您认为影响信息技术有效应用的主要障碍有哪些？（可多选）

A. 技术使用方法不熟练　B. 信息化教学设计能力不够　C. 缺乏优质教学资源　D. 缺乏硬件环境支持　E. 学生家长反对

(　　) 24. 您在信息技术应用过程中，是否存在下列倾向？(可多选)

A. 过量使用　B. 浅层应用(幻灯片代替板书)　C. 排斥使用　D. 缺乏人文关怀(未考虑技术的负面影响)　E. 技术应用流于形式(作为花瓶)

【七】技术应用伦理

(　　) 25. 您在教学中使用技术的主要动力是什么？(可多选)

A. 教学改革　B. 改善效果　C. 追求潮流　D. 行政要求　E. 教学评价或学校制度

(　　) 26. 在信息技术应用过程中，您是否意识到它可能对学生发展产生负面效应？

A. 有　B. 没有

(　　) 27. 您在使用信息技术时是否会考虑技术对学生视力等身体素质的负面作用？

A. 是　B. 否

(　　) 28. 您在使用信息技术的同时，是否会开展信息道德教育？(引导学生正确地使用技术)

A. 是　B. 否

(　　) 29. 在教学资源应用过程中，您是否会考虑到学生课业负担？

A. 是　B. 否

(　　) 30. 您是否存在由于过量使用媒体而减少学生思考探究、教学互动、亲身体验的情况？

A. 大量存在　B. 较少存在　C. 完全没有

(　　) 31. 您认为滥用技术且缺乏信息道德教育，是否会导致学生沦为“技术奴隶”？(“人”被“技术”所控制，如学生陷入“网瘾”)

A. 很可能　B. 较大可能　C. 较小可能　D. 没可能

二、信息技术教学应用有效性的课堂观察表

学科：________________

1. 信息技术功能	A. 呈现教学信息、节省教学时间	
	B. 创设教学情境、激发学习动机	
	C. 呈现复杂过程、促进自主建构	
	D. 丰富教学资源、组织探究活动	
	E. 促进自主学习、支持协作学习	
	F. 作为交互工具、促进师生交流	
	G. 支持即时测评、调整改进教学	
2. 应用熟练程度	A. 熟练使用	
	B. 基本熟练	
	C. 有些生疏	
	D. 非常生疏	
3. 技术功效发挥	A. 充分发挥	
	B. 比较充分	
	C. 发挥一般	
	D. 未能发挥	
4. 促进教学有效	A. 改善效果很大	
	B. 改善效果较大	
	C. 改善效果不大	
5. 技术应用水平	A. 深度应用	
	B. 主要辅助教（偶尔辅助学）	
	C. 仅辅助教	
6. 技术应用问题	A. 存在技术滥用	
	B. 存在浅层使用	
	C. 压制能动活动	
	D. 忽视身心发展	
	E. 缺少技术德育	
	F. 增加学习负担	

说明：在对应的选项后面打钩。

三、信息技术教学应用有效性的教师访谈表

学科______________　　　　教龄______________

1. 您在课堂教学中使用信息技术的频率如何，经常使用信息技术的哪些教学功能？

___

___

___

2. 在您的课堂中，您是否能熟练地使用信息技术，有哪些问题？

___

___

___

3. 在您的课堂中，信息技术对优化教学效果程度如何？技术应用处于何种水平？

___

___

___

4. 您在使用信息技术的过程中，遇到的主要障碍或问题是什么？

___

___

___

5. 您在使用信息技术的过程中，是否意识到技术可能会对学生产生负面效应？

___

___

6. 您在使用信息技术的过程中，是否同时会对学生开展信息技术道德教育？

___

___

7. 关于信息技术的有效应用，您有什么好的建议或策略？

___

___

四、信息技术教学应用有效性的学生访谈表

年级______________

1. 你更喜欢哪种教学（信息化教学和传统课堂教学），原因何在？

____

____

____

2. 你喜欢信息化教学中的哪些方面？不喜欢哪些方面？

____

____

____

3. 你认为信息技术应用于课堂教学，是否会提高你的学习效果？

____

____

____

4. 你认为信息技术应用于课堂教学，是否会提高学习效率？

____

____

____

5. 你认为信息技术应用于课堂教学，是否会促进你的信息素养、创新能力、社会适应能力发展？

____

____

____

6. 信息技术应用于课堂教学中，教师是否开展了信息技术道德教育？你认为有必要吗？

____

____

7. 关于信息技术的有效应用，你有什么好的建议？

____

____

五、信息技术教学应用有效性的评价量表（评教专家）

尊敬的评教专家、同行教师：

您好！为了评价中小学课堂教学中信息技术应用的有效性，我们开展了信息技术教学应用的有效性评价研究，本次测量用于诊断、改进教师应用信息技术的有效性，不用于教师的个人评价。希望评教专家和同行教师能够放心、如实填写。谢谢您的支持！

(　　) 1. 在本节课中，信息技术对创设生动有趣的“教学情境”的作用如何？

A. 很大　　B. 较大　　C. 一般　　D. 一点　　E. 没有

(　　) 2. 在本节课中，信息技术对实现知识“可视化表征”的作用如何？

A. 很大　　B. 较大　　C. 一般　　D. 一点　　E. 没有

(　　) 3. 在本节课中，信息技术对支持“教学评价”的作用如何？

A. 很大　　B. 较大　　C. 一般　　D. 一点　　E. 没有

(　　) 4. 在本节课中，信息技术对活跃“课堂气氛”的作用如何？

A. 很大　　B. 较大　　C. 一般　　D. 一点　　E. 没有

(　　) 5. 在本节课中，信息技术对营造“民主氛围”的作用如何？

A. 很大　　B. 较大　　C. 一般　　D. 一点　　E. 没有

(　　) 6. 在本节课中，信息技术对建立“和谐师生关系”的作用如何？

A. 很大　　B. 较大　　C. 一般　　D. 一点　　E. 没有

(　　) 7. 在本节课中，信息技术对提高学生“学习专注力”的作用如何？

A. 很大　　B. 较大　　C. 一般　　D. 一点　　E. 没有

(　　) 8. 在本节课中，信息技术对促进“课堂互动”的作用如何？

A. 很大　　B. 较大　　C. 一般　　D. 一点　　E. 没有

(　　) 9. 在本节课中，信息技术对促进“全员参与”的作用如何？

A. 很大　　B. 较大　　C. 一般　　D. 一点　　E. 没有

(　　) 10. 在本节课中，信息技术对支持学生“自主学习”的作用如何？

A. 很大　　B. 较大　　C. 一般　　D. 一点　　E. 没有

(　　) 11. 在本节课中，信息技术对支持学生“合作学习”的作用如何?

A. 很大　　B. 较大　　C. 一般　　D. 一点　　E. 没有

(　　) 12. 在本节课中，信息技术对支持学生“探究学习”的作用如何?

A. 很大　　B. 较大　　C. 一般　　D. 一点　　E. 没有

(　　) 13. 在本节课中，信息技术对支持学生个性化学习的作用如何?

A. 很大　　B. 较大　　C. 一般　　D. 一点　　E. 没有

六、信息技术教学应用有效性的评价量表（学生）

亲爱的同学们：

你们好！为了评价中小学课堂教学中信息技术应用的有效性，我们开展了“信息技术教学应用的有效性评价”，本次测量用于诊断、改进教师应用信息技术的有效性，不用于教师的个人评价。希望各位同学能够放心、如实填写。谢谢你的支持！

(　　) 1. 在本节课中，信息技术对促进你“深度思考”的作用如何?

A. 很大　　B. 较大　　C. 一般　　D. 一点　　E. 没有

(　　) 2. 在本节课中，信息技术对降低“学习难度”的作用如何?

A. 很大　　B. 较大　　C. 一般　　D. 一点　　E. 没有

(　　) 3. 在本节课中，信息技术对引发“认知冲突”的作用如何?

A. 很大　　B. 较大　　C. 一般　　D. 一点　　E. 没有

(　　) 4. 在本节课中，信息技术对促进你“掌握知识技能”的作用如何?

A. 很大　　B. 较大　　C. 一般　　D. 一点　　E. 没有

(　　) 5. 在本节课中，信息技术对促进你“应用知识技能”的作用如何?

A. 很大　　B. 较大　　C. 一般　　D. 一点　　E. 没有

(　　) 6. 在本节课中，信息技术对帮助你“拓展知识视野”的作用如何？

A. 很大　B. 较大　C. 一般　D. 一点　E. 没有

（　）7. 在本节课中，信息技术对促进你“自学能力发展”的作用如何？

A. 很大　B. 较大　C. 一般　D. 一点　E. 没有

（　）8. 在本节课中，信息技术对促进你“合作能力发展”的作用如何？

A. 很大　B. 较大　C. 一般　D. 一点　E. 没有

（　）9. 在本节课中，信息技术对促进你“探究能力发展”的作用如何？

A. 很大　B. 较大　C. 一般　D. 一点　E. 没有

（　）10. 在本节课中，信息技术对促进你“创新能力发展”的作用如何？

A. 很大　B. 较大　C. 一般　D. 一点　E. 没有

（　）11. 在本节课中，信息技术对促进你“信息素养发展”的作用如何？

注：信息素养可理解为“合理地选择、检索、分析、综合、评价、利用信息的能力”。

A. 很大　B. 较大　C. 一般　D. 一点　E. 没有

（　）12. 在本节课中，信息技术对改善你“学习态度”的作用如何？

A. 很大　B. 较大　C. 一般　D. 一点　E. 没有

（　）13. 在本节课中，信息技术对改善你“学习期望”的作用如何？

A. 很大　B. 较大　C. 一般　D. 一点　E. 没有

（　）14. 在本节课中，信息技术对帮助你增强“技术效能感”的作用如何？

A. 很大　B. 较大　C. 一般　D. 一点　E. 没有

注：“技术效能感”主要指利用信息化资源开展学习的信心。

（　）15. 在本节课中，信息技术对提高你“环境舒适感”的作用如何？

A. 很大　B. 较大　C. 一般　D. 一点　E. 没有

(   ) 16. 在本节课中，信息技术对提高你“学习沉浸感”的作用如何？

注：沉浸感是学生完全被吸引并投入学习中，处于“忘我”状态。

A. 很大　B. 较大　C. 一般　D. 一点　E. 没有

(   ) 17. 在本节课中，信息技术对增强你“过程愉悦感”的作用如何？

A. 很大　B. 较大　C. 一般　D. 一点　E. 没有

(   ) 18. 在本节课中，信息技术对提高你“结果满意度”的作用如何？

A. 很大　B. 较大　C. 一般　D. 一点　E. 没有

(   ) 19. 在本节课中，信息技术对提高你“学习自信心”的作用如何？

A. 很大　B. 较大　C. 一般　D. 一点　E. 没有

参考文献

一、著作类

[1] BERGMANN J, SAMS A. Flipping the Classroom [M]. San Bruno: Tech & Learning, 2012.

[2] GARY D B. 教师观察力的培养[M]. 么加利，张新立，译. 北京：中国轻工业出版社，2006.

[3] HUNTER J. Technology Integration and High Possibility Classrooms: Building from Tpack [M]. London, New York: Routledge, 2015.

[4] SYH-JONG J. From PCK to TPACK: Research and Development [M]. New York: Nova Science Publishers Inc, 2012.

[5] MARY C H, MATTHEW J K, PUNYA M. Handbook of Technological Pedagogical Content Knowledge (TPACK) for Educators [M]. London, New York: Routledge, 2016.

[6] LUCY S G, JENNIFER B, ROSS P. The Flipped College Classroom: Conceptualized and Re-Conceptualized [M]. Berlin, Heidelberg: Springer, 2016.

[7] 乔纳森·伯格曼，亚伦·萨姆斯. 翻转课堂与慕课教学：一场正在到来的教育 [M]. 宋伟，译. 北京：中国青年出版社，2015.

[8] 乔纳森·伯格曼，亚伦·萨姆斯. 翻转学习：如何更好地实践翻转课堂与慕课教学 [M]. 王允丽，译. 北京：中国青年出版社，2015.

[9] 萨尔曼·可汗. 翻转课堂的可汗学院：互联时代的教育革命 [M]. 杭州：浙江人民出版社，2014.

[10] 加里·D. 鲍里奇. 有效教学方法 [M]. 易东平，译. 南京：

江苏教育出版社，2011.
[11] 马克斯·韦伯. 社会学文集 [M]. 阎克文，译. 北京：人民出版社，2010.
[12] 夏洛特·丹尼尔森. 提升专业实践力：教学的框架 [M]. 杨晓琼，译. 北京：教育科学出版社，2008.
[13] KOTLET P. 营销管理：亚洲版 [M]. 北京：中国人民大学出版社，2001.
[14] 维果茨基. 维果茨基教育论著选 [M]. 余震球，选译. 北京：人民教育出版社，2005.
[15] 威伦，哈奇森，博斯. 有效教学决策 [M]. 李森，王纬虹，译. 北京：教育科学出版社，2009.
[16] 赞可夫. 教学与发展 [M]. 杜殿坤，等译. 北京：人民教育出版社，1985.
[17] 狄德罗. 百科全书 [M]. 梁从诫，译. 广州：花城出版社，2007.
[18] 陈佑清. 教学论新编 [M]. 北京：人民教育出版社，2011.
[19] 陈佑清. 有效教学 [M]. 北京：高等教育出版社，2016.
[20] 陈佑清. 教育活动论 [M]. 南京：江苏教育出版社，2000.
[21] 南国农. 信息化教育概论 [M]. 北京：高等教育出版社，2004.
[22] 何克抗. 教学系统设计 [M]. 北京：北京师范大学出版社，2002.
[23] 何克抗，吴娟. 信息技术与课程整合 [M]. 北京：高等教育出版社，2007.
[24] 顾小清. 信息技术与课程整合教程 [M]. 上海：华东师范大学出版社，2008.
[25] 胡小勇，祝智庭. 问题化教学设计：信息技术促进教学变革 [M]. 北京：教育科学出版社，2006.
[26] 何克抗，李文光. 教育技术学 [M]. 2 版. 北京：北京师范大学出版社，2009.
[27] 刘美凤. 信息技术在中小学教育中应用的有效性研究 [M]. 北京：教育科学出版社，2010.

[28] 规划编制专家组. 《教育信息化十年发展规划（2011—2020年)》解读 [M]. 北京：人民教育出版社，2012.

[29] 魏先龙. 中国教育信息化均衡发展研究 [M]. 北京：北京师范大学出版社，2015.

[30] 吴砥. 国际教育信息化典型案例：2014—2015 [M]. 北京：北京师范大学出版社，2016.

[31] 吴砥. 国际教育信息化典型案例：2013—2014 [M]. 北京：北京师范大学出版社，2015.

[32] 杨雷，张晓鹏，骆金凤. 教育信息化价值及其测评技术 [M]. 北京：科学出版社，2008.

[33] 教育部教育信息化战略研究基地（华中）. 中国教育信息化发展报告：2013 [M]. 北京：人民教育出版社，2015.

[34] 何克抗. 论教育信息化发展新阶段 [M]. 北京：北京师范大学出版社，2016.

[35] 陈玉琨，田爱丽. 慕课与翻转课堂导论 [M]. 上海：华东师范大学出版社，2014.

[36] 赵国栋. 混合式教学与交互式视频课件设计教程 [M]. 北京：高等教育出版社，2013.

[37] 崔允漷. 有效教学 [M]. 上海：华东师范大学出版社，2009.

[38] 冯菲，刘玲. 混合式教学成功手册：让课程快速上网 [M]. 北京：北京大学出版社，2013.

[39] 唐瓷. 信息化教学设计理论与实践 [M]. 北京：科学出版社，2016.

[40] 姜永生. 多媒体技术与信息化教学设计基础 [M]. 北京：高等教育出版社，2013.

[41] 赵呈领. 信息技术与课程整合 [M]. 武汉：湖北科学技术出版社，2006.

[42] 张剑平. 现代教育技术 [M]. 北京：高等教育出版社，2013.

[43] 赵波. 信息技术与课程教学融合 [M]. 北京：科学出版社，2016.

[44] 陈孝斌. 教育管理学 [M]. 北京：北京师范大学出版社，1997.

[45] 高慎英，刘良华. 有效教学论 [M]. 广州：广东教育出版社，2004.

[46] 靳希斌. 教育经济学 [M]. 北京：人民教育出版社，2001.

[47] 李龙. 教学过程设计 [M]. 呼和浩特：内蒙古人民出版社，2001.

[48] 孙亚玲. 课堂教学有效性标准研究 [M]. 北京：教育科学出版社，2008.

[49] 孙亚玲. 有效教学：中学版 [M]. 北京：高等教育出版社，2015.

[50] 余文森，刘冬岩. 有效教学的基本策略 [M]. 福州：福建教育出版社，2013.

[51] 武汉市教育科学研究院. 中小学高效课堂评价标准及说明 [M]. 武汉：武汉出版社，2011.

[52] 夏征农，陈至立. 辞海 [M]. 上海：上海辞书出版社，1999.

[53] 赵昌木. 教师专业发展 [M]. 济南：山东人民出版社，2011.

[54] 蒋立兵. 现代体育教育技术 [M]. 北京：中国地质大学出版社，2012.

[55]《中国教育年鉴》编辑部. 中国教育年鉴 [M]. 北京：人民教育出版社，2004.

[56]《中国教育年鉴》编辑部. 中国教育年鉴 [M]. 北京：人民教育出版社，2007.

[57]《中国教育年鉴》编辑部. 中国教育年鉴 [M]. 北京：人民教育出版社，2008.

[58]《中国教育年鉴》编辑部. 中国教育年鉴 [M]. 北京：人民教育出版社，2009.

[59]《中国教育年鉴》编辑部. 中国教育年鉴 [M]. 北京：人民教育出版社，2010.

[60]《中国教育年鉴》编辑部. 中国教育年鉴 [M]. 北京：人民教育出版社，2013.

[61] 斐娣那. 发展性教学记 [M]. 辽宁人民出版社，1998：20.

二、论文类

[1] 左明章，许雄. 中小学信息道德教育的目标与内容的探讨 [J]. 中国电化教育，2002 (5)：23-25.

[2] 祝智庭. 以智慧教育引领教育信息化创新发展 [J]. 中国教育信息化，2014 (9)：4-8.

[3] 祝智庭，闫寒冰.《中小学教师信息技术应用能力标准（试行）》解读 [J]. 电化教育研究，2015 (9)：5-10.

[4] 祝智庭，许哲，刘名卓. 数字化教育资源建设新动向与动力机制分析 [J]. 中国电化教育，2012 (2)：1-5.

[5] 祝智庭，管珏琪，邱慧娴. 翻转课堂国内应用实践与反思 [J]. 电化教育研究，2015 (6)：66-71.

[6] 朱永海. 论信息技术与课程有效整合的三个层次 [J]. 中国远程教育，2009 (3)：65-68.

[7] 周小磊，袁曦临. 高校学生信息素养状况调查与分析研究 [J]. 图书馆学研究，2008 (2)：84-88.

[8] 周速. 网络环境下教师学习共同体对教师专业发展的支持 [J]. 电化教育研究，2007 (6)：45-48.

[9] 钟绍春，张琢，李吉南，等. 信息技术与课程有效整合的方法与实践 [J]. 中国电化教育，2007 (10)：74-77.

[10] 钟启泉. "有效教学"研究的价值 [J]. 教育研究，2007 (6)：31-35.

[11] 钟柏昌. 论现代系统科学对科学主义教育思潮的超越 [J]. 电化教育研究，2010 (7)：12-17.

[12] 郑忠梅. 教育技术理性：合伦理地发展：基于网络文化视角的分析 [J]. 电化教育研究，2010 (7)：18-22.

[13] 赵磊，朱泓，马红亮. 高校混合教学的新机遇：MOOC视角 [J]. 教育发展研究，2015 (17)：50-55.

[14] 赵俊荣. 高等师范院校学生体育态度变化的实证研究 [J]. 天津体育学院学报，2006 (1)：92-92.

[15] 赵丁力. 信息悖论对我国企业信息化的警示 [J]. 情报杂志，2004 (8)：47-48.

[16] 赵德成．新课程实施中的情感、态度与价值观评价［J］．课程·教材·教法，2003（9）：10-13．

[17] 章木林．信息技术环境下的 ESP＋EGP 混合教学模式探讨［J］．西安外国语大学学报，2013（1）：78-81．

[18] 张振新，吴庆麟．情境学习理论研究综述［J］．心理科学，2005（1）：125-127．

[19] 张屹，祝园，白清玉，等．智慧教室环境下小学数学课堂教学互动行为特征研究［J］．中国电化教育，2016（6）：43-48，64．

[20] 张亚珍，张宝辉，韩云霞．国内外智慧教室研究评论及展望［J］．开放教育研究，2014（1）：81-91．

[21] 张亚斌．远程教学中的媒体选择理论［J］．开放教育研究，2006（1）：54-58．

[22] 张伟平，杨世伟．高校信息化教学的有效性研究：基于设计的研究［J］．电化教育研究，2010（1）：103-106．

[23] 张攀峰，樊旭．网络探究学习模式（WebQuest）的改进研究［J］．电化教育研究，2008（9）：65-69．

[24] 张莲，孙有中．基于社会文化理论视角的英语专业写作课程改革实践［J］．外语界，2014（5）：2-10．

[25] 张莉，钟志贤．用信息技术促进有意义的学习开放教育研究［J］．开放教育研究，2009（2）：44-49．

[26] 张静，杨文正．面向深度学习的信息化教学案例评析与策略研究［J］．教学与管理，2014（15）：147-149．

[27] 张静，蒋立兵．中小学教师融合技术的学科教学知识现状调查与对策研究［J］．教育学术月刊，2015（5）：105-111．

[28] 张福涛．基于学生自主发展的“翻转课堂”探索与实践［J］．中国教育信息化，2014（14）：12-14．

[29] 张丰．关于初中生学习体验与学习状态的调查［J］．上海教育科研，2005（2）：46-48．

[30] 张宝臣．高等师范教育改革与中小学生创新能力的培养［J］．教育理论与实践，2004（4）：40-42．

[31] 翟小铭，项华，穆明．基于 S-WebQuest 的主题探究模式教学实践研究：例谈信息技术与物理学科教学深度融合［J］．中国电化教育，

2015 (5): 130-134.

[32] 袁小红. 高校信息化教学资源利用有效性研究 [J]. 中国电化教育, 2011 (9): 90-94.

[33] 袁利平, 戴妍. 基于学习共同体的教师专业发展 [J]. 中国教育学刊, 2009 (6): 87-89.

[34] 余胜泉, 路秋丽, 陈声健. 网络环境下的混合式教学: 一种新的教学模式 [J]. 中国大学教育, 2005 (10): 50-56.

[35] 余胜泉, 陈莉. 信息技术与课程有效整合的基本特征 [J]. 中小学信息技术教育, 2005 (4): 27-31.

[36] 于凤香, 毕团结. 信息技术实现小学语文有效教学 [J]. 中国信息技术教育, 2011 (19): 112.

[37] 于冲. 三网融合背景下青少年网络犯罪的现状和发展趋势探究 [J]. 青少年犯罪问题, 2014 (1): 47-52.

[38] 叶力汉, 白然. 信息技术与课程整合实践中的问题及对策 [J]. 中国电化教育, 2005 (11): 65-68.

[39] 叶澜. 时代精神与新教育理想的构建: 关于我国基础教育改革的跨世纪思考 [J]. 教育研究, 1994 (10): 3-8.

[40] 杨学良. 有效教学的标准和评价策略 [J]. 教学与管理, 2007 (3): 62-63.

[41] 杨晓宏, 贾巍. 现代学习理念导向下的数字化学习资源构建研究 [J]. 中国电化教育, 2013 (3): 84-95.

[42] 杨玲. 信息技术课堂教学有效性缺失分析与提升策略 [J]. 中国电化教育, 2009 (6): 92-94.

[43] 杨莲芳, 黄宇星, 张雯. 福建省中小学教师信息技术应用能力现状与提升对策 [J]. 教育评论, 2014 (6): 147-149.

[44] 杨俊锋. 创新课堂教学模式 培养学生国际视野: 跨文化混合同步网络课堂的实证研究 [J]. 中国电化教育, 2015 (10): 33-38.

[45] 杨九民, 邵明杰, 黄磊. 基于微视频资源的翻转课堂在实验教学中的应用研究: 以“现代教育技术”实验课程为例 [J]. 现代教育技术, 2013 (10): 36-40.

[46] 杨改学, 付道明. 强化信息技术的教学应用需要关注的几个问题 [J]. 电化教育研究, 2012 (11): 62-66.

[47] 许华琼，胡中锋．有效教学的评价标准及实施策略［J］．教学与管理，2010（22）：3-5.

[48] 邢磊，董占海．大学物理翻转课堂教学效果的准实验研究［J］．复旦教育论坛，2015，13（1）：24-29.

[49] 辛涛，邹舟．中学生课堂计算机使用对其数学成绩的影响［J］．教育学报，2010（4）：65-70.

[50] 吴娟，余胜泉．信息技术与课程有效整合的常见问题及其对策［J］．电化教育研究，2006（10）：70-72，77.

[51] 魏俊杰，魏国宁，解月光．高阶思维培养取向的信息技术有效应用评价指标体系研究：以初中数学课堂教学为例［J］．现代教育技术，2012（1）：29-33.

[52] 王志强．屏性视觉媒介的自身特质及其伦理价值反思［J］．现代远距离教育，2013（6）：69-73.

[53] 王莹．未来的学校课桌：智能课桌将使科幻片场景在教室中展现［J］．中国信息技术教育，2008（12）：91-92.

[54] 王晓明．中小学信息技术与教育教学创新应用研讨会专题报道［J］．中国教育信息化，2014（5）：3.

[55] 王睿懋．促进幼儿学习体验及其教育建议［J］．现代中小学教育，2014（12）：77-80.

[56] 王沛，康廷虎．建构主义学习理论述评［J］．教师教育研究，2004（5）：17-21.

[57] 王坤庆．新世纪人文主义教育价值观思考［J］．教育研究，2000（8）：19-22.

[58] 王凯．国内教学伦理研究综述［J］．上海教育科研，2007（8）：18-21.

[59] 王海燕，付丽萍．西北地区中小学生信息素养现状的调查分析［J］．中国电化教育，2006（7）：35-38.

[60] 王道俊．主体教育论的若干构想［J］．教育学报，2005，1（5）：3-17.

[61] 王伯鲁．技术奴役问题新解［J］．河南社会科学，2016（3）：94-98，124.

[62] 汪琼，李文超，陈瑞江，等．教育技术 CEO 论坛：借鉴和启

示 [J]. 开放教育研究，2004 (6)：45-48.

[63] 陶西平. 翻转课堂与生成课程 [J]. 中小学管理，2014 (3)：58.

[64] 唐斌，朱永新. 杜威“教育即生活”本真意义及当代启示 [J]. 中国教育学刊，2011 (10)：84-87.

[65] 孙沛华. 基于扎根理论的信息化课堂有效教学评价体系研究 [J]. 现代教育技术，2011 (9)：47-51.

[66] 孙宏志，解月光. 信息技术应用有效性的评价指标体系研究：以初中物理课堂教学为例 [J]. 现代教育技术，2013 (2)：31-36.

[67] 盛群力. 五星教学过程初探 [J]. 课程·教材·教法，2009 (1)：35-40，55.

[68] 桑新民. 技术—教育—人的发展：上：现代教育技术学的哲学基础初探 [J]. 电化教育研究，1999 (2)：3-7.

[69] 扈中平. 论科学人文主义教育观 [J]. 教育研究与实验，1998 (4)：19-23.

[70] 齐群，殷曰海. 浅谈信息技术应用于课堂教学中应注意的几个问题 [J]. 电化教育研究，2004 (3)：78-80.

[71] 牛涛. 高职学生职业道德教育的综合量化评价体系建构 [J]. 教育与职业，2014 (29)：63-65.

[72] 乜勇，王兰兰. 有效构建信息技术教育环境中学与教的 e 模式 [J]. 中国电化教育，2011 (2)：19-22.

[73] 孟琦. 信息化教学有效性的解读与对策分析 [J]. 全球教育展望，2008 (1)：58-61

[74] 马锐，张文涛，孙四明. 指标评价体系中关于指标权重确定方法的研究 [J]. 计算机科学，2009 (8)：263-266.

[75] 陆永来. 信息技术课堂实现有效教学的策略 [J]. 现代中小学教育，2013 (2)：27-29.

[76] 卢尚建. 信息技术背景下有效教学的特征及其策略 [J]. 电化教育研究，2009 (12)：76-79.

[77] 卢强. 翻转课堂的冷思考：实证与反思 [J]. 电化教育研究，2013 (8)：91-97.

[78] 卢蓓蓉，赵琳，任友群. 高中信息伦理教育现状探析：国际视

野下我国《信息技术基础》课程教材的比较研究 [J]. 电化教育研究，2016 (2)：88-93.

[79] 柳琦，鲍韵，易军. 青少年网络法律素养的培育 [J]. 中国青年研究，2014 (12)：104-109.

[80] 刘志华. 信息技术在课堂教学中应用的原则 [J]. 中国电化教育，2005 (6)：66-68.

[81] 刘永琪，胡凡刚. 翻转课堂教学模式的伦理省思 [J]. 远程教育杂志，2015 (6)：78-84.

[82] 刘光宁，唐湘蓉，伍玲，等. 运用现代教育技术构建语文“四结合”教学模式 [J]. 电化教育研究，2001 (5)：76-79.

[83] 刘斌. 信息化教学有效性的理论思考：对信息化教学本质的再认识 [J]. 现代教育技术，2013 (3)：26-30.

[84] 林秀钦，黄荣怀. 中小学教师信息技术应用的态度与行为调查 [J]. 中国电化教育，2009 (9)：17-22.

[85] 梁林梅，郑旭东. 对教育技术专业人员职业道德规范建设的思考：美国 AECT 的工作及启示 [J]. 开放教育研究，2007 (4)：23-26.

[86] 李学红. 区域推进课堂“有效教学”改革的实践 [J]. 上海教育科研，2007 (2)：35-36.

[87] 李馨. 翻转课堂的教学质量评价体系研究：借鉴 CDIO 教学模式评价标准 [J]. 电化教育研究，2015 (3)：96-99.

[88] 李晓文. 翻转课堂的学生满意度评价研究 [J]. 高教发展与评估，2015 (3)：98-116.

[89] 李祺. 论教育信息技术 [J]. 电化教育研究，2003 (4)：26-37.

[90] 李麦莲. 英语教学中学习氛围的创设 [J]. 当代教育科学，2004 (17)：63.

[91] 李葆萍. 智慧教室中影响教师创新教学方法选择的因素探究 [J]. 教师教育研究，2015 (3)：50-55.

[92] 李克东. 数字化学习：上：信息技术与课程整合的核心 [J]. 电化教育研究，2001 (8)：46-49.

[93] 教育部. 教育信息化十年发展规划：2011—2020 年 [J]. 中国教育信息化，2012 (8)：3-12.

[94] 教育部. 2013 年教育信息化工作要点 [J]. 中国教育信息化, 2013 (4): 3-5.

[95] 焦瑶光. 基础教育课程改革中的信息技术与学科课程的整合: 问题与对策 [J]. 电化教育研究, 2004 (12): 40-43.

[96] 蒋立兵, 徐雪霞. 体育师范生应该具备的教育技术素养 [J]. 山西广播电视大学学报, 2009 (1): 20-21.

[97] 蒋立兵, 凌鹏飞, 陈佑清. 信息技术在教学中应用的伦理审视 [J]. 教育发展研究, 2016 (8): 38-43.

[98] 蒋立兵, 陈佑清. 高校文科课程翻转课堂有效性的准实验研究 [J]. 中国电化教育, 2016 (7): 107-113.

[99] 纪明敏, 王照. 论信息化教学模式与学员创新能力的培养 [J]. 高等教育研究学报, 2004 (2): 29-31.

[100] 黄晓燕. 物理课堂有效教学策略: 物理教学与信息技术整合 [J]. 中国信息技术教育, 2010 (20): 56-57.

[101] 黄荣怀, 马丁, 郑兰琴. 基于混合式学习的课程设计理论 [J]. 电化教育研究, 2009 (1): 9-14.

[102] 黄荣怀, 胡永斌, 杨俊锋, 等. 智慧教室的概念及特征 [J]. 开放教育研究, 2012 (2): 22-27.

[103] 胡新华, 周月. MOOC 冲击下高校教师的因应策略: 学习体验视角 [J]. 现代教育技术, 2014 (12): 19-25.

[104] 胡晓玲. 信息化教学有效性解读 [J]. 中国电化教育, 2012 (5): 33-37.

[105] 胡卫星, 田建林. 智能教室系统的构建与应用模式研究 [J]. 中国电化教育, 2011 (9): 127-132.

[106] 何善亮. 论有效教学的实践建构 [J]. 课程·教材·教法, 2010 (5): 20-26.

[107] 何克抗. 建构主义: 革新传统教学的理论基础: 上 [J]. 电化教育研究, 1997 (3): 3-9.

[108] 何克抗. 从 Blending Learning 看教育技术理论的新发展 [J]. 电化教育研究, 2004 (3): 5-10.

[109] 何克抗. 从"翻转课堂"的本质看"翻转课堂"在我国的未来发展 [J]. 电化教育研究, 2014 (7): 5-16.

[110] 何克抗. TPACK：美国“信息技术与课程整合”途径与方法研究的新发展：上 [J]. 电化教育研究，2012 (5)：5-10.

[111] 国家体育总局. 2014 年全国学生体质与健康调研结果 [J]. 中国学校卫生，2015 (12)：4.

[112] 郭晓君. 谈现代技术观 [J]. 延边大学学报：哲学社会科学版，1996 (3)：16-19.

[113] 郭绍青，杨滨. 高校微课“趋同进化”教学设计促进翻转课堂教学策略研究 [J]. 中国电化教育，2014 (4)：98-103.

[114] 郭俊杰，王佳莹. 信息化教学过程的有效性策略研究 [J]. 中国远程教育，2010 (10)：63-80.

[115] 管珏琪，PETER R，苏小兵，等. 电子书包对学生学习体验与学习成绩的影响 [J]. 中国电化教育，2015 (9)：56-62.

[116] 顾明远. 学习和解读《国家中长期教育改革和发展规划纲要(2010-2020 年)》[J]. 高等教育研究，2010 (7)：1-6.

[117] 高霄. 课堂教学 PPT 使用有效性评价指标体系构建 [J]. 中国青年政治学院学报，2009 (4)：129-133.

[118] 方舟. 信息技术与课程有效整合的若干相关性问题 [J]. 远程教育杂志，2008 (4)：49-52.

[119] 樊彩萍，朱永海. 论信息技术与课程：从有效整合走向整合有效性：兼论信息技术与课程有效整合的现状、问题与对策 [J]. 远程教育杂志，2010 (3)：25-29.

[120] 崔允漷. 有效教学：理念与策略：上 [J]. 人民教育，2001 (6)：46-47.

[121] 程红，张天宝. 论教学的有效性及其提高策略 [J]. 中国教育学刊，1998 (5)：37-40.

[122] 陈佑清. 建构学习中心课堂：我国中小学课堂教学转型的取向探析 [J]. 教育研究，2014 (3)：96-105.

[123] 陈佑清，陶涛. “以学评教”的课堂教学评价指标设计 [J]. 课程·教材·教法，2016 (1)：45-52.

[124] 陈卫东，叶新东，秦嘉悦，等. 未来课堂：高互动学习空间 [J]. 中国电化教育，2011 (8)：6-13.

[125] 曾春妹. 透视课堂教学中的“无效”现象 [J]. 教学与管理，

2012 (27)：18-19.

［126］曹培杰．中小学生信息化教学的学习体验调查［J］．中国电化教育，2014 (9)：24-28.

［127］本刊．《2014 年教育信息化工作要点》发布［J］．中国教育信息化，2014 (7)：90.

［128］张译允．信息技术在教学中应用的影响因素研究［D］．长春：东北师范大学，2008.

［129］鲍思达．信息技术支持下高中时政课的有效教学研究［D］．上海：上海师范大学，2012.

［130］康丽．它代表着未来的方向：大数据时代的教学评价变革［N］．中国教师报，2016-04-27.

［131］季忠云．高中生物教学中现代信息技术与传统教学有效整合的研究［D］．苏州：苏州大学，2014.

［132］田建林．信息技术融入课堂教学有效性的实验研究［D］．大连：辽宁师范大学，2012.

［133］孙亚玲．课堂教学有效性标准研究［D］．上海：华东师范大学，2004.

［134］曲丽萍．信息技术与高中数学教学有效整合的实证分析研究［D］．烟台：鲁东大学，2014.

［135］孟琦．课堂信息化教学有效性研究：教育技术之实用取向［D］．上海：华东师范大学，2006.

［136］王锐俊．沉浸体验与网络环境下的英语学习［J］．现代远程教育研究，2005 (6)：58.

［137］张屹，许哲，张帆．沉浸理论对网络环境下的研究性学习平台构建的指导：基于《教育技术学研究方法》学习平台的实践［J］．现代教育技术，2010 (5)：97-101.

［138］江晓东．沉浸体验对管理类课程学习绩效的影响：学习满意度的中介效应［J］．上海管理科学，2015 (1)：103-108.

［139］丁伟．基于“认知冲突”的化学知识建构［J］．上海教育科研，2009 (9)：93-95.

［140］邓文超．南京大学本科生“学习参与”现状研究［D］．南京：南京大学，2013.

[141] 杜建刚，范秀成．基于体验的顾客满意度模型研究：针对团队旅游的实证研究 [J]．管理学报，2007 (4)：514-520.

[142] 宋兵．影响远程学习者学习动机的因素分析 [J]．中国远程教育，2013 (11)：62-67.

[143] 胡立如，张宝辉．混合学习：走向技术强化的教学结构设计 [J]．现代远程教育研究，2016 (4)：21-31.

[144] 张静．融合信息技术的教师知识发展研究 [D]．武汉：华中师范大学，2014.

[145] 王继新，施枫，吴秀圆．“互联网＋”教学点：新城镇化进程中的义务教育均衡发展实践 [J]．中国电化教育，2016 (1)：86-94.

[146] 陈维维．审视与反思：戴尔“经验之塔”的发展演变 [J]．电化教育研究，2015 (4)：9-14.

[147] 魏宏聚．新课程三维目标表述方式商榷：依据布鲁姆目标分类学的概念分析 [J]．教育科学研究，2010 (4)：10-12.

[148] 高红．知识目标、能力目标、态度目标的协同性和一致性 [J]．卫生职业教育，2002 (3)：59.

[149] 王旭影．初中诗歌课堂中教师有效应用信息技术的评价体系研究 [D]．长春：东北师范大学，2011.

[150] 李红美，张剑平．面向智慧教室的 ARS 互动教学模式及其应用 [J]．中国电化教育，2015 (11)：103-109.

[151] 陈晓端，STEPHEN K．当代西方有效教学研究的系统考察与启示 [J]．比较教育研究，2005 (8)：56-60.

[152] 杜泽娟．中小学信息技术与课程有效整合的研究 [D]．桂林：广西师范大学，2006.

[153] 彭华茂，王迎，黄荣怀，等．远程学习效能感的结构和影响因素研究 [J]．开放教育研究，2006 (2)：41-45.

[154] 蒋立兵，陈佑清．体育院校大学生学业成就动机干预及模型构建研究 [J]．教育研究与实验，2014 (1)：92-96.

[155] 蒋立兵，凌鹏飞．技术进入教学的价值辩证与伦理实现 [J]．现代远距离教育，2016 (5)：70-76.

[156] 蒋立兵．现代教学技术应用的伦理诉求及理性回归 [J]．中国教育学刊，2016 (10)：84-89.

[157] 蒋立兵，陈佑清．翻转课堂教学质量评价体系的构建 [J]．现代教育技术，2016 (11)：60-66.

[158] 蒋立兵，陈佑清．教师教育课程开放资源建设与翻转课堂实践研究：以教师教育国家级精品资源共享课“有效教学”的建设为例 [J]．黑龙江高教研究，2016 (8)：46-49.

[159] 陈思铭，刘长凤．信息技术与学科教学整合的应用研究探析 [J]．中国电化教育，2014 (12)：113-116.

[160] 周佳伟，王祖浩．信息技术与学科教学如何深度融合：基于 TPACK 的教学推理 [J]．电化教育研究，2021 (9)：20-26，34.

[161] 王永固，肖镭，莫世荣，等．电子书包赋能的精准教学模式有效性研究：以初中数学复习课为例 [J]．中国电化教育，2019 (5)：106-113，119.

[162] 郭利明，杨现民，张瑶．数据驱动的精准教学五维支持服务框架设计与实践研究 [J]．电化教育研究，2021，42 (4)：85-92.

[163] 杨丽娜，陈玲，张雪，等．基于 TPACK 框架的精准教研资源智能推荐研究与实践 [J]．中国电化教育，2021 (2)：43-50.

[164] 江凤娟，刘晓璇．民族地区教师信息技术使用意愿的影响因素研究：基于 TAM 的分析 [J]．民族教育研究，2021 (3)：78-86.

[165] 陈晓端，STEPHEN K．当代西方有效教学研究的系统考察与启示 [J]．比较教育研究，2005 (8)：56-71.

[166] KELLER J M. The Systematic Process of Motivational Design [J]. Performance & Instruction，1987，26 (9-10)：1-8.

[167] BLOK H，OVERMAAT M. Computer-Assisted Instruction in Support of Beginning Reading Instruction：A Review [J]. Review of Educational Research，2002，72 (1)：101-130.

[168] DAVIDSON-S G V，ADKINSON J E，JACKSON M K. Using Technology to Teach Technology：Effects on Student Performance and Opinions [J]. International Journal of Instructional Media，2008，35 (4)：401-412.

[169] FLEISCHER H. What is Our Current Understanding of One-to-One Computer Projects：A Systematic Narrative Research Review [J]. Educational Research Review，2012，7 (2)：107-122.

[170] MCNAIR V, CLARKE R B. Effective Technology and Design Teaching: Getting it Right in the Classroom [J]. International Journal of Technology & Design Education, 2007, 17 (17): 271-290.

[171] SCHRIRE S. Interaction and Cognition in Asynchronous Computer Conferencing [J]. Instructional Science, 2004, 32 (6): 475-502.

[172] SCHMIDT D A, BARAN, E, THOMPSON A D, et al. Technological Pedagogical Content Knowledge (TPACK): The Development and Validation of an Assessment Instrument for Preservice Teachers [J]. Journal of Research on Technology in Education, 2009, 42 (2): 132-149.

[173] FAWZI A, ESHAA M A. Multimedia as a Cognitive Tool [J]. Educational Technology & Society, 2002, 5 (4): 49-55.

[174] MARTÍNEZ-C E. Factors Affecting Effectiveness in E-learning: An Analysis in Production Management Courses [J]. Computer Applications in Engineering Education, 2011, 19 (19): 572-581.

[175] DODGE B. WebQuests: A Technique for Internet-based Learning. [J]. Distance Educator, 1995, 1 (2): 10-13.

[176] 游森，秦建平，王逸尘. 卓越教师教学行为评价指标研究 [J]. 中国教育学刊，2021 (12)：72-78.

[177] LIU C C, YAO H H, LEE K W. Application of Semantic Approaches and Interactive Virtual Technology to Improve Teaching Effectiveness [J]. Interactive Learning Environments, 2012, 20 (20): 441-449.

[178] CAIRD S, LANE A. Conceptualising the Role of Information and Communication Technologies in the Design of Higher Education Teaching Models Used in the UK [J]. British Journal of Educational Technology, 2015, 46 (1): 58-70.

[179] ARCHAMBAULT L, CRIPPEN K. Examining TPACK among K-12 Online Distance Education in the United States [J]. Contemporary Issues in Technology and Teacher Education, 2009, 9 (1): 71-88.

[180] ADDIS M, HOLBROOK M B. On the Conceptual Link between Mass Customisation and Experiential Consumption: An Explosion of Subjectivity [J]. Journal of Consumer Behaviour, 2001, 1 (1): 50-66.

[181] BAYLOR A L, RITCHIE D. What Factors Facilitate Teacher Skill, Teacher Morale, and Perceived Student Learning in Technology-using Classrooms? [J]. Computers & Education, 2002, 39 (4): 395-414.

[182] ROMINA P. Instructional Design and Self-directed Learning in the EFL Classroom [J]. Iaido Journal, 2001, 3 (4).

[183] RAMADAN R A, Hagras H, Nawito M, et al. The Intelligent Classroom: Towards an Educational Ambient Intelligence Testbed [C] //International Conference on Intelligent Environments. 2010: 344-349.

三、其他类

[1] 杨刚. 中关村二小：多校区同步优质均衡 [N]. 中国教育报，2016-03-04.

[2] 时晓玲. 全国 20 余所高中联手创建 C20 慕课联盟在线公共课 [N]. 中国教育报，2013-08-14.

[3] 教育部. 基础教育课程改革纲要：试行 [N]. 中国教育报，2001-07-27.

[4] 中国青少年网络协会. 2011 年中国网络青少年网瘾调查数据报告 [R]. 北京：中国传媒大学调查统计研究所，2012.

[5] 南京市教学研究室. 南京市新课程课堂教学评价表 [Z]. 2002.

后　记

随着社会信息化的发展，信息技术已经成为推动教学变革的重要力量。我们憧憬着信息技术能够改变根深蒂固的传统教学方式，优化课堂教学过程，提高课堂教学效果。经过教育信息化数年的持续推进，信息技术进入课堂教学已经成为常态。然而，信息技术是否促进了课堂教学方式的变革，技术应用的有效性究竟如何，如何对有效性进行评价等问题值得我们系统思考。我清晰地记得在2013年博士学位入学考试面试中，课程与教学论专家李家清和王后雄两位教授同时提出的质疑：电子白板全面代替传统黑板的效果一定好吗？强制教师使用信息技术是否一定能促进学生的发展？从那时起，“信息技术教学应用的有效性”问题一直困扰着我。

在课堂教学实践中，不少技术应用确实改变了“以教为主”的教学方式，发挥了技术的独特优势，优化了学生的学习过程，提高了教学的有效性。但是，也还存在相当一部分技术应用并未发挥技术的教学价值，难以体现教学收益与教学投入之间的效益关系。美国教育传播与技术协会（AECT）于2005年发布了新的教育技术定义，明确提出：技术应用的目的是“促进学习和提高绩效”。可见，课堂教学中应用信息技术的根本宗旨是“促进学生的发展”。判断信息技术应用的有效性应该从信息技术是否促进了学生的学习、是否提高了教学绩效方面来考察。基于上述观点，本研究围绕“信息技术教学应用的有效性”这一问题，就其本质内涵、实践现状、特征原则、评价方法等进行了探究性的尝试。研究的内容和重要结论主要体现在以下五个方面：

第一，突破了从“以教定教”取向考察信息技术应用有效性的局限性，廓清了“信息技术教学应用有效性”的内涵与外延。已有的信息技术有效性研究主要从“信息化教学有效性”进行界定，沿用了“有效教学”的分析框架，考察信息化课堂教学对实现预期教学目标的“效果”“效率”和“效益”。这种概念界定将信息技术应用与有效教学一起探讨，难以阐述技术应用的真实有效性；并且仅从“教学结果”维度对有效性进行探讨，难以体现技术对学习过程、学习体验等维度的影响。本研究认为信息技术应用的有效性体现在两个层面：一是信息技术发挥了自身独特的教学价值，二是信息技术促进了教学的有效性。因此，信息技术应用的有效性可从两个方面去考察，即技术应用的有效性既符合教学环境对技术功能的要求，同时也符合教学促进学生发展的要求。基于这个观点，本研究提出了信息技术教学应用有效性的概念模型。从技术应用本身来说，技术的有效性体现在伦理性、适宜性和功效性上；从技术促进教学的有效性来说，技术的有效性体现在技术改进学习过程、技术优化学习结果、技术改善学习体验上。

第二，关注了信息技术教学应用有效性的实然状态，通过对教师调研和课堂观察，透视中小学信息技术应用的真实有效性。调研结果表明：①总体上W市中小学信息技术教学应用的有效性处于中等水平。中小学教师在教学中应用信息技术的态度积极，教师在教学中应用信息技术的能力不强，教师应用信息技术主要辅助教师的“教”，教师在教学中应用信息技术的效果一般。②人口学变量对教师信息技术教学应用的有效性存在着明显差异。初中教师的技术应用水平和应用效果好于小学教师；城区学校教师应用技术的效果显著性优于郊区教师；不同学科教师的技术应用水平呈现出显著性差异；不同教龄教师的技术应用水平也呈现出显著性差异，并且呈抛物线分布，6～10年教龄的教师应用水平最高；拥有较高学历的教师技术应用能力和技术应用效果会更高一些。③信息技术教学应用有效性的行为特征主要包括：信息技术应用主要辅助“教”，应用技术的动机主要是改善教学效果，应用信息技术的功能较为单一。

第三，基于实证调查诊断了中小学课堂教学中信息技术应用的核心问题。厘清中小学课堂中信息技术应用的主要问题、找出产生问题的主要成因及危害，提出消解问题的路径对提高信息技术应用的有效性、促进学生素质发展具有重要价值。研究得出以下相关结论：①信息技术教学应用的问题有浅层次使用信息技术、过度使用信息技术、技术应用缺乏人文关怀、极端排斥信息技术、缺失信息道德教育等。②分析了产生每种典型问题背后的原因和各自对应的危害，帮助一线教师认清问题和合理规避与解决问题。③根据问题诊断结果有针对性地提出了消解信息技术教学应用问题的路径：全面认识信息技术的重要教学价值，辩证认识信息技术的双重价值属性，多维路径提升教师的教育技术素养，家校联动加强学生的信息道德教育，教学评价关照信息技术应用的成效。

第四，基于典型信息化教学案例的分析，提炼出了信息技术有效应用的共性特征和信息技术有效应用的原则。①系统分析了新型 WebQuest 教学、技术支持下的混合教学、技术支持下的翻转课堂、智慧教室下的互动教学四种信息化教学的通用模式、代表性课例、特点优势及实施条件。②基于案例分析提炼出信息技术有效应用的共性特征：教学情境生动自然、内容呈现清晰易懂、学生积极主动参与、教学对话民主和谐、教学过程互动生成。③基于案例分析概括出信息技术有效应用需要遵守的基本原则：必要性原则、适宜性原则、辅助性原则、情境性原则、伦理性原则、经济性原则。

第五，构建了信息技术教学应用有效性评价标准。在分析信息技术教学应用有效性评价取向的基础上，依据“以学评教”的评价理念、“有效教学”的评价标准、信息技术的教学价值、信息化教学有效性评价标准、信息化教学经验与田野调查，采用专家调查法设计了三级指标的信息技术应用有效性的评价体系，并选用 Yaahp 软件实现 AHP 与 Delphi 结合法确定各级评价指标权重，最后以小学数学中小数乘分数版块的信息化课堂教学为例进行了实践应用，初步验证了信息技术教学应用评价标准的科学性与可行性。

本研究创新之处主要体现在两个方面：一是提出信息技术应用的伦理性是有效性的基础这一观点。以往的信息技术应用评价、信息化教学评价忽视了信息技术应用的伦理问题。从学理视角来看，信息技术教学应用行为具有鲜明的伦理属性和伦理诉求；从技术活动来看，课堂教学中存在着一系列技术伦理失范现象，但是技术伦理问题却长期处于遮蔽状态。缺乏伦理性的技术应用失去了有效性的前提，有必要将伦理性作为有效性的基础。二是基于实证研究较为系统地构建了信息技术教学应用有效性的评价体系，能够为信息技术应用有效性评价，乃至信息化教学有效性评价提供科学便捷的工具。

受到研究的时间及个人能力等因素的限制，本研究还存在诸多不足之处。第一，提出的信息技术有效应用的原则有必要进一步通过大量调研进行佐证。虽然有效性应用的原则是基于案例分析得出的，但是如果能够得到教师们的认可，其可信度会更高。第二，信息技术应用有效性的评价体系还需要通过一定数量的课堂评价实践来检验。虽然对评价体系已经进行了实践验证，但是验证的范围很小，还需要进一步深入。

历史上任何一次重大科技革命都会引发教育翻天覆地的革新，信息技术日新月异的发展对人类认知方式、学习方式产生的巨大变革，自然而然影响到了学校教育的主战场——课堂教学。随着信息技术的进步、教学理论的发展，技术会更深入地融进课堂教学。“信息技术教学应用的有效性问题”将会是教育信息化领域一个永恒的话题，它的内涵也会随着技术形态、教学观念的变化而更新。技术应用的方式、技术应用的困境、技术应用的策略、技术应用的评价等都会出现新的变化……在书稿收官之时，我突然意识到自己进入了一个富有复杂性、价值性、开拓性的领域，这为以后深入的系统研究提供了广阔的空间。

本书是由我的博士学位论文修改而成，回首博士求学之路，感慨颇多。首先特别感谢我的恩师陈佑清教授。一要感谢陈老师给予我珍贵的求学机会。在我职业生涯迷茫之际，陈老师将我收入门下，真正开启了我的个人学术之旅。二要感谢陈老师对我的悉心指导和无私帮助。作为一个从“教育技术学”跨界到“课程与教学论”领域的“新兵”，在攻读博士学位期间常有疑惑和迷茫。陈老师严谨治学的态度、博学睿智的思维、谦逊儒雅的品质，净化了我浮躁的心灵，启发了我的学术视野。当我遇到选题困惑时，陈老师的尽心指导总能让我豁然开朗；当我遇到思维障碍时，陈老师的谆谆教导总能帮我转换视角；当实证调研难以开展时，陈老师总能伸出援助之手帮我解决困难。在学术论文写作上，由于我受到理科思维的影响，不太注重文字表达和语言逻辑，这对教育学研究来说是致命的缺陷。陈老师在百忙之中不厌其烦地给予了我大量指导和帮助，让我终身受益。三要感谢陈老师对我的殷切关怀。在博士求学阶段既要在原单位正常上课，又要兼顾家庭，时间与精力难免不济；但是每次面对面指导、讨论或开会，陈老师总能考虑我的实际情况，赋予我十二分的人文关怀。陈老师在我博士求学阶段和工作阶段给予的教导、帮助与支持难以用“感谢”二字来表达，唯有继续努力以回馈恩师的鼓励与信任！

感谢我的硕士生导师王继新教授对我研究选题和研究思路的细心指

导，让我能够在大师的指点和帮助下逐渐成长。感谢罗祖兵教授、毛齐明副教授在我求学过程中的大力帮助和对我博士学位论文提出的中肯建议。感谢郭元祥教授、靖国平教授、王后雄教授、李家清教授对我博士论文提出的宝贵意见。书稿写作过程中还得到了许多“外援”的支持。感谢中南民族大学万力勇教授、杭州师范大学杨俊锋教授、江西师范大学张静副教授等学术同仁所提供的建议和帮助。感谢硚口区教育局教研室李红路教研员帮助联系调研学校。感谢华中师范大学附属梁子湖学校、韩家墩小学、杨园学校、东方红小学、井冈山小学等学校领导和老师们对田野调查的支持与配合。还要特别感谢华中师范大学出版社谢琴主任和其他编校老师为书稿出版付出的辛勤劳动。